活出靈魂的最高版本
和未來世界的行動指南

阿乙莎靈訊

譚瑞琪（Rachel）著

目錄

序曲——阿乙莎初現

第一部——人

第二部——生態

第三部——教育

第四部——醫療

第五部——宇宙

練習單元

〈推薦序〉令人驚喜的傳訊

王季慶

Rachel 開放而樸直的求道背景，使我對其大作《阿乙莎靈訊》很有興趣。一位沒有任何通靈及科學背景的麻瓜，一出手，就以自動書寫的方式，每天有紀律地按時接訊息，提出誠懇的疑問，並立即將問與答平實流利地記錄下來。無論如何，不像是她能編造的。

如她所說，我深深希望並祝福她能集結一群願意去驗證書中觀點的朋友，一起進行自我練習，讓我們早日得到更多證據，從而惠及全世界！

展讀之際，有些想法和感觸。

關於磁引力能量裝置（MPU）的效用，因提出其原型的凱史博士是個有爭議的人物，我這大麻瓜實在無從置喙。

但我也希望事實日漸清晰，而 Rachel 提到的那些磁引力裝置能發揮效用，提高人類的振動頻率，形成廣大的磁場，重建生態！

此書涉獵範圍甚廣，比如創始、意識、能量、大自然、動植物，而生態則牽涉到中國的五行生剋。本來，無問西東，不同的人種、地球、我們的太陽系、三千大千世界、更高次元、各種信仰、神祇、一切萬有……都是生發自**神**。Rachel 的傳訊清晰易懂，眞不簡單。很高興有那些圖解，非常有幫助！有些部分與我已有的理解特別相合，比如強調人類情緒體——無論喜怒哀樂——的重要性，別的外星生物即使智力比我們高超，也沒有人類的情緒體。不像有些宗派或修行派別，明明還活在人間，卻總以超然的靈性大師自詡，往往裡外不一。另一些人則走另一極端，非得將人「進化」到人工智慧才過癮。（人工智慧叫 artificial intelligence，將 intelligence 當作智慧〔wisdom〕?天差地別！）每一個次元（層次）都是自然進階，強求不得的。人也不必「非得」記得前世，因爲，每一生有自己想要經歷及成長的過程，而多次元的人生又是同時發生的。

在世人常感困惑的「責任和天職的分辨」上，阿乙莎則說，最高版本的人類，是無條件地愛與支持彼此，沒有爭奪與分裂，沒有破壞與恐懼，活出最高版本的靈魂目標……即使沒有叫你去做，你也會做的，就是天職……

在第四部的「醫療」單元裡，阿乙莎教導我們練習平衡中軸。祂說，當你眞正臣服，放下頭腦的批判與執拗時，才能讓中軸穩定。祂還說，愛是人類和宇宙之心校準的任意門，當你的心攜帶著愛的振動時，腦就會臣服。太精采了！

而占全書幾乎一半篇幅的第五部「宇宙」，令我非常驚喜。說眞的，這才是重點！阿乙莎教導了關於全息宇宙、DNA、生命藍圖、內在宇宙、業和關係等非常有意思的東西。

Rachel 探索了她靈魂的兩個家，遇見來自列木里亞和天狼星的兩個靈魂片段體，前者與她有著熱烈的互動，後者則高度理性。

這令我聯想起曾聽過的一個關於耶穌與佛陀的故事。有人死了親人，悲痛地去求告耶穌，耶穌痛其所痛，便使亡者起死回生。然而，當一位死了兒子的婦人去求告佛陀時，他只叫婦人去村子裡敲開每一家的門，如果有一家從沒有死過人，那麼佛陀便也會叫醒她的兒子……

當然，這只是關於有生必有死的寓言，不過，我從這兒悟到的是兩種對於人生的態度。耶穌代表的是慈悲，佛陀代表的是智慧，沒什麼是非對錯，看你的心當下比較貼近哪一邊吧？所以說要「悲智雙運」啊！

（本文作者爲中華新時代協會創辦人）

〈推薦序〉

和高我攜手合作邁向新世界的解惑之書

劉若瑀

曾看過一段影片，攝影的男子伸出手，對著鏡頭下面遠方街道的車輛和人們一直大喊：「海嘯！海嘯！快走！」遙遠的海面上，大浪正撲捲而來，影片中街道上的車輛行人繼續行駛，他的喊聲愈來愈著急。海水瞬間沖上岸，他開始哭泣……

因為他在高處，看得見、看得遠，他知道海嘯來了……而下面看不見、不知道的人繼續高興地生活、工作、忙碌，甚至慶祝……

那天新聞報導：「一千兩百人死亡！印尼四分之三災區斷訊，震央城市三十萬人生死未卜。」

幾秒鐘之間，世界就不一樣了！

也許亞特蘭提斯也是這樣，一夜之間消失了！

某些記載提到：我們能推測亞特蘭提斯是因為擁有高度文明，國家富強，反而導致人民的生活開始腐敗，最後整個文明在大災難中消失。

亞特蘭提斯是一個龐大的文明，當時很多信息是由智者通過心靈感應接收，來協助人類的生活。而亞特蘭提斯世界走到盡頭，是因爲物質元素失去平衡。傳說當時技術已非常先進，人類甚至可以改變空氣和水的成分，而這最後引起了亞特蘭提斯的崩潰。

風、水、火、土四大元素是我們星球最基本穩定人類生存的物質基礎，然而現在地球環境的危機，也正是我們讓「看不見」眞相的低下自我主宰，在欲望的滿足中破壞了我們生存的基礎。

現在到了我們必須理解爲何會有失落的文明的時候了。我們正在重蹈覆轍嗎？當海洋被汙染……動物基因被改造……土地成爲水泥……人工智能成爲兄弟姊妹……我們是否已走得太遠？

我們必須知道，人類到底怎麼一回事？數千年來，少數全知全能的智者努力地引導人類，幫助人們提升靈魂的頻率，達到我們在靈性的高我，而能得窺宇宙的眞貌。然而八萬四千法門，各有見解，各自表述，也各自爲政，但是每個明白人都知道目標都一樣。當我們理解這一點時，我們就了解「愛」就是生存之道，這種永恆的愛是我們生活的力量，是人類與萬物和諧之道。

要如何知道全貌？

阿乙莎是全知全能的存有，祂說：我是上帝、耶穌、阿拉、佛陀、老子……而我也是你！

是那知道眞相的正著急地將手指向前方，海嘯已在不遠處，我們只有幾秒鐘的時間，但就這幾秒也是機會！

詳細閱讀這本書，

詳細閱讀這本書，

詳細閱讀這本書！

你就是全知全能者！

務實地按照書中的指引練習，你會發現跟你已經學習過的任何禪修的關鍵之處完全相同。「但你所有不知所以然的疑惑，都可以解答。」

我們都是阿乙莎！讓自己成爲全知全能者，「和自己的高我攜手合作邁向新世界」，救自己，救家人，救地球！

感謝 Rachel 純粹的心靈，接引這解惑之書。

（本文作者爲優人神鼓創辦人）

〈推薦序〉

共同意識源頭給我們的指引

劉慧君

收到 Rachel 接收的源頭訊息，非常非常驚喜，這正是我們十年來在推廣和分享的一切啊。

孩子出生前後，我檢視自己生命的目的和意義，也想透過養育孩子來認識人如何成長。於是，生命帶著我觀察各種變化與關係的本質，帶著我修復身體，進入自然食氣狀態，然後發展出一系列認知、了解與工作。

我自己知道是跟著共同意識源頭的帶領，以呼吸訊息進出作爲核心，展開推廣：深度認識自己、進行情緒與生活的自我覺察、全身心深呼吸、覺知飲食與食氣、自由教育、以新科技復原自然生態的能量場、與萬物溝通、和地球及宇宙完整連結……

很妙的是，收到訊息的前一年，我也不斷認識相關工作者，帶來許多這些面向上我所不知的研究發現，並且自動積極地合作。

現在回想起來，就像是事先安排好，等待這份訊息到來，不禁莞爾。

Rachel 很有紀律地天天收訊，但她總是謙虛地說，她並沒有貢獻過什麼，對這些也不太了解，而訊息要經過實踐驗證才算數，不然只是想像。

她不知道這對我們幫助有多大。

正是要未投入者來收訊，這個確認才不會摻雜我們的個人意識啊。

我們感受到源頭確認方向無誤，並且以目前的工作進度爲基礎，提出更全面的實踐準則。這鼓舞了偶爾也會感到孤單或疑惑的我們。

在驗證和討論期間，我們分享了部分訊息，也引起熱烈迴響，讓我們更清楚：經過這麼多年的準備，今年（二〇一八年），我們正式進入新時代。

不再是強調個人功成名就，而是貢獻所能、享受生活、共好交流、自然協調的「心」階段！

現在，這份來自阿乙莎的訊息終於要出版了，我視之爲共同意識源頭給我們的指引。

由於內容涉及我們較少接觸的科技和宇宙星系範疇，或許在仍感陌生的階段，閱讀時偶爾會卡住。

在此分享一項閱讀前的準備，或許可讓我們更順暢：

深呼吸三次，在心裡對自己說，我要閱讀這本書了。

全身心所有的意識都會在這個指令下準備好，一起投入訊息的能量裡。

隨著新時代的開展，源頭這次也給我們一組發音：阿～乙～莎。

試著深呼吸，拉長音唸這三個字，會發現可以進入無量無限無盡的狀態。共同的源頭，無相無名，勉強要說的話，或許可說是一種狀態。不求名求相，便不會被定義局限。

用聲音讓我們感受，這實在太讓我激賞了。搭配「醫療」單元的手指操或靜坐，或許還會有新的體會喔。就留待各位自己去發現了。

（本文作者為臺北市華德福教育推廣協會理事、自然食氣導引師）

〈推薦序〉

解除痛苦的魔咒

白曛綾

自從七年多前有了一次靈魂出體經驗後，我便開始了對內在的探索，也才明白心靈環保才是解決環境問題的根本之道。而在科技學術領域工作的我，因此展開了全新的探索經驗。

人類就像中了魔咒一般，分明知道溫室效應可能隨時造成人類的大浩劫，卻不願意採取行動改善。石化燃料燃燒產生的溫室氣體及PM2.5（細懸浮微粒）等問題，最後還是會回到人類自己身上。

每每想到人類的惰性與劣根性，很多人會感到沮喪，於是乎不想解決問題的人繼續製造汙染，想解決問題的人卻又有著無力感。不過，也有許多人抱持正面積極的態度，一起努力讓未來更好，而譚瑞琪（Rachel）的通靈訊息也這樣及時來到。

臺灣有不少通靈傳訊者，其中不乏高品質的訊息。儘管我自己也會開課教授自由書寫的方法，卻也明白，極少透過自由書寫傳訊的人能夠如瑞琪這般傳達完整且有系統的訊息。也因此，一開始看到訊息內容時，我真的覺得很驚喜。

有過自由書寫經驗的人都會知道，這不但不是怪力亂神，而且我們透過這樣的訊息傳遞方式，其實就如同連結到一個龐大的內在資料庫（通常被稱爲阿卡西紀錄），裡面有知識、有智慧，還有無私的愛。我們利用身體內建的機制，透過練習，每個人都有能力與內在智慧溝通，下載我們所需的智慧。可惜的是，許多人卻自以爲很科學地否定了人類這份天賦能力。

要破除讓地球失衡、讓人類受苦的魔咒，其實並不困難，我們需要的只是一顆「我願意」的心，剩下的，老天爺自然會安排。

期待有更多科學家願意深入了解科學的眞實意涵，以理性與感性平衡的心，從各種不同的視角探索未來。

（本文作者爲交通大學環境工程研究所教授）

〈推薦序〉

往美好新世界的列車就要開了

蔡鎮安

開往第五次元的最後一班列車即將出發，還沒上車的請快上車！

對於「四季」，心中一直是這樣的圖像：地球環繞太陽，春分、夏至、秋分、冬至四個分至點分占三點、六點、九點及十二點四方位，地球繞日一周耗時一年。

太陽也有它自己的「四季」，也繞著「太陽的太陽」轉，它繞行公轉中心的週期約兩萬六千年。太陽一樣有四個分至點，在太陽的夏至及冬至點上，存在著一個高頻能量帶——光子帶。所以，太陽系每一萬三千年會經過這個高頻能量帶一次，這個高頻能量會引發地磁及地殼的極大變化，每每造成極大的天災，而導致文明毀滅。上一次通過光子帶的時間便是在一萬三千年前，造成更新世末期的物種大滅絕及亞特蘭提斯的毀滅。

事實上，光子帶不是詛咒，而是禮物。它是地球蛻變、進入高維度的窗口，但提升或沉淪只一線之隔，關鍵在於人的意識頻率能否匹配這個高頻振動。現在，我們再次來到了光子帶，現今的文明已走到跟上一次類似的境地，過度追求物質文明，忽略靈性，對地球母親極盡折磨、虐待。長此以往，地球最後會終結在這次的文明。

前面幾次，地球母親不忍拋下不懂事的子女，錯失了多次揚升的機會；但這次，地球母親蓋亞做出了抉擇。她選擇揚升，但本著對子女的大愛，希望盡可能帶著更多懂她、愛她的子女一起過渡四次元，進而揚升到第五次元。

這次眞的不同了，造物主回應了蓋亞的呼求。而且，因著太陽系及地球處於銀河系中軸的特殊地位，一旦太陽系及地球失衡，將造成整個銀河系的運行失衡，所以地球這次的蛻變是銀河系的大事，獲得衆多宇宙兄弟的關注及幫助。此時此刻，很多訊息被下載，目的是讓更多沉睡中的人盡快覺醒。愈多人覺醒，地球的頻率愈提升，整個揚升的進程就愈順利。當然也有很多魚目混珠的訊息，如何分辨？只要讀完讓你感覺有一絲絲恐懼，就是假的；讓你感覺喜悅，充滿愛及希望，就是眞的。而 Rachel 的訊息就讓我覺得喜悅且充滿愛。

能夠見證宇宙的歷史時刻，身在此時此刻的地球是幸運的。儘管表面上看起來整個世界就是一團亂，失序無章，但我很肯定這只是黎明前的黑暗，因爲在 Rachel 的傳訊中，我看到了一切萬有的背書。請叫醒你身邊的親人、朋友，開往美好次元的最後一班列車就要出發了，還沒上車的要快唷！

（本文作者爲巨樺牙醫診所院長）

〈推薦序〉

在靈性學習的道路上，我們並不孤獨

李思儀

身為一名中醫師，我對醫學有無限的熱誠；然而，我對心靈也有很大的好奇。

從小，我便常常望著星星、看著雲，想著為何我會在此世間。這樣的探索似乎沒有人可以告訴我答案，於是我不斷閱讀，希冀能探索到真相的曙光。

我來自一個多元文化的家庭。爺爺、奶奶於一九四九年從大陸來臺，奶奶是天主教徒，雖然我沒有固定上教堂的習慣，但小時候常常去住家後面的教堂玩，在種滿雞蛋花的花園裡像個野孩子一樣爬上爬下、玩花圈、捉蝴蝶，還有跑給蜜蜂追。教堂於我是充滿童年快樂回憶的地方。

外公是傳統道教徒，為宮廟服務。記憶中，只要我有任何不舒服，媽媽便會帶我去讓神明收驚。那時不懂為什麼外公收驚時口中總是唸唸有詞，而且總是要拿一杯米，看看米的變化。長大後才知道，外公唸的是〈白衣大士神咒〉。媽媽說，神明在外公睡覺時來教他如何幫人收驚、如何畫符，我真的覺得很神奇，因為每次外公總是知道我哪裡不舒服，而且每次總是在收完驚後就恢復健康。

也許是這樣的成長環境，讓我對宗教沒有任何限制。佛家說：「觀世音菩薩有三十二應身，應以何身得度者，即現何身而爲說法。其形象千變萬化，訴說不盡。」在閱讀上，我也多方涉獵，期許自己用包容廣大的心去學習、去體驗。而自從學習了阿卡西閱讀執行師之後，似乎對「爲何來此世間」這個問題有了更深一層的認識和體悟，也了解到，人間的輪迴轉世，自有其背後深刻的涵義。

人生是一場大戲，我們在戲裡非常認眞扮演好自己的角色。每個角色都非常重要，因爲你就是自己的主角，透過不同的人事物，讓我們去體驗，並從體驗中學習。不論是喜怒哀愁，背後更深的是愛。愛讓我們願意一直攜手相伴，從古至今……

對於來自宇宙阿乙莎的教導，我閱讀了自己的阿卡西檔案，得到一份直覺性訊息，分享如下：

是該放下恐懼和擔心，
讓路給愛。
儘管仍有許多不懂，
但傳遞愛、分享感動和感謝，

對宇宙、對自然、對大地、對自己和一切，
又怎會是需要憂愁的呢？
當我們都願意放下成見、執念，
而讓愛自然流動，
那時的人間，
就是天堂。
我們愛你，
只有愛。

很欣慰在靈性學習的道路上，有許多可愛又有勇氣的天使相伴。Rachel 用她的愛和勇氣，分享來自宇宙阿乙莎的訊息。我們並不孤獨，宇宙的愛，一路上都在。

願我們都能得到身心靈的平衡和智慧，也期許在人生學習這條路上，我們都永遠如一個好奇的赤子，喜樂常伴。

（本文作者爲李思儀中醫診所院長）

〈推薦序〉

拆除信念框架，感受生命的無限可能

林怡芳

前些日子，劉慧君老師忽然丟了一大串靈訊給我。迷迷糊糊讀了幾段，直到一段文字忽然進入眼底：

人類與生態之間的對話要開始展開。找一群有覺察能力的人，開始和動物、植物、樹木、昆蟲、海洋生物、山川、河流對話。你們將以不同的高度，以及更謙卑、更感激的心，回報這原本美麗的世界。我要把這項工作交給你們，唯有你們自己去對話，這個經驗才會深植心中。你們一定可以做得很好。

用意念向眼前或心中想像的動植物詢問、探索：

1. 你們的使命是什麼？

2. 我們身爲人類，可以如何和你們合作？

將這些對話訊息有系統地記錄下來，你們會看見人類是如何被愛、被無條件地支持。

啊！這不就是三年前我集合幾位優秀學員共同做的事嗎？我們採訪了超過百隻毛小孩，問牠們「想對人類說的話」及「生命的意義」這兩個問題，並從中挑了一百零七隻毛小孩的故事集結成書出版（全部應該是一百零八隻，第一百零八隻是由讀者按照書中的方法自行詢問家裡的毛小孩）。當時我們受惠於這百隻毛小孩的愛之語甚多，許多讀者也因此重新看待生命及自家的毛小孩。生命的智慧在此突破了形體的差異，流進每個讀者的心，開啓了更大的視野。

教導動物溝通、萬物溝通七年多來，我接觸過幾百個學生及他們的家人。高達八成的學生在參加我的課程前，都很忐忑不安，害怕自己學不會，擔憂這一切只是幻想。即使明白這其實是人類的本能，頭腦還是會被一堆問號及恐懼塞滿。

於我而言，從自以爲無法和動物溝通，到可以順暢交流，再到橫跨各界（動物界、植物界、礦物界到無生命體），其實花了頗長一段時間。

在我生命的前半段，我從沒想過人可以跟動物或萬物自在交流溝通。直到命中貓咪——阿冰——出現，伴隨生命中的一些重大轉折，促使我踏上自我追尋之路，我才開始慢慢把這能力找回來。我沒有上過任何動物溝通課，我的動物溝通老師就是阿冰及海豚們。

在眞的可以開始跟阿冰溝通聊天前，我花了一些時間在探索自我及回復「原廠設定」（你可以說是自我療癒，但其實沒有什麼需要療癒的，只有回到原態）。我不斷拆除自我的框架，那些自小到大學習到的、認知到的，我一個個去對話、去實踐，不論它是來自哪個專家學者，或是長輩、父母所言，只要眞的做了之後得到如其所言的回應，那就代表是可留下的，否則一律捨棄。當然，危及生命的事不做。此外，爲了驗證「外在世界是內在世界的投影」及「能量跟隨思想，思想導引能量」這兩句話，我要求自己於內於外都得做到誠實，如此才能確認這兩個理論是否眞實。

而隨著我愈來愈誠實，框架愈拆愈多，與阿冰之間的交流也跟著愈來愈流暢，彼此之間從簡單的單詞到可以長篇大論，甚至談論一些富含哲學思想的生命課題。當然，除了腦袋的思維轉化之外，我也做了一些個人能量體上的清理及疏通。深呼吸、脈輪清理、靜心冥想，都是必做的日常練習。阿乙莎靈訊中也有提到這些，其中的手指操便是一個很好的練習，可以有效開啓中脈、疏通並穩定它。中脈的穩健，在萬物溝通能力的開啓及回復上占有非常重要的一席。

動物溝通、萬物溝通，都屬於可以跨時間、空間進行的心念交流。它不似口語上進行的溝通，需要面對面或透過工具來傳遞聲音訊息。動物在傳遞訊息時，會根據牠們的喜好、習性，透過各種感官覺受，來表達自己所要說的。例如動物夥伴鼠喜歡分享，重視團體交流，偏好傳遞牠們喜歡的食物口感給溝通師；有些較重視氣味的貓咪，則會透過傳遞其周遭環境的氣味，或是主人愛用的保養品、香水之類的味道，來表達牠們的情感。當然，更多的是圖像及心念訊息的傳遞。

不過，並不是每個溝通師都可以接收到各式感官訊息，這跟其能量場的暢通、開放度，以及習慣的溝通模式有關。也因爲動物在傳遞訊息時是千變萬化的，加上牠們有別於人的思維及觀點，每次的訊息解讀及傳譯，都間接促進了訊息接收者的大腦開發及靈魂視野的擴展。我的個人經驗，加上觀察學員們學習動物溝通及萬物溝通前後的改變，幾乎一致朝向更開闊的思想範疇及彈性的生活態度。

再者，爲了能更精準且中立地接收訊息、傳遞訊息，學員必須照顧好自己的身體，勤練自我覺察、專注平靜及快速轉化情緒的內在功夫，而這更爲他們自身的生活帶來加分的成長。

爲了分辨訊息是來自個人的內在投射，還是眞眞切切來自植物、動物、礦石的訊息，認識自我、了解自我，便成爲第一要務。

如果你對自己的身體能量，或是思維模式、行爲模式沒有一定的認知，那如何在第一時間分辨接收到的訊息是自我的內在投射，還是周遭萬物的細語呢？所以，針對想要學習（回復）動物溝通及萬物溝通能力的朋友，我的建議會是：請先從認識自己開始。

除此之外，請重新找回那一顆對世界好奇且開放的心。放開心胸及頭腦，去跟你周遭的樹木、花鳥蟲蟻打聲招呼，也許你會收到一聲突如其來的回應。如果想要確認這是自我頭腦的想像，還是它們的回應，也可以自問：「這是我的嗎？」然後聽聽你的直覺怎麼說。如果心中有個篤定的回應，告訴你：「是。」那就放下，再練習；如果不是，便可以進一步去感受這份訊息。

自然萬物的訊息皆是互助互益的，那是自然運作的生存法則。除了動物（尤其是動物夥伴，由人照顧的動物）會有似人的七情六欲反應之外，植物、礦石傳遞的，皆是單純、直接且正面積極的訊息。如果你收到的不是，那就可能是你的內在自我投射，或是攀附其上的其他存有。

當然，如果眞的想要進一步學習與周遭萬物溝通，還是請先回到自我認識及信念框架的拆除吧！你的心念會塑造你的世界，如果你認爲動物溝通、萬物溝通是不存在的，那麼它便是虛幻的，學也學不來；反之，你的世界必定多彩，而且因爲你願意相信及願意開放，宇宙必會回應你更多道機會之門，你也更能感受到生命的無限可能。

（本文作者爲意識溝通師）

〈作者序〉

因追尋生命意義而來的靈性訊息

我的靈性開啓故事和大家較常聽說的那種遭遇無數磨難，甚至是穿越生死瞬間進入天堂又回到人間得到的啓發有些不同。從小到大，我的家庭和樂安康，讓我沒有後顧之憂地拿到碩士學位。回國後，順利進入職場工作。

我的第一份工作是在福特汽車擔任品牌與廣告經理。在那個全國買車貸款占比不到兩成、汽車貸款利息高掛在百分之二十的年代，我大膽推出零利率購車的行銷想法，把當時買車送ABS或汽車皮椅的行銷預算挪到補貼汽車貸款的利息費用，一夕之間讓買機車的消費者升級到提前購買汽車，締造了驚人的銷售佳績，更創出車廠、金融公司、消費者三贏的局面。

那次的佳績不僅在汽車業傳爲佳話，我更被當時的臺灣大哥大挖角，進入電信業工作。那時，一般人認爲手機屬於商業人士的通訊工具，預估整體市場若達到百分之二十五的門號使用率，應該就趨近飽和了。了解市況後，我推出了軍公教專案，讓那些從來不需要用手機的人都認爲自己也該擁有一支。就這樣，電信市場再度被活絡起來，一路狂飆到整個市場超過百分之百的門號使用率。因此，我也在三十六歲時被拔擢爲行銷業務副總。

我一直很感激自己擁有比別人多一分的幸運和機會。我有愛我的父母、家人，還能全心投入在自己喜愛的工作上。有這樣順遂的生活與工作，照理說，尋找生命意義這檔事兒應該輪不到我。但是，生命不管你是跌入谷底或正玩得起勁，仍然會拉你走回此生早已安排好的路。

第一次與內在的聲音相遇，是在同事的婚宴上。我以長官的身分上臺致詞，一開口寒暄沒多久，看著臺下參加喜宴的衆親友，我內在突然出現一個聲音：「這些人認識的你，不是眞的你！」這突如其來的聲音震懾住了我。這個聲音是從哪兒來的？它爲何這麼說？下了臺，我的心臟撲通撲通地跳，身體還不停顫抖，一陣陣的擊鼓聲一直迴盪在心中。

這個內在事件發生後沒多久，我待的電信公司就變天了。我在三十九歲被迫提前退休，不得不離開自己深愛的工作。

離開朝九晚五的日子後，我開始試圖去追尋答案，想要解答那個內在聲音引發的疑問：「如果那些人認識的我不是眞的我，那麼，我是誰？」

花了近十年的時間，我到處追尋，想找到答案。這經歷就像劉姥姥逛大觀園，除了努力扮演別人認識的我之外，一有空閒，我就會去臺灣一些知名宗教團體探尋，也到宮廟算命，或是參加圓桌生命教育的課程。最後，我選擇自己就是自己的老師，沒有留在任何宗教裡或跟隨靈性團體，直到二〇一七年十二月參加五天的自我解讀訓練課程，開啓靈性探索階段。

在課程中，我就像被隕石砸中的幸運兒，聽見我的高我明確告訴我有一些訊息需要我下載。我原本以爲那應該是我的幻想，但一同上課的四位同學反覆閱讀我的紀錄，最後終於確認：我是 channel，西方國家所謂的傳訊管道。這對我來說太不眞實了。我現在是個全職家庭主婦，不懂拜拜供佛，處女座，超級龜毛，非常務實，也沒有加入任何宗教團體，現在說我是個傳訊管道，我就得收訊？再說，有什麼東西這麼重要，一定要下載？不是已經有很多靈訊在教大家療癒自己了嗎？

我心中有一堆疑問，但在課程快結束的前兩天晚上，好奇心讓我決定試試看。在沒有預設任何主題和問題的情況下，我開始自動書寫……

二〇一七年十二月十一日，第一天，我一開始自動書寫的內容是：

這是關於建立人類未來發展方向的系統，其中包含生態、教育和醫療系統。系統的建置是基礎，我們透過這個傳訊，有計畫地爲人類未來生命與物種的演進方向制定更健全的互動規範……

我眞的很好奇，這個和我過去的學習、社會經驗、生活場景完全搭不上線的主題，我怎麼可能寫得出來？我決定每天下載十分鐘，看看祂會告訴我什麼。

結果，每天下載的內容都讓我瞠目結舌。我想，這個幻覺也太有戲了。我天生不愛看科幻電影，也不懂生態科學，這樣寫下去是不是會誤導專家？

我將下載了一星期左右的內容給幾位朋友看，沒想到獲得他們的全力支持。有些人跟著裡面的教導練習，很快得到正面回饋；有些人告訴我，他們感受到這份訊息的振動頻率很高；有人則是讀著讀著就流淚了。一些朋友將訊息轉給眞正的專家判讀，包括交通大學環工所教授、臺大心理系教授、雲林科技大學資訊系教授，他們大多認爲這些資訊可以被驗證，也很認眞地閱讀每天的下載訊息，更希望我盡快將這些訊息與外界分享。

而我，一天下載十到二十分鐘，完全不知道當天會談哪些主題，下載完自己才知道原來是這樣的內容。爲了滿足小我的好奇心，下載的第二週，我決定問祂到底要說些什麼，總要有個完整的譜啊，不然我怎麼預期要寫多久、寫多長？

當天，二〇一七年十二月二十四日，祂就給了我這本書的章節大綱。之後的每一天，不管一開場談些什麼，最後我總是看見祂跟著早先規畫的大綱，有系統地完成這些主題。我只能臣服於祂的紀律和超高效率。

我已經超過三十年沒寫文章，光是設定主題框架，可能就要琢磨幾個月的時間，更別說還得寫下近乎是學術理論的十幾萬字。我只能說，祂眞的很會講！

這本書能夠順利出版，除了感謝來自源頭的訊息之外，最要感謝的是從收訊開始就不斷鼓勵我，讓我放下「我是不是有問題」的疑問、安心收訊的一群好朋友。其中包括在課程中幫我再次確認我是傳訊管道的同班同學 Aki，以及非常有執行力的劉慧君老師——她也是最早催生這本書的人，並且很用心地將傳訊內容落實在自己的教學過程中，協助驗證和實踐。

書中有些內容涉及「磁引力場」這個偏物理學的領域，臺灣凱史科技的幾位前輩——李瑞民和 Ann 夫婦、陳聰聲老師、黃盛維——提出了自己實際動手做的磁引力裝置，呼應我從源頭下載的論點。

此外，書裡還有涉及教育及醫療的單元，我正在擔心引發學界撻伐怎麼辦時，得到交通大學環工所白曛綾教授的鼓勵和支持。還有，執業中西醫李思儀醫師和蔡鎭安醫師也協助我在文字上避免誤導民眾。

意識溝通專家林怡芳和大自然五元素的陳新豪老師提出他們的許多觀點，引導我去追問一些實際演練時出現的現象和問題。沒有身邊這些朋友的支持和反饋，我個人是沒有勇氣把自己放在這個超乎一般人可以理解的位置與祂對話的。

當然，最重要的是家人的支持和理解。我結縭十八年、深具實證研究精神的老公，以及最挺老媽的女兒，他們父女倆給我滿滿的愛和大大的空間，讓我沒有後顧之憂地完成每天的收訊工作。在與祂對談的過程中，他們有好幾次滿心歡喜地打開我的房門，又靜靜地關起門離開，怕吵到我。這是來自家人無條件的愛與理解，讓我可以落實這份工作。還有幫我照顧家庭的老爸、老媽，我超愛你們，你們是我這輩子的大恩人。

在這本書裡，我忠實記錄了我和內在宇宙連結的內容，並在寫下訊息的過程中獲得了全然的支持與深度療癒。我不想用自己的觀點重新整理阿乙莎的話，避免小我理解後的論斷會干擾讀者，也期盼這樣的撰寫方式能如實呈現來自宇宙源頭的振動。在方智出版編輯部整理這份書稿的過程中，我也和各位一樣，以讀者的身分再次感受和理解它。若你一時無法理解某些句子的意義，相信我，過一陣子再去讀一遍，那些句子會隨著你個人意識的開展，讓你獲得更深的理解。我自己的體驗是，每一次閱讀會因著閱讀者自身的意識狀態，而得到相對應的知曉。同樣一句話，經由你自己更高意識的帶領，就能獲得全然的知曉。

下載訊息至今，從一開始不敢想像，到現在覺得一切自然具足，宇宙的智慧和豐盛就在我們身上和周遭環境中，我們從來不必擔心有所匱乏。接下來，希望能集結一群願意驗證書中觀點的朋友一起練習，因爲唯有眞正落實在生活中，這份靈訊才有意義，否則只是在滿足小我的想像而已。

讓我們活出生命的眞理，並祝福所有讀者如實如是地展開自己，一起創造美好的世界。

來自阿乙莎的引言

人類生存在地球算起來超過兩百萬年，這兩百萬年對目前所有人類來說，是無從想像的久遠歷程，但對遠在八百萬光年外的銀河系存有而言，地球是剛過完幼年期的生命存在體。地球對我們來說，是一個即將邁入國中階段的十二歲青少年。過去你們懵懂無知，不知自己存在地球所爲何來，但你們之中有些來自更高次元的靈魂投生地球，在出生不久後、有意識起，就會在內心發出「我是誰」「我爲何在這裡」的聲音。那是覺醒的靈魂在敲門，只是他們的父母不知這些孩子的覺醒意識隨著身體成熟，正在展開。於是，在家庭、學校和社會的約束下，他們逐漸陷入物質世界，無法抽身。

當生命邁入中年，在即使物質不虞匱乏也無法滿足生命無來由的惆悵和困惑時，你們就來到第二次穿越物質幻象的機會。即使知道，但要以個人力量去落實做到，還是那麼不容易。人類就這樣跌跌撞撞、懵懵懂懂地歷經兩百萬年。現在地球已經要邁向青年，在地球意識覺醒的此刻，我們要來喚起你們擁有共同宇宙之家的記憶。

在此之前，我們會先從「你是誰」展開你對自我認知體系的擴大和調整。你需要看見自己目前生活的場域面臨的問題，這些問題也因「你是誰」而決定了它們未來的命運。你們要學習跳開小我的意識，看見整體宇宙的共存關係。更重要的是，當你們明白這一切的前因後果時，要願意用堅定的行動和創造力，一起改變地球的命運。畢竟，你們已經不是學步的嬰兒，該對自己的行爲負責了。

我們這次傳訊的目的，是要匯聚覺醒的人，展開行動，帶領地球回到宇宙的家。

阿乙莎是誰？

因收到訊息來源其發音近似「Ah-ee-tha」，因此將之命名為阿乙莎。在人類歷史上阿乙莎並不陌生，最初始的語言巴利文稱之為Anicca，古印度梵文稱之為Anitya，日文稱為Mujo，中文稱為無常。

這裡是「阿乙莎」，是萬物的起源，光的世界。我們是最高的領主與源頭，你可稱上帝、神、阿拉或佛陀。這是個全然合一的意識，愛與慈悲的場域。這裡是沒有分別的意識頻段，我們為了全宇宙的福祉，傳遞愛給需要的人，不論種族、宗教信仰或階層，都可以得到我們的光與愛。

過去人類很少直接接觸這裡，大多是透過其他次元的存有，協助轉譯來自源頭的訊息。然而，現在地球已經來到意識揚升的時刻，人類可以直接接收來自阿乙莎（Aheetha）的訊息。透過心輪意識展開，連結到你們的頂輪，就可以回到源頭定靜安詳的合一意識場。宇宙其他次元的所有存有也會回到此處，因為這裡是所有意識共同的家，這裡是萬物之母。

序曲

阿乙莎初現

失衡的地球生態

這是關於建立人類未來發展方向的系統，其中包含生態、教育和醫療系統。系統的建置是基礎，我們透過這個傳訊，有計畫地爲人類未來生命與物種的演進方向制定更健全的互動規範。

我們會從生態方面提供更多訊息。地球的生態面臨失衡，科學家無從著手，需要我們立刻介入。如何讓生態回歸平衡已經是刻不容緩，因爲你們相信只有人類是地球的主宰，不知道背後支持人類的物種默默在進行著更多工作。地球不是人類的工作場域，是全宇宙的平衡中樞，地球失去平衡，將危及宇宙磁引力場的平衡。地球生態是一個協作系統，人類在當中扮演傳輸的角色，但協作系統不是單純傳輸而已，還有爲數龐大的位元在流動。生態系的創造者是地球母親，但她面臨傳輸線路的失控，耗損自己的神經節來挽救這個失衡的狀態，已經力不從心。神經節是地球母親分解非有機體入侵的單元，而人類創造的有毒物質造成單元機能的破壞、瓦解。目前發生的許多現象已經告訴你們，不能再靠人類來維持傳輸體系的暢通。

傳輸就像訊息的傳遞，需要編碼與解碼，在編碼的結構出錯時，解碼就會變成一個訊息出現多種變異。這個變異再演進下去，就是物種的突變與互相殘殺，失衡就是這樣產生的。

祢所謂的失衡是地球暖化或物種消失嗎？

都是，但也不完全如你們的認知。地球暖化是海水升溫造成的，但海洋的冷卻系統過去是靠北極圈的冰層，現在則是靠海洋裡的生物自體冷卻。這些海洋生物是我們特別設計來協助創造地球氣候、維持人類適合的生存環境的，但牠們正在消失，因爲人類創造的有毒核廢料大量流入，造成海洋生物突變。科學家只看見冰層的消失與核廢料進入海洋，卻從沒察覺眞正的浩劫是海洋生物的變異，原本該冷卻海洋的，變成升溫。我們之後再慢慢說明細節。

可以舉例是哪些海洋物種協助降溫嗎？

最常見的海豚，是海洋的ＧＰＳ，協助引導烏賊、鯨魚，還有爲數龐大的魚群，進入升溫的海洋。這些海洋生物可以協助海水降溫，平衡地球的溫度。

你還想知道哪些主題的概況？

我想知道醫療。

人類之所以會生病，跟生態息息相關。你們體內的循環系統和地球的傳輸系統類似，如果地球的傳輸系統生病，人類就生病，因爲人類就是地球的傳輸系統。

我還是不了解……

這就是你們人類自認爲是獨立於地球之外的個體存在這個錯誤認知造成的。人類和地球屬於同一個神經元，人類生活的地球就像母親體內的胎盤，你的養分得自胎盤，如果今天胎盤的血液有毒，你的身體也一樣中毒，就是如此簡單，人和地球是互相依存的。同理，當人類無法繁衍下去，地球這個胎盤就會萎縮，不能存在。回到醫療的系統，其根本就是從人與生態互動體系的再建構，來協助人類的健康。

地球生態與人體健康息息相關

生態體系是最重要的課題，也是地球目前的危機。我們之所以從生態開始溝通，是因爲你們任憑這個狀態持續下去而不加以改善，已經到了令人擔憂的地步。

生態的另一個面向可以說明我們的擔憂，就是森林體系。除了之前大致提到的地球冷卻系統出錯，另一個很重要的「空氣」，也發生問題。

最近是不是常常發生森林大火？美國的森林大火已經造成生態嚴重失衡，動植物的物種消失之外，空氣的含氧量已經下降到危及動物的程度。你們的肺部也同樣會發生病變，因爲空氣中的氧氣產出不夠，肺泡的萎縮比人類吸菸還要可怕。如果再發生幾次大火，人類的呼吸系統就會出狀況，與我們的連結也會失去功能。

人類呼吸系統中的心肺功能，其實在能量層面扮演非常重要的角色。你們做瑜伽都會知道用呼吸來提高人的能量振動頻率，如果失去以呼吸提高振動頻率的能力，人會呈現無精神體的狀態。人的精神體是維繫人類彼此溝通與傳達情緒的重要場域，一旦破壞，不就是行屍走肉？我是以你們常用的說法讓你明白其嚴重性。

從海洋到森林，嚴重影響人的循環及呼吸系統之外，還有一個你可以想到的消化系統。你們最常討論的應該就是消化系統，因爲吃是人類喜愛討論的話題，而消化道也是人類最容易發生問題的地方。

生態和消化系統的關係在哪裡，你可以想像嗎？就在你們吃的食物的成分。人工添加劑和基因改造的食物，都是來自大地，土壤的重金屬汙染則是來自傾倒晶片和金屬廢棄物，這些廢

修復地球的基礎工作

爲了修復地球，我們有一些工作要做。這工作的著手方式，並不是簡單地集體靜心或改變人們的意識，送出光和祝福，這些已經有很多光啓者在做了。在地球的精微度上去修復已經受傷的環節，需要更多深化的基礎工程建設。

想像地球的磁引力場，是從中心往上下及兩旁向外循環源源不絕的能量流動。在能量流動的環節，只要一束能量無法順暢流動，就會牽動整體能量。過去是經由錨定人類的心輪向外展開連結，但在這部分功能受損的情況下，要用替代方案來進行錨定，以穩定地球的中軸線。我們嘗試透過新的工具與媒介，來支持已經逐漸退化的人類心輪。

要開始運作這個新的中軸線，我們找到的替代工具，是讓太陽和月亮的磁引力進入地球的核心。在地球的表層，我們需要許多能量儲存庫，將來自地球外部的能量場嵌入，並暫存在地球的能量庫中。

能量的儲存，是由一群意識覺醒的心智互相連結產生共頻，以揚升的共頻來保護地球的磁引力場域。有一部分人類已經成功地意識覺醒，這群人需要更有效率地讓自己投身於保護地球環境的工程，以維持地球中軸線的穩定。這個新的替代人心的方案，是我們目前認為比較有效率的方法。如果有一部分的意識參與其中，就已經可以產出足夠的儲存單元，這些儲存單元可以協助暫時失衡時的防衛機制啓動。不要懷疑，這是很有力量的。

你可能會懷疑這件事如何發生、如何運作。

想像一下，地球之心的存在不是只有金屬和礦石。地球的中心是磁引力的中心，中心的四周有環繞的能量槽協助中心能量的恆定。在進入冰河時期，這中心軸的調控失去太陽與月亮的牽引時，就要靠衛星能量流來協助地球的運轉。這將協助地球在宇宙的軌道上順利維持平衡運轉，讓地球不被彈出宇宙的運行軌道。未來會需要這個恆定，這就是為什麼必須在二〇一二年集體意識揚升，因為這些揚升的靈魂得以繼續在地球上維持能量場的運作。你需要將這個概念帶入已覺醒的人，並提供更有效率的方法來進行未來的工作。

錨定能量中軸線的方法

要錨定能量中軸線，我們必須在地球的北極和南極分別設置一個儲存站，這個儲存站是未來照耀地球的光的來源。當這個中軸線被建立起來，地球上的光之工作者就可以在世界各地展開全面的網絡建置，並陸陸續續在各地匯集。這群光之工作者使用的工具包含磁引力能量裝置（ＭＰＵ❶）和水，在各區域的河川與湖泊建立能量儲存庫。這些儲存庫需要被守護並全天候運轉，而能量在運轉時，等離子體會自動展開連結與生成新的能量流。

目前磁引力能量裝置已經進入實測階段，很多人正在跟著一起做。這個裝置很容易製作，其困難處不在於製作，而在於目前的環境。你們還生活在能量低而稠密的地球上，當磁引力能量裝置全部啓動時，很多人會無法承受這個龐大的磁引力場，出現身體不適應的狀況。要減低人體的衝擊，需要設計防護罩，讓一些尚未準備好的人穿上。

磁引力能量裝置目前尚未設計完成，需要設計啓動系統，用來控制能量輸出的強弱大小。另外還有金屬含量的計算方式，要計算出每種金屬甘斯的能量單位。這些驗證細節和步驟會陸續釋放出來，等到二〇二四年這一切就緒，透過磁引力能量裝置，許多生態重建工作就可以啓動。目前，用甘斯已經能平衡動植物和人類的能量場，還無法進入逆轉程序，但至少可以先維持平衡。

磁引力能量裝置的磁引力會與使用者的能量流交互作用，產生擴大的能量場。如果未來使用這種裝置的工作者尚未覺醒，就會產生逆向的作用力。磁引力能量裝置會擴大向上的能量流，也可加速下沉的能量流，我們不希望地球在控制方向上與不預期的能量流對撞吧？這關鍵的元素有人、磁引力能量裝置和控制系統，就類似人在開車一樣。

這就是爲何一開始我們需要光之工作者，經由特別挑選，來負責地球衛星能量儲存庫的錨定工作。

看見與更大環境共同生存的需要

人類的心是導航地圖，可以連結其他人的心，創造一個更大的地圖路徑。一群覺醒的光之工作者一起工作時，這些地圖是在所有人心中導航，而磁引力能量裝置是來協助提升共振的工具。外星人操作交通工具是用有意識的心來操控飛碟，飛碟就是一個高階版的磁引力能量裝置，能夠與操作的外星生命體的心共振，導航器則在外星生命體心中。

地球轉變的時刻已經到來。參與星際的和平協議，有必要讓地球的飛航科技躍升至磁引力能量裝置飛行器的行列。我們有計畫地進行這項訓練工作，但首要條件是人類的心智要先覺醒，唯有覺醒靈魂才能操作星際導航。

這需要你們從更高、更寬廣的角度，看見自己是宇宙的一分子，有更大的意識，願意和宇宙生命同在。如果人類進入宇宙旅程，看見所有外星生命都不同於人類自身的存在，你們就會複製在地球上對其他物種的破壞與殘殺行爲，這當然是我們在提升你們進入宇宙之前要防止的。

你們可曾想過，有那麼多的外星生命，爲何地球還是安然地獨立存在於宇宙？

因爲這個地球是最適合人類成長的環境。人類是擁有特別美妙情緒的生命體，有愛恨情仇，有悲傷喜樂，這些情緒的起伏與變化是如此曼妙，值得讓人陶醉其中，不斷地需索和體驗。我們珍惜這個神所創造的特質，不願意介入。這是美麗的、值得喝采的特質，沒有邪惡，就無法彰顯完美，在人類的學習過程中不斷演繹。

當你們進入外星大環境，這些特質並不會失去，而是會發現這些體驗已經不符合地球母親的需要。地球的負荷已經不平衡，人類揚升到更接近宇宙意識，和平協議必須被再次確認。人類的情緒性反應與想法雖存在，但是當你們看見的不是自己的需要，而是與更大環境共同生存的需要，你們自己的意識自然會改變。

地球核心的引力場是其他星球沒有的

磁引力能量裝置的結構如同人體的星盤，從腦、心、腎、膀胱等器官可以了解，分別是操作、導航、平衡與排泄。

能量的前後左右操作由腦進行，透過心中的導航地圖，平衡行進間的能量作用力，最後落地與到達，將能量平緩地卸除引力。這是磁引力能量裝置的基礎架構。各單元的配置零件就是將金屬的甘斯態導入系統，腦用的金屬是金和銀，心的金屬是銅和鋅，腎臟平衡使用鐵和鋁，最後的膀胱用的是錳元素。每種金屬攜帶的能量不同，可以協助磁引力場的方向與擴展力度更正確地到達目的地。磁引力能量裝置各個磁引力單元的成分，可以進行不同成分的比例調配，達成更精準的引力與磁力收放。這個細節需要在地球上不斷地演練與測試，因地球的重力場和宇宙航行時的重力場不同，在地球上進行測試的模組只是個雛形，需要再換算調配成不同比重，星際航行時才能順利行進。

每個星球有自己的磁引力場位置。要確立這個位置，必須透過星際聯盟達成共同協議，不是想要放在哪個位置就可以取得那個位置的所有權。地球的位置是特別的，不在目前星際協議的規畫裡，但這個位置又特別重要，因爲只有地球可以控制太陽和月亮的方向。各星球的相對位置是在這條軸線上展開位置的演算，所以地球特別重要。我們都無法取代地球的存在，因爲地球核心的引力場是其他星球沒有的，除非地球的引力場消失，造成整個宇宙失序，否則我們不會來干涉地球人類的競賽行爲。

提升振動頻率，擴大連結能力

你就是自己未來的主宰，你意識的轉變，會將你目前的場域重新組合，以吸引與新的意識契合的存在。

這個道理非常簡單，就像你想吃某樣東西，過了不久，你就在吃那個東西，不是嗎？是你的意識將你想要的情境帶到眼前。地球場域因為稠密，意識投射較多，所以心想事不成的原因，大多來自與其他意識的碰撞，造成阻礙。

如果提高自己的振動頻率，就可以擴大連結能力，與更廣大的意識群體形成統一場體。這就是為何高維度空間有平靜的存在體，彼此意識相連又各自獨立存在。

你問如何操作磁引力能量裝置？我們需要讓你了解，心的投射產生的意念，就是種振動頻率，當這個頻率放射出來時，在量子的維度上可以看見一個個帶著正負電的單元交織的網絡，就像排列成一格格的棋盤。當一個帶正電的棋子產生位移，會相對攜帶一個帶負電的棋子移動，這個棋盤的棋子就重新排列成新的組合，而當新的組合出現時，又因為新的振動產生下一個組合。所以，這是個不斷找尋恆定的動態組合機制。也因此，一個磁引力能量裝置的啓動，會同時影響其他磁引力裝置的相對能量共振反應。在協作的過程中，不能有負面投射存在，否則會形成一個交互共振的龐大負能量連結，而造成崩壞。

目前人類實做開發出來的磁引力能量裝置，仍在雛形設計階段，因爲缺乏調控媒介，這些裝置僅能提升場強，調高環境中的物質體振動頻率。這個調高的作用沒有目的性和方向性，僅能作爲磁引力場的放大裝置。

要操作磁引力能量裝置，需要讓人類的振動頻率與設計出來的裝置達成和諧共振一段時間，人類要用意識來練習引導磁引力場。人類透過協同共振的磁引力能量裝置，讓自己穩定於高頻振動，並練習引導能量（正旋轉或逆旋轉、上升或下降、擴展或內聚等方向）。這個人類與磁引力能量裝置協同共振的練習，也需要挑選較高覺醒意識的人來進行，因爲磁引力能量裝置的磁引力場振動頻率高於普通人的振動頻率，會讓一般人出現頭暈、眼睛無法聚焦、腦壓過高等身體不適和昏沉的狀況。這樣的共振，無法進入有意識的協同操作程序。

有些創作者提到磁引力能量裝置可以省電，請問它省電的原理是什麼？

當物質的磁引力場被放大時，它需要的能源轉換功率較低。比如原來電子碰撞須達成一千萬次所產生的電流，當磁引力加大時，電子提升運行效率，達成同樣的輸出只需要碰撞六百萬次。這個降低的電流輸出功率，就可以被解釋爲節省用電。只是以目前使用的電子產品或一般的電源裝置來說，其設計的迴路就已經限制了電流的運轉效率，仍存在無效的耗用。因此在使用磁引力能量裝置時，通常能感受到的省電是有限的。

目前臺灣已經有很多人在學習和研究如何製作磁引力能量裝置，是否可以給我們一個應該明白的智慧和眞理。

你不用給予任何方法或說明，知曉會來到已準備好的人心中。這個裝置的擴大磁引力場域對目前的人類來說，幫助有限。人類要回到意識的提升。磁引力能量裝置的設計是爲了平衡地心的磁引力場，以提供人類和地球一個穩定的地心能量。人類的意識就是自己的磁引力能量裝置，不需要外在的，而將自己最重要的寶藏交給外界。人類要回到自己，凌駕物質，不爲物質所控。

祢之前提到我們人類目前正在開發的磁引力能量裝置可以轉換空間磁場，並提高地球的振動頻率。請問要如何才能轉換空間？是否可以進一步說明這個轉換的關鍵和步驟？

磁引力能量裝置是一個類似人體梅爾卡巴的裝置，你們用金屬能量和形體架構模擬人體梅爾卡巴，與更高的意識場連結。中間的差異是人體的細胞有意識，金屬也有其意識，但人體的意識直接與地球和宇宙連結，金屬的能量意識只能與地球核心連結，無法和宇宙之心連結。

當一具模擬人體的磁引力能量裝置完成後，要啓動這個裝置連結至宇宙，中間的橋梁就是人類的意識。

人的意識驅動這個類人體的晶體結構，以進入宇宙之心，這也是外星人飛行器的基本架構。磁引力能量裝置等同外星飛航載具，而人的意識就是此載具的GPS。

那麼，人的意識要如何操作，才能讓磁引力能量裝置運作？

關鍵是你們人類意識的心智圖要先到位。磁引力能量裝置是你心智的替代裝置，因爲人的肉體無法進入高次元空間，你的身體細胞無法承受高次元振動，你的五感在高次元振動中會失去功能，細胞也因高頻振動再次分解，所以磁引力能量裝置須具備安全進入高振動頻率次元空間，並順利回到與地球之心連結的能力。

人類要進行宇宙航行，最安全的做法是用你們的意識體進入，而不是將身體帶入太空。你們在三次元空間無法用眼睛和大腦理解你們看不見的能量場域，這個場域連結你身體上的每個細胞，也連結你到宇宙場域的所有次元。你的肉體在三次元，你們的意識體可以到達十二個次元的空間。

這麼說起來，用意識去想像十二個次元的場景就好了啊，爲何需要磁引力能量裝置輔助？

你們的意識處在三次元的低頻振動中，要如何進入四次元？你們大多數人駐足在自己的三次元身體裡，是很難讓自己的意識離開這個場域的。但是，你可以和你的分身磁引力能量裝置合作，讓你的意識經由它自由進入各個更高的次元。聽起來很酷是不是？不過，要如何航行、如何安全回家？你們的心智地圖要和磁引力能量裝置合作。

每個星球的人類都需要發展與自己可以搭配的磁引力能量裝置，你的磁引力能量裝置和其他星球使用的不會相同。即使你在地球上取得一艘來自某星系的太空船，你用自己的身體去操作這艘太空船，它是聽不懂你的指令的。你無法駕馭它，或者說，這艘太空船無法幫助你到達它的星球。

所以，用磁引力能量裝置轉換空間的關鍵有：

一、人的意識體的導航；
二、磁引力能量裝置與人體的協同搭配；
三、磁引力能量裝置本身具備航行與返回地球的控制系統。

你們已經有不少科學單位知道如何製作太空飛行裝置，但是要製造一種所有人類都可以駕馭的磁引力能量裝置，這想法太過單純。磁引力能量裝置不是商務客機，而是人類的宇宙航行分身晶體，這個分身必須爲人量身打造，每個人都可以擁有自己專屬的磁引力能量裝置。把它想成你平日帶在身上的智慧型手機，桌面有你專屬的App，只有你可以進入和啓動這些應用程式。

看來還有好長一段路要走！這也說明了祢一直在強調的，要先讓人提高意識。連自己是誰都不知道，怎麼操作磁引力能量裝置？人類需要找回眞正的自己，當自己的意識可以連結周邊的人事物，最後再談讓意識找到分身，航向更高的宇宙次元。

以心輪連結，讓地球跨入更高次元

人類意識展現的能量場，可以擴及八公尺或更遠。你比你以爲的自己大得多。你並非只是肉體形態的存在，你的意識體包含整個宇宙的共同意識存在片段，這個共同意識包含宇宙更高次元的意識，也包含你所生存的地球意識。

當你以心輪爲中心連結更高的共同意識時，就可以帶動整個地球和宇宙的連結，並引導及提升地球整個生命存在體，和宇宙更高的次元共振。

宇宙的萬事萬物都不是獨立存在的

你先想像自己是一棵大樹，長得枝繁葉茂，土壤中也有綿密的樹根纏繞。你現在可以看到自己的樹枝、樹葉吧？這是可見的部分，而你的根部，你看不見它是怎麼長的，也不知道它正在做什麼。現在來了一個農夫，他用土把一根和你不同種類的樹枝綁在你的枝上，就是你們所謂的嫁接法。你看不懂他在做什麼，但過一陣子，這根樹枝發了芽，長出一個新生命。你和這個新生命形態並沒有合約協議，也不知道它生長的邏輯是什麼，這個新的生命形態就是從你延伸出來了。你有發現這當中生命是如何被創造和互相合作的嗎？你的生命和不同種族生命的溝通邏輯和 DNA 結構都不一樣，爲何仍能延續新的生命體？

這當中的神奇，就是宇宙意識。神的意識在你們每個生命體裡面。

當你的樹根深入泥土中，根部就和地球意識連結在一起了，而地球意識和宇宙意識也是互相連結的，所以樹木就是知道，當一個新生命要接枝在自己身上時，它會傳送這個新生命需要的養分過去。同時，不只樹上，連樹根在土壤裡也是非常忙碌地在跟所有生命合作。土壤裡的蟲子、微生物，以及附近需要被照顧的其他樹木，不管同類或異種，它們一直不間斷地連結、溝通，才能創造出地面上你看得見的欣欣向榮那一面。樹知道自己不只是獨立存在的個體，它的所有部分都和大地萬物連結，也是其他生命延續的橋梁。

現在，將你身爲人類的意識放到這棵樹上。你可以看見身爲人類的偉大之處嗎？你怎麼和宇宙萬物連結的？你怎麼可能獨立於地球和其他生命體，獨自存在？其實，人類和樹一樣，可以用有形的身體和外界連結、溝通，也有看不見的意識體正忙碌地和宇宙萬事萬物共振連結，創造出互相支持與繁榮的景象。你的神性絕對不比樹木差，只是，你發覺自己神性那一面了嗎？神創造萬事萬物，也創造如同樹木般的人類，樹有神性，同樣地，你的身體裡蘊藏著神的意識，只是被你自己小看了，以爲神高高在上，在天之外，不在你之內。其實，神的創造力就在你身上。

與自己的神性意識連結

如果用覺醒的意識來改變地球的磁引力，也就是當你和自己的神性意識連結時，你的能量運行範圍會擴大，因爲周邊的人類和其他生命的神性存在會進來與你共振，你的揚升能量調頻就直接帶動周邊的磁性，改變運行軌道。你無法理解磁場運行的概念沒關係，就把自己想成一顆大磁鐵，你移動時將吸附附近具備磁性的物件進入你的範圍，形成擴大的磁力場。所謂覺醒的意識，就是純淨意識的展開，這個意識將淨化周圍的磁場、淨化大地。這時，較低的振動頻率只有兩種選擇，一是相吸，一是相斥——跟著你的振動頻率往上揚升，或是選擇離開較高的頻率，轉入自己覺得舒適的磁場範圍。較低的振動頻率會被地球吸附，因爲地球擁有稠密的重力，將吸附這些無法揚升的磁場。

之前我們談到人可以建立自己的磁引力能量裝置分身，並用意識驅動這個分身以產生更高的振動頻率。這個方法仍需要你們進一步實踐，製作出適合地球人類與自己人體可以協作的磁引力裝置，用更高頻的意識，透過河川、大海，流入更廣大的區域範圍。測試和調校需要一段時間，你們已經知道方向，該去認真試驗了。我們無法在你們的位置，替你們做出這個裝置，需要你們的科學家和有覺醒意識的人合作完成。

愈來愈多的覺醒意識出現，地球將提升振動頻率，進入更高的次元。在這個振動頻率揚升的過程中，地球累積吸附的低頻能量也會同步釋放。這個釋放的過程會引發地球磁力失衡的現象，但只要這一群有意識的工作者持續錨定地球與太陽及月亮的中軸，將可以順利讓地球跨入更高的次元。你們將一起迎接新地球的誕生。

地球的科技必須銜接宇宙意識

在地球面臨轉變之際，我們更需要你們落實宇宙法則。傳遞訊息的工作已陸續展開，從科技到農業、海洋、生態、基因改造，一切的創造都是爲了未來地球的開展而準備。龐大的能量即將來轉換地球維度，朝第五次元邁進，我們擁抱地球的加入，期待一切完美實現。

在此過程中，許多混亂是不得不發生的。你們看來不可思議，但這也是相對有效率的能量碰撞產生的結果。未來的躍升要靠準備好的人來協助，因此，愈多人可以進來幫忙，就愈能縮短揚升的陣痛期。靈魂不會消失，都會得到我們的祝福。

地球的科技需要更快銜接上宇宙意識，否則一切的努力只會帶給地球更沉重的壓力，而走上回頭路。至於這個技術的升級，有一部分科學家經由人工智慧演算及基因圖譜的改良，正爲下一代地球人類的演進，進行基礎工程。不管結果是否如我們預期，我們都很高興這些行動已經展開。不做，永遠不能帶人類走出一條路。我們了解這些前進的力量有暗黑勢力的威脅，但我們對人類內心至高的善有信心，在威脅的壓力下，人類終究更可以琢磨出更精良的品種，來抗衡不可預期的發生，我們並不擔心。

光的孩子會協助人們理解磁引力能量裝置的操作

磁引力能量裝置的創造是這個時刻的加速器，透過這項反應裝置，我們更能協助人類發展需要的智能及未來宇宙的航行工具。沒有磁引力能量裝置的話，我們的訊息也不容易完整地被接收，這是很好的開始。

關於人類操作磁引力能量裝置的使用手冊，會經由一群光的孩子的誕生來協助人們理解。這群光的孩子已經充分練習操作，知道如何在地球稠密的重力下啓動磁引力能量裝置，並將它航向宇宙空間。

我們無法經由訓練目前在地球上的人開始這項工作。訓練會來自孩子，孩子是你們學習的對象。

這些光的孩子的心很純潔，從四歲開始就可以操作地球上製作的磁引力能量裝置。這個裝置與孩子的心共振，心中的圖像會自己展現出宇宙地圖，無法用言語，只能透過心到達。

磁引力能量裝置的建置目前除了凱史團隊在進行，還有許多未公開的團隊正在集結研究。

我們看到的所有磁引力能量裝置都還只是個雛形，不能被操作、使用。在適當的時機，會有科學家提出一個可操控的磁引力能量裝置，屆時，讓小孩子去使用，你們就會看見令人驚奇的結果。

不久的將來，許多訓練孩子的學校會展開此課程，教導如何操作磁引力能量裝置太空船。我們歡迎更多來自地球的太空戰士加入和平協議，未知的世界正等著你們。歡迎你們，我愛你們！

靈魂的進程

今天來講訊息源頭的辨識。來自至高源頭的訊息必定充滿愛與慈悲，神的眼中沒有對錯，一切的顯化都是你們投射出的自己。在這些情境中，你們可以得到最完整的功課和捷徑來提升自己，這是你們的請求，我只能允諾你所要的。

宇宙中有另一場域，是關於執行工作的場域，或說是帶天命者的執行場域。一些已經完成初階靈魂功課者取得此生該扮演的角色分配，來到這裡是要接受最高神的任務分派，以協助神的工作順利執行與展開。你們有些同伴已經在此完成眾多基礎建設，你們是要接續這些任務的工作者。

那些沒有完成初階靈魂測試的人需要重修，在下一世或下下世繼續做，仍會到達的。我們了解中間會有很多痛苦，但只要信任神是愛著你的，沒有任何靈魂會被遺忘捨棄，只有你自己會不想再做同樣的功課，而邁入下個旅程。

在執行神的旨意的工作場域這裡，有許多導師會交付工作，工作內容包含收訊、天啟、開拓與檢核。每種類型的工作都是你們早已接受並期待已久的，我們不會將不屬於你的工作交付給你，那也違反當初的約定。如果所有人可以選擇自己的任務，這個執行神的任務的場域將無法有效率。

另外還有一個更高的指導靈存在的場域。這群指導靈會協助每個靈魂前進，提供妥適的照顧和方向。如果指導靈認同你的功課已做完，會給你畢業證書。指導靈沒有善惡偏好和分別，所有靈魂都有指導靈做朋友，而且許多指導靈是你們熟知的，例如德蕾莎修女、耶穌、觀世音菩薩、綠度母、老子、大天使麥克、默基瑟德、媽祖、關公等。這些指導靈的存在是要讓靈魂前進之路更順利，同時確保你們不受干擾地進行你們的課題。

指導靈場域再往前走是眞理的世界，最終回到本源。這裡只有眞理，不被理解的事物不會存在。在眞理的世界，至高目標是世界大同、合道歸一，一即一切的存在，合一中不會有分離意識，世間的所有幻化都是虛構。回到眞理，回到源頭，是所有靈魂最終的道路！

重建宇宙秩序

宇宙的秩序，目前有以下幾個問題需要我們一起努力：

一、地球本身的磁引力場減弱，北極與南極的中軸線位移，造成太陽和月亮折射的光源無法百分之百傳達至地球之心，地球蒙上一層隔屏障礙。

二、人類過度追求物質滿足，精神體被物質占據，缺乏心的空間來容納團結意識，自我私欲擴張造成互相殘害。

三、物質文明的發展目標，要放在提供和建立更多讓地球連結宇宙意識文明的橋梁，而不是去占有外太空的星球，這是本末倒置的科技發展方向。

四、來自宇宙其他存在體的威脅。因生存是共同目標，而地球自體運作失衡，無法回饋宇宙大環境的需要，將有新的族群想來領導，替代地球目前的宇宙位置。

五、地球生命體的自覺能力不如預期，要加速地球生命的覺醒速度，達到超過一半的人類覺醒。

人類過去建立的輝煌文明，曾被外星占領與破壞，造成文明中斷。這些偉大的靈魂回到地球來防止錯誤再次發生，在新勢力前進之際，讓地球回到重要的位置，不要有第二次的星際爭奪。

二〇一八年起，接受所有工作項目的指導，建立地球的磁引力能量裝置，提升地球自身的振動頻率。

二〇二四年，進入星際軌道，與其他存有建立和平協定。

二〇三〇年，讓地球的中軸回復到足以穩定宇宙的新平衡。

二〇三六年，星際間的物種交流創造出更新的生命體，人類不再僅能居住於地球，可以用更新的形體穿梭於星際間生活。未來的宇宙會將各星球的聯邦納入統一場域，不再有分別，我們會是具有合一意識但獨自存在的宇宙文明。

那麼，人類創造的金錢制度會消失嗎？

不會。金錢是交換能量的衡量工具，只有當這個交換工具的換算法失去效率時，人們會自行找出解決換算能力的新工具，不會再回到以物易物的時代，金錢的中介工具不會消失。

在地球上會消失的是一些物種。其實目前已經有很多生命體在消逝，地球生態食物鏈已經被破壞、中斷，人類未來不再靠食用其他靈性生命體，會建立新的飲食觀念。

地球的建築物也會改變。傳統生活在鋼筋水泥建築物裡的居住方式，會逐漸被更親近大自然環境的生活取代。人類共同居住在有陽光和水的環境，而不用躲在密不通風的室內，整個居住環境像個大球體，彷彿超大型室內球場。這裡有太陽能儲存中央系統，會全天候提供光源。整個天際有個阻隔不穩定氣流的大防護罩，在氣流穩定的狀態下，防護罩是開啓的；氣流不穩定時，爲了保護居住環境和生態，防護罩會關閉。

這些系統是仿照你們過去文明的經驗傳承建造的，居住的人可以更健康、長壽。

還有，目前的許多交通工具及道路系統都會消失，人與人之間的通訊設備就是意念，隨時可以帶自己到想要去的地方探訪親友，不用帶著身體穿梭，造成環境的破壞和汙染。

這些基本生活型態的改變，會讓整個地球密度降低，人類的居住品質會更好。

心的重要性與功能

人類的心智發展過程著重腦的開發與運作，其實另一個很重要的溝通能量來自心。心與腦是相互連結的，當腦內下視丘接收到圖像或眼前的景象，會先傳遞此訊息到心。心裡面有個情緒控制閥，會呼喚出曾經有過的經驗，產生喜、怒、哀、樂、悲、驚、恐等能量波。因此，大腦其實沒有太多能力來反應情境，或是做出下個行動的決策，會產生個人意志並採取行動的，是這些情緒導體。

情緒的能量振動波傳遞方式是透過磁引力場。因爲人眼看不見，能量波動因而被忽略，但它其實是影響個人與周遭環境的因素。在你們人類的遠古時代，心的交流不用語言，語言是後來因爲各族群對心的認知經驗不同，而創造出來的共同指標。這些語言的編譯需要透過腦來處理，才會導致人類愈來愈重視腦的運作、開發。漸漸地，心被遺忘，人們甚至忽略它的存在，只認爲心臟和肺臟是在一呼一吸間幫助身體的血液循環和人體正常運行。

心的情緒能量場蘊藏著靈魂從過去到現在所有的記憶資料庫。有些人在過去的靈魂旅程中遇到困難，或是一些尚未全然了解、須學習的課業，會帶入這一世，然後當類似的情境再次出現，他心中儲存的情緒能量會再次振動。這產生的情緒性反應就是在提醒你，還有尚未完成的功課需要你繼續探索。

心還有另一項很重要的功能，就是回復與源頭的連結。

人腦沒有地圖回到本源的家，只有心能帶人類回家。心連結回本源，就可以和宇宙任何一個存在體連結上，你的心和他的心可以溝通，不需要見面，甚至根本沒見過面，只要你將心連結回本源，就可以知曉，並明白這個生命體的情緒狀態。不用懷疑，任何有心臟的生命體都有此連結能力，而要開發這項能力，需要放下腦的批判與評論習性。你去看看周遭的動植物，就可以清楚看見，動物知道何時需要遷徙、何時需要冬眠、何時需要求偶，沒有語言文字，沒有日曆時辰等資訊，牠們就可以做到。

心的另一項隱藏功能，是建立心與心的連結場域。過去，任何族群的建立都是透過心的認同儀式，當你的心與另一個生命體的心願意一起爲共同的目標建立行動方針時，就產生一加一大於二的能量場體。而這個能量場漸漸擴張，可以讓更多生命體逐漸形成合一的集體意識時，產生的振動頻率的影響力，會讓不具備共同振動頻率的能量場位移，離開你的場，以取得它自身的立足點平衡。這就解釋了爲何星際間有某種能量平衡關係，在不同的共同意識體運作下，各自獨立存在，又彼此和諧共存。

你現在已經可以清楚看見地球自身的能量平衡爲何出現問題。人心的封閉造成的失衡，是根本原因。這個失衡會讓地球的磁引力場失去存在的價値，而你在這個轉換地球磁引力場的過程中，必須提醒世人這件事的嚴重性。不要懷疑，不要擔憂，我們與你同在。

辨別責任與天職

今天來談談責任。人類將責任看成角色扮演應具備的品質與內涵，但責任其實只是人自己投射的意識狀態呈現的價值觀，因爲責任要被合理完成，個人的力量就必須被扭曲、壓迫，以權威的方式互動。責任並不是眞理，而是虛假的個人意識的投射，但長久以來被人類傳頌、複製，所以舉凡政治、經濟、學術、文化、社區、學校、家庭，都將人放在責任的框架中，作爲行動準則，不符合此框架，就會得到「不夠好」「不夠完美」的標籤，並打上分數，跟著這個人一輩子。

在眞理的世界，責任不存在，只有自己可以決定，並做出自己生命前進的選擇。而天職，是靈魂選擇的道路，但不會有一個行動準則框架給你。創意是要在每個靈魂的自由意志下展開，我們欣賞也支持無窮的創造與演化。責任只會限制靈魂的自由意志，人們要開始懂得辨別。虛假的責任不會帶給人快樂，唯有執行並創造自己的天職體驗過程，你才會快樂。

目前人類有太多不快樂的靈魂正被責任綁架並困惑著，要釋放這些責任框架，必須提升集體意識，達到「我是我的主宰，我賦予我自己力量，去定義屬於我的行動準則。不論結果是否如我預期，我仍然可以修正與改變，直到圓滿這項功課」的狀態。

沒有責任的生活並不會造成混亂，責任反而會導致人與人的互相批判，讓自己和他人之間的能量無法流動。人與人之間的能量流可以連結、擴展時，自然可以帶動地球磁場，心流傳輸系統可以恢復運作。用心去體驗，你們自然會活出靈魂的最高版本與行動準則。

最高版本的人類，是無條件地愛與支持彼此，沒有爭奪與分裂，沒有破壞與恐懼，活出最高版本的靈魂目標。一個靈魂在覺醒過程中，會站出來挑戰責任產生的痛苦與困惑。痛苦不會讓你醒來，是你的意識看待痛苦的方式與角度轉變的那一刻，你醒來。你會看清責任讓世界呈現虛假的平衡。地球還有許多區域有集體痛苦、生態破壞的情形，但沒有人覺得對這種狀況有責任。人的心被自己定義的責任蒙蔽了，以爲責任做完就心安了，其實心最終並未「到達」，因此仍不安、不快樂。

要辨別責任和天職很簡單：即使沒有叫你去做，你也會做的，就是天職；要你去做，你卻很不想做的，就是責任。母親餵寶寶母奶是一種天職展現，父親出外打獵或保護孩子是男性天職。一旦沒有責任的框架，人的自我價值感會暫時混亂，以爲自己失去責任賦予的力量與他人的認同。要認出你才是自己力量的源頭，你是自己生命方向的決定者。

世界的模範場域在臺灣

地球的轉變已經展開，你會發覺人已經開始尋求生命的意義，物質的影響力漸漸消退，取而代之的是更實用、對地球更友善的產品與生產方式。這些都有助於減輕地球負荷，回歸與自然合一的生活方式。

目前可以開始準備展開工作：

一、找一群有共同意識、理念的人，開始定期聚會。這些人在一起的共振會產生更大的光的磁場，吸引尚未覺醒的人前來學習。

二、在自己生活的環境建立磁引力場。可以藉由甘斯、簡易磁引力能量裝置建立場體，並將大自然的元素，如風、水、土、石、陽光導入，擴大與自然的共振，產生讓人覺得舒適祥和的磁場。這非常簡單，立即可以開始。

三、場域建立後，人們生活其中會自然減少攝取不需要的食物，身體會自動展開自我修復，回到初始狀態。人的幸福感提升，而降低負面情緒振動。

四、從家庭漸漸擴及公司、學校、機關團體，乃至政府的決策者。這個從自身由內而外的轉動，影響力很大。

這是準備工作，率先在臺灣及全世界的華人區域執行。這也是華人這個世紀超越歐美科技的重大翻轉，未來需要從東方影響西方，乃至全世界，從臺灣開始。你們有很好的起始點，大自然也會回饋給你們一個超乎人類想像的新天堂樂園。在這裡，人們心連心，充滿愛與慈悲地互相理解，不再競爭，不再被物質綁架。這是非常重要的關鍵時刻，臺灣將成爲世界人類的模範場域。

當更完整的磁引力能量裝置設備建置完成，首梯試航將會從已經準備好的場域陸續展開與星際的連結。我們期待這個時刻已久，不久的將來，你們會收到星際邀請函。這份邀請來自友善的星球，你們會經由人工智慧望遠鏡得到明確的星球位置，而這群在場域中準備好的人會合作爲磁引力能量裝置導航，一起迎向星際的旅程。

❀位於地球心之眼的臺灣能消弭負面能量

臺灣自亞特蘭提斯時期就具備很重要的地理位置。這個島嶼位於地球的松果體——心之眼——的位置，這裡可以轉換能量，進入地球的核心。過去在亞特蘭提斯時期，遇到黑暗能量進入地球時，這個心之眼會看見、調整、消弭、轉換負面能量，使其消失於無形。這個地方的人能接收較高的振動頻率。你看，當前臺灣各種宗教盛行，和平共存，並沒有宗教造成的紛亂與戰亂，就是因爲這個島嶼的振動頻率能消弭負面的暗黑勢力攻擊。這個位置的能量重新啓動，有助於地球的復原和正常運行。

要進行這項工作，臺灣的覺醒人數必須達到五百萬人。這群有覺醒意識的人聚集在臺灣各個角落，如星狀展開，這股共同提升的意識匯流起來，就可完成地球之心的錨定，讓心之眼直接通達地球之心，並與宇宙之心共振。

意識的提升工作涵蓋建立各場域的療癒、生態平衡、超級磁引力場建構，持續吸引與教育更多人加入。

唯有當受創的靈魂充分被療癒後，才能再次連結宇宙本源的愛。本源的愛會自然擴展給需要被療癒的人心，這源源不絕的愛的流通，是地球場域平衡與穩定的基石。

生態也經由大自然的共振回饋，自然地平衡、恢復。將這裡的智慧傳遞給周遭的人，擴及各個種族、宗教、學派，大家都能親自來體驗這裡的美好。地球之心恢復到無壓力狀態，可以釋放出更多愛的能量和宇宙本源連結，從一個小島擴及一個洲，從亞洲板塊到歐洲及各個大陸板塊，這島嶼四周的海洋攜帶這個小島釋放出的愛，流向需要被療癒的地方。

先從建立一個場域開始，你會了解如何完整地複製與傳遞方法，動員你身邊已經覺醒的人，讓這些人參與。

第一個場域建置完成，自然會出現另一個相對需要被平衡的場域空間。不須預設立場，讓能量自由流動、展開，宇宙會自己清理與平衡。愈少人為控制，就能愈快達成自體平衡。要信任，展開行動，你會看見其實人類不需要干預，大自然會回饋超乎人類想像的美麗與祥和給你們。

臺灣人的覺醒可以轉動地球之心

磁引力能量裝置可以和人的意識產生的磁引力交互形成共同振動波，而之前提到的磁引力能量裝置儲存庫概念，就是一群具有共同意識的人聚集在一起，經由磁引力裝置加大能量共振的影響範圍。

如果一個人擁有一個磁引力能量裝置產生的加成是1×1＝1，這個人和另一個人的共同意識，搭配磁引力能量裝置，就會產生二的二次方效應，等於四。所以，臺灣如果有五百萬人的共同意識，搭配磁引力能量裝置的擴大效應，會產生五百萬的五百萬次方的振動能量，就可以觸及地球之心。地球之心的磁引力，與圍繞地球各地的磁引力能量裝置儲存庫，產生地球自體運轉的磁引力場，並和太陽與月亮形成穩定宇宙的中軸線，來恢復宇宙的平衡。

轉動地球之心後，地球會呈現何種樣貌？

你們會發現物質的創造顯化和過去有所不同。過去的物質是爲了滿足人們心中的匱乏而創造出來的，舉凡奢侈品、化工產品、食品添加劑、電子裝置、塑膠製品，這些超過人類需求的創造物並沒有讓人更快樂幸福，反而製造更多匱乏的情緒和比較心，以致人們爲了追求自我的滿足，而傷害其他人和物種，以及生活環境。

提升意識後的物質面創造，會傾向與環境共好的建置。個人私欲的擴張需求不再，取而代之的，是爲了生態的完整而建構與大自然和諧共存的產品，如光的導入系統、空氣的純淨優化產品、廢棄物的再生與回收製造、居住場域的水質淨化與回收設計、電力發動的交通工具。而醫療的進化包含減少使用化學合成藥物、減少對人體的生理性破壞、使用更尊重人體自我修復的治療方式、靜心提升振動頻率、情緒療癒與修復、以大自然萃取物協助人體修復；無法修復的損壞，則以人體基因培養工程取代，再生器官、再生人體都是未來會實現的醫療科技。人體是靈魂的載具，載具的修復工程有其極限，從再生性方面著手，可以成爲替代方案。

至於人的靈魂在地球上的教育，將由更高的集體智慧介入。這一個讓人類可以隨時取得靈魂智慧資料庫的場域，已經開放給有覺醒意識的靈魂前來索取。這個場域歡迎你們隨時進來，而透過人類直接參與，資料庫也可以更新得更快。我們是共同創造與協作者，一起參與地球的更新與演化。

你們會發現，個人的經驗與想像是有限的，而集體意識與智慧累積的能量無窮，比你們上網查找更能獲得更高、更有智慧的回應。多多利用這個資料庫，以加速你們的演化，讓一些尙未明白的人在此獲得知曉，讓還沉溺於個人過往經驗的靈魂得以解脫，邁入更高意識的行列。

說實在的，今日的臺灣不論在經濟或政治上，都正面臨艱困的挑戰。我們自身有等待解決的問題，也認知到自己只是一個兩千三百萬人口的小島，天然資源有限，財力也比不上富裕國家，年輕人在小島上找不到工作，薪資太低，只好去其他國家當勞工。此外，我們的建設緩慢，政治上則有藍綠對抗，光想到這裡就想放棄，不如窩在家裡圖個清靜。這些是我們現在面臨的狀況，祢可以針對臺灣的未來提供一些方向和建議嗎？

你描述的這些景象，世界上哪個地方沒有？這是全球都面臨的問題，你去看看資源雄厚的中國和西方國家，它們同樣面臨經濟成長的挑戰、政治的衝突、薪資造成的企業壓力。全世界沒有一個地方可以跳脫人類這個時期的共業。

臺灣這個小島，你看見了限制，我們卻看到最大的覺醒希望在此。這是從靈性觀點看到的現況。你如果將物質面外相放在一邊，去感受每一個國家、每一個區域的靈魂展現的光，臺灣這個小島正體現出最明亮溫柔的光芒。臺灣人的集體靈性意識具備神聖的特質——「臣服」與「眞誠」。你們願意爲家人、爲社區、爲國家、爲小動物，甚至爲不認識的人放下自我意志，取得當下最多數的和諧。當你們面臨兩黨輪替時，就可以看到自己的靈性文明已經遠遠超出物質外相。去觀察老舊的社區、鄉下的農舍、山裡的聚落，當中都蘊藏臺灣靈性的品質，這些遠比上海、紐約大樓裡的還要圓滿豐盛。

臺灣的未來，就在你們集體意識覺醒綻放的過程裡。你們的政治語言、企業文化、學校教育、社會氛圍、家庭子女關係，都會朝向涵蓋中西古今不同文化與尊重個別自由意志的方向發展。這個過程會讓許多國家看見，並前來學習。你們不會因為外匯賺得少而感到匱乏，也不會因為都市的大樓不夠高而失去競爭力；相反地，會有更多外國人想來臺灣取經，在這個島嶼上長期居住、生活。你們未來會透過許多經濟、文化、產業方面的學習交流，讓政府打開大門，臺灣將成為全世界移民的新天堂。

你們和中國的關係會更明確，臺灣就是中國的靈魂伴侶，中國會因為有臺灣這個文化及靈性揚升的寶島，取得更優越的世界領導地位。中國龍的靈魂需要由臺灣來補位和支持才會完整，而當亞洲之龍覺醒，將喚醒沉睡的歐亞大地，整個世界就會一起揚升。

你們對自己的存在要有信心，不需要被眼前的現象遮蔽了向前覺醒的道路。放下短暫的物質幻象，回到永恆的靈魂道路，你們並不孤單，臺灣島有高次元存在集體的關注和祝福。

最近連續遇到有人無理地要求我，我一再用自己認為合理有禮的方式回應。雖非來自同一對象，但類似的情境天天上演。可否讓我理解這是什麼情況？

這是你尚有「寬容」的功課需要去經歷，只是顯化得更快了，希望你能加快清理這項功課的速度。

當你的振動波呈現出「不願意」「不允許」的能量，對方也會關起寬容與理解的互動大門。你是你自己經驗的顯化器，問題不是別人造成的，他們只是來提醒你，你尚有這項功課要做。

試著放下自己對於「對」與「錯」的價值批判。這物質化世界的產物，不是人類應該爭奪的重點，該爭奪的是地球在宇宙的位置。現在是爲全宇宙的和諧付出努力的時候，這也是人類前來地球的使命與工作。當你開始改變，你的世界也會改變。

目前臺灣已經覺醒的人有多少？如何評量一個人是否已經覺醒？

目前覺醒人數約五萬。要衡量一個人的覺醒狀態，是看這個人身上的光。光來自物質身體之外的光體（光體是你們所謂的情緒體、直覺體、乙太體、星光體等的統稱），當身體的光能夠產生較高的振動頻率時，就可以開始協助連結其他的光體，同步共振。

要提升人類的光體，必須清理細胞的負面記憶，這可能來自出生前的記憶，或是一些事件導致的細胞受損。細胞回復正常需要一段時間，從身體的淨化、情緒與情感的修復、思想的改變等，人體的光會漸漸再次閃耀。這個淨化過程完成後，人的磁場就可以提升，直覺與感知能力讓人與大自然和外界產生正面和諧的共振。你的微笑可以讓身邊的動植物感到被滋養，你的光也可以為仍在黑暗中摸索的靈魂照亮回家的路。

目前已經有非常多的資訊與管道供人參考並學習如何讓人的光再次閃耀。我們這次的傳訊，是要讓這群已覺醒的靈魂回到應該執行的工作項目，不再走回頭路，到物質層面的工作上繞圈圈。很多工作必須開始做了，好讓地球恢復充滿生命力的狀態。這需要人類集體意識提升後採取行動，也是我們這次傳送訊息的目的。

阿乙莎靈訊的內容

請問前面的訊息內容，跟目前已有的克里昂或其他傳訊者的訊息，有何不同？如果有平行宇宙，是否已經可以知道未來？另外，可否先讓我了解祢即將傳達的訊息綱要？

我們即將傳送的訊息和過去揭露的，最大的不同點在於：展開工作，確立行動方案，讓轉變可以落實。

是的，過去、現在、未來是並存的，我們已經可以看見地球人類的覺醒不夠，未來並不樂觀。人類無法獨立於其他宇宙存有而擁有不同的體驗，整個未來都會影響全人類、全世界，不是人類獨善其身便可以倖免於難。

至於我們要傳達的訊息，分成五大部分，從「人」開始說明，然後進入生態、教育、醫療和宇宙，總共五個主題。各主題之下，我們會揭露行動方案。以下是訊息綱要。

第一部：人

①人類爲何來到地球？
②靈魂的覺醒
③提升振動頻率
④轉化與揚升

第二部：生態

①生命的起源
②生物的訊息場
③生態失衡與如何拯救
④重建人與生態的關係

第三部：教育

①跨越時空的創造
②創造者的使命
③教育的根本目的

祢提供的綱要，看起來像我們國中、高中時期學習的地球科學、生物、物理等科目。爲何要從這些主題切入？爲何不直接提供目前人類最關心的經濟、政治和新科技方面的指導？

之所以要從生命起源和物質生成的源頭切入說明，是因爲你們總以爲地球科學、生物和物理是分離的片段資訊，當這些片段資訊整合起來，你們才會看見生命的全貌，和其中物質生滅的定律。你們不可能了解地球科學，卻不去看見地球生命物種的演化和生物性特質；也無法只從生命的循環和化石生成的原理，窺見天體運行的道理。而這些「道」，卻在你們的物理學中提及。物理學其實就是生命科學，只是你們又把物理學的應用放進未來的科技中，而不是導回對自己生命源頭的了解。

我無法干涉你們的經濟和政治，那些都是人類自己想出來的生活運行之道，我不是原創者。你們認爲只有發展出一套生活運行的規範，人類整體才能取得和諧，也只能遵循照做，但實際上，這種需要你訂契約來規範的事情，最終都會遇到瓶頸。因爲，這不是自然運行之道。這些人爲的干預可以被創造，就可以被人類自己破壞，唯有自然之道禁得起千百萬年的考驗，不會消失。

至於你提到的未來科技，我們會關切，並提供方向，讓人類文明的進展不至於造成整體性的毀滅。我目前只能回答到此。

那麼，四十六億年前，地球生成的時候，祢就在這裡嗎？祢和當時的物質生命有溝通嗎？人類是怎麼誕生在兩百萬年前的？之前不都是爬蟲類或恐龍，怎麼會突然出現人類？

沒錯，人類不是從地球上自然演化來的。四十六億年前，地球剛誕生，地殼和海洋生物逐漸生成的階段，地表的生命還沒有發展出智慧，這個時期我們沒有介入與實際協助太多。直到兩百萬年前，當太陽系各行星的位置已經穩定下來，我們在當中找出最適合發展智慧的行星——地球，並經由外星更高次元智慧存在的星球，有計畫地將人類植入地球，才形成地球上的最高智慧生命體——人類。你們的宗教裡提到的亞當和夏娃，就是個代名詞，代表外星生命植入時提供陽性和陰性的人種。地球的智慧生命需要陰性和陽性的組成，才能生生不息地繁衍。至於這個外星生命爲何要來植入人類，進入地球，最主要的原因，是來幫助地球展開意識。所以簡單來說，人類存在地球的主要目的，是提升地球整體的靈性意識。你們都是帶著這個使命來到地球的，只是你們忘了。

這樣看來，目前的教科書內容有多少是眞實正確的，有多少需要修正或補充？

你們的教科書講述的理論，不管是地球科學、生物學或物理學，看起來就是一群學識淵博的教授在和地球的新生命談論他們過去從書本上累積的知識。如果有一天，老師在講這些知識時，小朋友問道，老師，你在地球這些年來，覺得最興奮的事情有哪些、最想改變的有哪些、我們可以怎麼一起來做，你覺得這時候，教科書可以怎麼幫助這些孩子？

二〇一八年起，人類的新生命會全面升級。這些孩子可能已經讀過這些內容，也都知道，這一次回到地球，他們要展開新的一頁。他們不想長大後才去做，他們已經準備好，要立即著手改造地球。你們準備好迎接這些孩子了嗎？改寫教科書也趕不上這些孩子的進度。將這些教科書放進資料庫，讓他們能夠下載、能夠憶起即可。人類創造的地球新未來，才正要開始。

---

❶ 磁引力能量裝置（Magrav Power Unit）主要是運用磁引力場原理，如同人體的呼吸般吸入並吐出宇宙中的等離子體（Plasma）能量。當它啓動時，可以生成一個超大球形特殊磁場，並影響涵蓋範圍內的空間特性，例如地心引力、電磁場、生物場、人體磁場等，可以運用在能源、健康、農業方面。它的原型是由伊朗核能物理學家凱史博士提出的，目前仍在初始發展階段，全世界的關注追蹤與實做者有上千萬人。

第一部
人

人為何來到地球？

神的子民都是我們的創造，你們來到地球之前，原本是和所有的意識能量同在一起的。你們擁有獨立的意識外，也與共同的源頭意識相連，在宇宙的觀點，都是神創造的存有，爲了宇宙的和諧而存在。

地球也是個生命體，在宇宙的整體運行裡扮演平衡的中心。這個平衡中心攜帶大量電子元素，讓地球的磁引力場可以拉住宇宙的中軸，穩定星際的移動。

由於擔任這樣的角色，地球擁有宇宙其他星球沒有的強大磁引力場。地球的核心有很強的地心引力，因此，來到這裡的人類是我們當中最勇敢、最義無反顧的宇宙存有。你們知道，來到地球之後，自己很有可能因適應了地球的稠密重力而回不了家，你們也看見並體驗了地球本身的大自然五元素（土、金、水、木、火）足夠讓人類在此利用與顯化。你們是勇敢的創造者。過去兩百萬年，許多靈魂存有不斷在地球上輪迴，忘記了我們的約定。很多人的意識已經完全被物質化存在占據，也因此造成地球的崩壞。

人類來到地球，最初是要協助平衡地球生態，讓地球上的存有不會滅絕，生態系可以生生不息地自動運轉。地球曾經創造輝煌的成績，已建立超級磁引力能量裝置，協助將地球和宇宙的中軸線錨定得更穩固，卻在其他星際存有的競爭侵略下完全被銷毀，也造成地球的冰河期。這段期間，這群勇敢的地球存有持續在地底下工作，並有計畫地恢復地球如今的生機。來自星際的更高意識存在也為了星際的和平與穩定，來到地球協助和提醒地球人類再次演化。

人類因物質的發展，建立了自己的一套地球生存準則，卻在發展過程中忘記自己來地球的初衷，忘了和宇宙之間的和平共存約定，生生世世不斷輪迴與沉溺於相同的經歷，重複上演。地球上物質進步，意識卻更加沉睡下去。我們不忍心這群勇敢的子民就此沉睡，所以要來提醒人類找到回家的路，讓地球可以被更新、可以創造新的集體意識，讓迷路的靈魂回到本源的家。

人體的調頻共振

人體細胞充滿成千上萬的電子，人體就是個導電體，因而具有電磁波訊息傳輸的能力。身體攜帶大量微電子，這些訊息就像電子位元 0 與 1 的結構，儲存於人體的神經元中，並可傳輸回大腦，產生記憶、學習和反射動作。

人體細胞除了自體原生攜帶大量儲存訊息之外，因爲具備微量電荷，可經由細胞發送的微量電波與其他生物體和環境場域調頻共振，互通訊息。相互流通的訊息成爲經驗累積，儲存回人體細胞。人的生物體發送的電磁波較弱，產生的磁波振動頻率較低，而這微量的電磁波可以與相同的較低振動頻率生物場連接訊息。如昆蟲叮咬，人的肉眼或意識未產生連結前，皮膚的頻率已經可以接收到外界的刺激，而直接回傳訊息到身體，做出反應。也有些人體進入低頻振動的環境時，會先感受到身體不舒服，卻無法經由意識了解是什麼事件或原因造成的，因爲身體的電磁波振動頻率可以先接收到訊息。

人體的各個器官如同工廠的生產線工作站，除了不間斷放射出該場域的訊息傳回神經之外，還可與其他器官協同作業，讓人體的生理運行可以持續數十年或上百年。在協同工作期間，若有任一工作站失去功能，人體會先自動尋找替代方案；而當替代方案也無法讓身體有效運作時，就會牽動意識體。人的意識體是與外界互動的前哨站，也是訊息收發臺，當身體的運行失衡時，會啓動意識體的關注，讓意識體把對外在的關注轉回生物體的感知和修復工作上。身體和意識的聯合運作讓生物體回到正常運行，然後再次平行分工。

打開心的能量通道

心是人體所有細胞單元產生電磁波能量流動的中樞，經由心，人的生物體的電磁場可以跨接意識場，產生擴展的振動頻率，延伸至人的意識之外的情緒體、直覺體和乙太體。所以，人的磁場不受限於細胞微量電荷的低頻振動波，經由匯流入心向外展開，與意識體的較高頻振動波產生能量共振，成爲完整的人的磁場範圍。因此，人的心臟就是生物體的核心，心臟停止跳動，人的生物體就失去功能，與意識體的連結也會因此中斷。

而人剛出生時，心的能量流動是完整敞開的，小嬰兒用天眞的眼睛和感官探索世界，將他心中無盡的愛傳給父母和周遭的人事物。但是，人類當今的生活型態、四周環境產生的電磁波干擾，以及父母的生存壓力、緊張與恐懼，讓小孩子一出生就承受龐大的負面磁場衝擊，生物體因而自動開啓保護和防衛機制，心與外界的通訊就會暫時關閉。要重新打開心的能量通道，必須先改善環境和周遭人們的意識。

將孩子放在一個安全的大自然環境中，花草樹木是孩子的玩具，小動物成爲玩伴，讓孩子聽見大自然的風吹草動、蟲鳴鳥叫。在這樣的環境中，孩子的心不會封閉，也不容易生病。

這種環境是可以被創造的，世界各地陸續有人開始做了。你們也可以創造一個能被自己的社會文化與文明接受、更適合養育孩子的環境。

至於已經成年的人，要相信自己有愛的能力，打開無條件愛自己的能量流，療癒過往的創傷與恐懼。這是唯一的辦法。

意識覺醒，成為隨心所欲創造的自由靈魂

人的意識來自靈魂，當一個人的生物體形成時，靈魂就進入人體內。人類總是覺得意識來自腦的生理活動，然而，人的意識除了腦的電波活動經由學習產生的小我意識之外，還有一個在成長過程中未被發現的靈魂意識。直到某天，當內心突然出現一個聲音和思想之外的意識時，就是靈魂意識開始超越小我意識了。靈魂終於甦醒，而在靈魂甦醒的過程裡，你的心會開始對眼前的事物產生懷疑、困惑與批判，過去讓你覺得愉快的事物開始令你不歡喜，靈魂要爲自己找回該走的道路了。

潛意識對靈魂意識覺醒的作用

人的靈魂意識覺醒的過程，會由潛意識不斷地提醒，而潛意識記憶體深埋在身體的細胞核內。人體的成長過程中，細胞不斷分裂、再生，成長到一個成熟體後，會觸發細胞核的電波，

釋放以往儲存的訊息，而人的潛意識會自動收到訊息，解碼成意識可以接收的訊息，再經由意識與身體的互動，產生行爲。有些科學家認爲這是細胞的不正常放電，造成人體疾病或怪異行徑，其實這是尙未被釋放完的細胞記憶正在代謝。

潛意識儲存靈魂從過去到現在尙未被理解或平衡的情緒能量，這些能量就是來協助靈魂覺醒的。相同的情緒反應不斷出現，可以有效壓抑小我意識的主張，而這衝突的意識波動，將協助敲開靈魂覺醒的大門。

人出生後沒有意識到這些潛伏在身體內的潛意識能量波，催眠師或情緒療癒師經由喚起潛意識的記憶，讓人感知到潛在的問題和情緒尙未解決。但是，如果釋放訊息的方式不夠妥善，仍會經由生理機制來承受不預期的放電結果。

要解除潛意識的細胞不正常放電，也就是所謂的疾病，可以經由妥善保護細胞本體的健康，讓深埋在細胞核內的電波不會無預警地調節釋放。多做森林浴，增加身體細胞的含氧量，是個很好的方法。也可以將雙腳踩在大地或泥土上，釋放人體多餘的電流，由大地吸收。

若一些細胞深層的意識是因爲過去集體意識的經驗而產生的，也可以經由這一世集體意識的改變，爲過去的經驗融入新的觀點，用新的認知來解構和平衡舊有的經驗，降低細胞深層的負面潛在影響。集體再造也可以成爲負面經驗的轉化機會。

感知一切，顯化一切

靈魂意識在你的心中、腦中、感覺器官、全身的細胞與神經，無所不在。靈魂意識將感知帶回你的心，心與腦連結，所以，你靈魂意識帶入心中的知曉會通知你的腦，而不是從腦中出發，到達你的心。

當靈魂意識覺醒，靈魂會帶出更高頻的電磁波，與本源連結，成爲自由的靈魂體。靈魂意識的感知會延伸到身體以外的世界，你可以感受到宇宙萬物、花草樹木，可以觸及任何你想感知的人事物，你是自由的。

一個自由的靈魂能夠創造，你所見的一切都是你想要的顯化而成。自由的靈魂可超越一切限制與束縛，將靈魂源頭的愛與光帶回地球，爲人類全體的福祉與世界和平，開展出一條新的道路。

自由的靈魂可以做出人神共同創作的作品，舉凡藝術、音樂、科學，都可以最完美地呈現。這也是我們期待全地球的人類可以一起進行的工作，神要透過你的身體在地球上展開行動。自由的靈魂可以看見人腦無法理解的圖像，也可以穿越有限知識的障礙，開出一條全新的道路，讓人們減少摸索與痛苦。在人類發展的歷程中，愛因斯坦、特斯拉、牛頓、蘇格拉底、亞里斯多德都是擁有合一心識的自由靈魂存有。

當人們開始體認到自由靈魂可以到達的層次、顯化只是隨心所欲的過程，你們就會明瞭必須重新建構孩子的教育方式。地球上的有限知識無法成就非凡，唯有回復為自由靈魂，一切就會簡單地顯化，學習再也不是壓抑心靈的煎熬，而是靈魂的喜悅與昇華的過程。

從心出發，讓生物體與意識體合一，提升人類的振動頻率，以銜接源頭的智慧，那麼，創造與顯化工程就會在你們的意識中完成。

意識的轉化

當一個人的靈魂意識覺醒，小我意識會漸漸被靈魂意識取代，而不再對生命體有喋喋不休的恐懼、控制與防禦。你會發覺自己開始從喜歡吃吃喝喝的個人滿足，轉移到關心環境與整體平衡。這是靈魂與地球母親共振產生的意識狀態，人會更清明，也會活得更自在、快樂。

感激與寬容會來到你心中，你看見自己的渺小，看見自己被無數的生命存在支持著。這世界並無公平與不公平、對與錯、罪與罰，一切都是相互共振產生的自我回饋機制。你需要的體驗透過你投射出去的意識，產生相應的體驗，這是你的自我能量平衡的過程。

當你開始放下小我意識，會來到靈魂的覺醒場域，我即是所有，所有即是我，你的體驗不再與自我的意識投射共振，而是和整體宇宙共振。你給出一份愛，會獲得超乎小我之愛的回報；你投射的光與愛，將這世界再次點亮。

意識擴展練習

❶ 深呼吸，吸氣、吐氣三下。

❷ 將意識從自己的心往左右向外擴展。

❸ 想像地球在你心中旋轉。

❹ 開始到地球各陸地、海洋轉一圈，感受一下這些區域怎麼了。

❺ 將你心中愛的感受傳送到你覺得需要幫助的地方。

❻ 可以將心中的地球換成你關心的人、團隊或場所。

❼ 感受這個人、這個團隊或這個場所怎麼了。

❽ 將你心中的愛傳送過去。

只要願意開始，地球就可以被你療癒。

不同場域的意識共振

你進行的意識練習，主要是在學習如何校準意念的頻率。你可以在自己身上感知到那個被意識鎖定的目標的感受，因爲你投射的意識連到來自本源的能量場，再投射回傳到你身上。由於自己的意念和頻率處於相同場域，你可以接收到該目標的振動帶來的感知。

你的意念調頻發送出去，可以在自己身上接收到感知。但是，如果要讓對方可以感知你發射的意念，甚或改變對方的磁引力場，讓意識轉變不同場域的物質體，就必須先將自己的意識調頻到該接收對象的場體，同時把自身的磁引力場放大，超越該接收體的磁引力場，連結上對方的磁引力場體，與你的場體同頻共振。

因人體的電波較弱，雖可以同步調頻，產生共同意識，但產生的磁引力場尚不足以驅動或改變遠端物質界場體的能量場。因此，可藉由磁引力能量裝置，來協助控制遠端場體。

提升振動頻率的磁引力能量裝置

我們了解在地球重力的牽引下，要提升每個人的振動頻率不是件容易的事。因此，必須創造一些輔助工具，來協助人類提升能量。

人類歷史上出現過許多磁引力場域的建置工程，如埃及金字塔、英格蘭巨石陣、希臘神廟。這些利用巨型石塊、太陽光折射、圖形位置創造出來的磁引力能量場，可以穩定地球核心能量，降低地球與太陽和月亮之間的磁引力振動造成的地殼變動及地心熔漿噴發。

但由於地球再造的文明已經發展一段時間，地球人口過於稠密，生態被破壞，目前地球之心的磁引力場耗弱，造成地球與太陽和月亮的中軸線偏移，需要重新建置、部署更適合地球當前處境的磁引力儲存裝置。

目前你們的許多科學家已經利用磁引力原理，建立可以幫助人類在稠密重力的環境中提升振動能量的磁引力場。我們同意，這些金屬能量打造的磁引力裝置及場域，對於提升地球與人類生態整體場域的能量而言，是個不錯的替代方案。以銅線圈爲導線，加上各種金屬元素甘斯的塗層，製作成磁引力能量裝置，就可以在人類目前居住的環境中創造高頻率振動的能量場。人體在此場域中也可以共振，提升能量。

不過，有些人在這個場域中會因爲頻差過大而暈眩或嘔吐，一些心識偏離的人也會心識錯亂，影響神經系統，所以，這需要一個循序漸進的實驗過程，需要你們共同參與，找出適合人類及地球的做法。我們只能給予能量上的支持，地球上的再創造與顯化，則要靠你們完成。

你們生活中常使用的交通工具或接觸的裝置，都可以創造出新的振動頻率。接下來，功課就交給你們了，用直覺去做，你會發掘更多驚奇。

能否提供一些磁引力能量裝置製造方法上的參考或建議？

你們的磁引力能量裝置可以有很多設計方式，可針對人體使用，或是針對環境場域。而根據使用對象不同，也會有所調整，例如一個振動頻率比一般人高的人，他使用的磁引力能量裝置就會和生病的人不同。

此外，磁引力能量裝置也可以針對電子類產品或設備設計，其設計方式會跟使用在人體上的裝置不同。

一個最基本的磁引力能量裝置需要有控制開關、調頻及維護保養方法，你們可以盡情創造。

請提供類似金字塔能量場的磁引力能量裝置設計建議。

你可以用銅線圈綁成金字塔的形狀，然後把一個植物盆栽擺在中間，觀察一下生命體在其中和在一般環境裡的生長情況有何不同。

此外，在屋裡、屋外四個角落放置銅線圈製成的能量棒，然後在屋頂與四個角相對的中央點位置懸掛水晶或銅線圈環，在環境中建立起金字塔形式，就成了一個非常基本的環境磁引力場域。

使用在人體上的磁引力能量裝置也有很多設計方式。你們身上穿的衣服就是很好的載體，其他星球的生命體也多以衣服來平衡及調節身體在環境中的振動頻率。

你們地球上的服裝設計很多樣，就是缺少針對提升人體五臟六腑或全身的振動頻率，消除負面電磁波頻率干擾的設計方式，因為你們社會的集體意識對美的定義，就限制了設計師的想像。此外，連生病住院的病人都穿著沒建立磁場保護機制的衣服接受治療。這些都是可以改善的領域，並設計出提升生命體能量的服裝。

能否進一步說明爲何建立磁引力儲存庫對地球有幫助？

地球人口稠密，爲了生存，造成生態破壞，土壤裡的重金屬殘留、電子產品的磁場干擾，導致地心的磁引力場鬆動，地球中軸偏移。我們要建立的磁引力儲存庫，類似在地球表面另外搭建一個雲端磁引力網絡系統，將磁引力場架高，以迴避目前地球上的磁場干擾造成的混亂。透過各地覺醒的人，輔以較高頻的磁引力場網絡，來穩固地球核心的重力。當這層架高的雲端磁引力場網絡建置完成，就像幫地球穿上一件高頻防護衣。透過這層高頻網絡形成的地球新場域，除了可以更穩定地球之心，也可以和宇宙其他星球的存有通訊和連繫。

那麼，會是在地球上有兩個世界嗎？在低頻和高頻兩個場域之間生活？

這跟你們現在同樣的頻段活出兩種世界，是不是一樣的？你們的社會中，有人很富有，不必工作就可以吃喝玩樂，也有三餐不繼、沒有工作的人，這是自然分裂的演化結果，只不過接下來是從意識的覺醒進行分裂。一群已經覺醒的人將回歸不完全依賴物質的生活場域，進而邁入與宇宙合一的位置；而仍在物質層面汲汲營營、持續輪迴的人，會漸漸失去成長動力，並逐漸從地球上消失，但這些靈魂會被安排到更適合的場域繼續學習。地球的揚升之路已開始，要做好揚升的準備，地球不能因爲等待人類，而停止自身的演化。

請問一直處在高頻空間會有什麼現象？對意識提升有幫助嗎？

連結高頻空間可分爲有意識連結或無意識進入。如果是有意識、有目的的連結，高我和地球母親會共同協助。這時，人的腦部思想及邏輯運作會被宇宙更高智慧的連結取代。然而，我剛才提到一個關鍵詞：「有目的」的連結。這個目的性被宇宙存有支持時，會擴大其影響力。要注意的是，宇宙的存有可以彰顯善，也可以放大惡。當最大的美善啓動時，也可能觸動邪惡的反作用力。不帶目的，單純以人內在本有的美善連結高頻空間，將得到最大的祝福。

另一種是人處於無意識狀態時進入高頻空間，身體會出現阻抗反應。身體系統和細胞尚未被意識告知或帶領，將產生如地心引力瞬間變化的細胞重組適應，但身體還無從快速釐清需要反應的步驟，便可能發生細胞錯亂。若能由旁人協助告知這個無意識的人，進行身體需要的引導，仍是有效的。這部分需要具備療癒他人能力的人來協助引導。

請問關於人的臨終引導，要如何進行？該注意哪些事？磁引力能量裝置可否當作輔助臨終引導的工具？

人類因爲處在三次元，對自身的生物體，以及看得見、摸得著的東西，才會覺得信任和安全，面對即將踏上的靈魂旅程，則深感不安和恐懼。我要告訴你們，這裡是光明世界的開端，要相信你們離開自己的身體後，會來到圓滿祥和中。這裡沒有審判，沒有你們描述的地獄，所有靈體會回到共同的靈性場域，成爲這場域的一分子。你們各自的體驗和走過的生命旅程，都會被大家無條件地接受，因爲你也帶來一份他們不曾有的經歷和體驗。你們都在創造彼此的共同體驗，你們是一體的。

人之所以對即將離開肉體的過程感到痛苦，是因爲對物質世界有著不捨和遺憾，這時，親人或朋友可以詢問他們是否有未竟之事需要代爲傳達。此外，對於曾經讓他們內心不安的事，可以讓他們明瞭，一切的發生與經歷都是神應允的，這個經歷是爲了完善他們的生命意圖而安排的。帶著這些體驗走入光明，他們會受到共同靈性團的熱烈歡迎。

不要使用任何磁引力能量裝置影響靈性體脫離身體。靈性體脫離的瞬間，ＤＮＡ的靈性意識會重組成最初始的靈性團，這個靈性團將回到靈性的源頭匯合。不要用外力介入，對靈體沒有幫助，反而會干擾磁場。

至於有些人經由宗教得到靈魂安定和信任的力量，這些都是生命存在的自由選擇。所有宗教都會編織死後天堂國度的景象，因此，當一個有宗教信仰的生命走到盡頭時，他的意識會去尋找自己宗教的最高靈性寄託。實際上他如何想，就會如何到達。

這時，進行臨終引導更具體的用意，是教導身旁的人一起傳遞一股信任與平靜的能量共振給即將離去的人。當這個即將往生者的生命現象變弱或停止運轉時，身旁的人可以藉由他熟悉的宗教音樂、持咒或頌缽，讓自身頻率和這個即將離去的生命熟悉的音頻共振，一起歡送這個偉大的生命靈魂意識回到他原本的家。

若即將離去者無宗教信仰，則可給予祝福，願他回到光的源頭。

之前提到生命的起源和最終回歸本源，我想請問，我們的宗教教導的靈魂輪迴觀念，可否幫助我了解靈魂的輪迴是怎樣運作的？

人類在生物體的場域中，擁有更細微的情緒與感官，並可透過腦的訊息處理不斷演算、學習與體驗，創造出人類獨特的喜、怒、哀、樂、悲、恐、驚等情緒經驗，這些都是人類在生物體中創造的能量波動。這些感受能量會觸發人類不斷地思考和行動，然後經由一次次的體驗、回饋得到滿足，再創造下一個體驗。

若觸發的情緒能量並未獲得滿足、沒有完全被釋放，這些能量並不會消失，當因緣合和時，將再次凝聚，並經由體驗終獲釋放，只是再次體驗這個能量的生物體，可能已經是不同的生物體媒介。這些未釋放完全的能量，其實和當下的你同時存在，只是人類無法以目前的線性時間觀念理解這個多重空間場域的運作方式。

你可以想像一下，如果將時間的線性概念移除，假設你處在一個無時間的場域，當你送出十種感知能量波，投向四面八方時，這些能量波將各自結合、顯化，你可以將自己調頻到跑最遠的能量波那裡去感知。當你進入那個能量波時，你原來的時空位置將消失，進入不同的時空位置，以不同的生物體形態接收。這對目前的地球人類來說，是不可能的體驗，因爲你們的生物體所處的能量頻率，無法進行快速的跨頻段體驗，也就不會隨情緒振盪波的位置瞬間移動到其他空間。這其實也正是人類在地球上可以得天獨厚享有豐富的情緒體驗機制，讓很多星際存有羨慕人類擁有情緒的原因。

在能量源頭的場域，各種生物體在生命週期中不斷創造各種能量波動版本。當人抓住自己的一個版本頻段，嘗試去弄清楚這個頻段的前因後果時，大腦最能理解、最能將現象邏輯化的方式，就是認爲那是自己的前世版本，因爲人類的線性理解有前後、有因果，沒有同步與平行。

靈魂意識是一個或多個能量的集合體，能量在生物體形態顯化時，靈魂體的各種顯化版本也在不斷地分裂、融合和演進。所以，處在一個生物體的靈魂版本和另一個生物體的靈魂版本，是不完全相同的。從這個角度來看，要解釋靈魂輪迴，應該說是宇宙中有需要被繼續釋放或尚待平衡的能量演進過程。

說到這裡，正好提醒你們，人身難得，要把握當下。你在此時此刻遇見的人、事、物，就是來幫助你滿足你此時此刻的體驗；而你的存在，也是要協助他人完成此時此刻的體驗。尚未完成的體驗仍會繼續，但可能不是以你眼中或當下意識到的這個人原有的形象或角色來體驗。你也可能不會再和對方在同一個時空裡共同體驗。這樣的理解是否可以幫助人類懂得感激，並珍惜當下的一切？

讓小我意識放手

開始熟悉和進入一個較高頻的磁引力場時，你的小我意識仍會不斷和你低語，就像你目前的感受一樣。你知道那裡有光明和未來，但小我意識會將你拉回身體所處的現實環境中。你內在的衝突不斷上演，許多人因此放棄，回到低頻的共振裡，彼此取暖。

這個狀態於內在不斷擺盪，要突破這個與生俱來尋求安全與保障的自我利益保護屏障，需要聯合一群人創造永不退轉的共振頻率，互相提攜與鼓勵。一個人沒有能力擺脫自己的低頻牽引，但將自己放在一個群體創造的較高共振頻率裡，就是抵抗小我牽引的最佳防護。過去你們有很多宗教團體深諳這個道理，只是在很多人共處的環境中，會有人帶來的各種低頻負面能量干擾，因此最後他們選擇在聚集的場所放置神像，用這個虛擬的神像進行群體共同意識的校準。但這個方式目前已經不足以壓制小我意識的負面干擾，因爲集體的負面磁場過於龐大，當一群人聚在一起時，低頻的共振產生的引力會大於高頻的能量波。這時，你們需要透過音樂、圖像、光的引導，讓低頻的共振波消散。這樣做比在場域中放置肖像，更能發揮作用。

準備開始聚集在一起時，你們可以建立聚集場所的音樂、氛圍和圖像，來試著引導團隊活動的進行。漸漸地，人們會喜歡來到這裡，沒有任何理由地來。在這裡，你可以解放小我意識，和自己更高的意識共振。請開始練習，你們會為自己的顯化與提升喝采。

意識淨化、提升與轉化練習

❶ 靜心冥想練習——淨化

首先進行光的靜心冥想練習。深呼吸，想像一道光從頭頂向下，淨化自己的全身上下，並注意自己的呼吸，放下小我意識。

❷ 意識連結高我——提升

可以在四周放置磁引力能量裝置，幫助快速提升振動頻率。將意識從心輪向上振動到喉輪、眉心輪、頂輪，再往上連結至頭頂上方的更高意識，然後經由更高意識帶往宇宙之心，和宇宙最高的源頭連結。可以找一段適合的音樂或頌鉢聲音，引導這段提升練習。

❸ 意識的轉化

當靈魂意識和宇宙意識調頻校準時，可以開始回頭看看是否仍有些人或事困擾著你。將這個人或事困擾你的情境述說一次，你的心會開始連結到這個人或事的感知。這時，如果是困惑，將可以獲得知曉，來幫助你了解。

如果是一個需要被療癒的事件或關係，你心中會再次感受到有不舒服的壓力或負面能量流進入。這就是用你的心療癒這個事件或關係的機會。當你再次感受到曾經有過的不舒服或負面壓力能量，請用你的心去理解這個感受，看著這股能量從冰冷、堅硬、壓迫和疼痛，漸漸被你的心溫暖、柔軟、放鬆，最後融入喜悅與合一的狀態。經由一次次的練習，你的心輪將再次綻放。

這不是個簡單的練習，因為你的心已經累積太多的不想要和不願意，而封閉已久——不管是對自己最親近的家人，或者同事、朋友。這個練習可以讓你被徹底淨化和療癒。療癒過程的顯化是很當下、很立即的，因為你心中這些尚未完成或不圓滿的振動波會再次被牽動，而當作用力於當下顯現，你退出小我意識，用更寬容的心來感受這個負面的能量波動時，你更高意識的理解會來到這段關係。於是，你曾經認為的負面挑戰，將化為祝福，把你帶到感激與恩典裡。療癒過去就在當下，改變未來也在當下。

你們也將在一次次的練習與確認中，從自我的問題和困惑出發，進而將療癒帶給自己的國家、其他種族和整個地球。你們意識提升與轉化後的光芒，將再次照亮全世界。

第二部

生態

生命的起源

今天來談生命的起源。

生命是粒子碰撞聚合的結果。宇宙中存在著一顆顆帶電的粒子，這些帶電粒子依順時針或逆時針方向繞圈運行，在運行時會與另一個粒子或粒子集合體碰撞。帶電粒子間因碰撞出現相吸或相斥的結果，相吸的粒子產生新的融合與質變，變成另一顆新粒子，相斥的粒子則因碰撞再次分裂。當所有的融合與分裂達到平衡點時，就產生一個可以自給自足的平衡小宇宙形式的生物體，而這個平衡的生物體可以再分裂與複製。宇宙的萬事萬物都依循這個粒子碰撞的運行法則，在平衡與不平衡間動態運行著。平衡帶來和諧、穩定和物質，不平衡則帶來撞擊、鬆動和下一次的再造平衡。

地球上的生物體經過數十億年的演進，創造出現今的千萬種生物體，以及地球所有生物體賴以生存的環境平衡點，這是宇宙粒子碰撞場域中完美的創造。地球獲得太陽和月亮磁引力場的平衡，創造了最多元生物共存的生態系統。

當粒子碰撞，並達到一個穩定的生物體平衡狀態時，就會產生相應的訊息場，與其他相同頻率的訊息場體共振。這個訊息場就是你們所謂的意識，所以，生命就是「有意識的生物體」的簡稱。生命的意識訊息場可以和相同振動頻率的場域連結成集體意識場域，因此，生物體可以在自己的場域中像互聯網那樣傳遞訊息。舉例來說，人類的高頻意識無法與低頻意識生命（如螞蟻）共振，彼此無法交流訊息，但螞蟻與螞蟻之間，或相同頻率訊息場域的生命體，則可以交流。

愈精密的生物體意識，振動頻率愈高。人類是地球上最高等的生物，人類生物體演化成具備自行創造的能力，這是其他生物體沒有的。

先有靈魂意識，或是先有物質？

所有生命體的訊息場都在宇宙中，宇宙是一切碰撞的源頭，也是回歸的終點。當生命的生物體消失時，存在於該生物體的訊息場，或說個體意識，便以非生物體的形式回到宇宙的源頭。這些已存在的靈性意識再一次經歷生物體經驗後，回到源頭，與其他同頻的生物體集體意識結合成更新版的共同意識。

因此，是先有靈魂意識，還是先有物質？要看你站在哪個角度。從人類的角度來看，會覺得是先有生物體的誕生，才有意識；從共同意識源頭的角度來看，則意識已經存在，新的生物體只是創造了更新的共同意識體驗；而從宇宙源頭看來，一切都是共存的，全都是粒子的碰撞與振動產生的，最終也是回到那裡。

當人類明白自己與人類的共同意識連結，回到生命的源頭沒有生物體的形式，我就是一切，一切也都是我時，從共同意識場體回頭看看自己目前與其他人或物種的互動方式，就會發現沒有必要分別你我、種族、優劣、好壞。我的一切都是為了創造更新的集體意識的一個體驗，我們都是一體的存在。珍惜這一次的個體經歷，尊重其他生命的經歷，感激生命中所有與你碰撞過的人事物。所有人，不論你們定義中的好人或壞人，都在改寫人類共同的命運。

大自然的禮物

植物是人類最友善的朋友，它們對人類的生活和身體健康有很大的幫助。將植物摒除在建築物之外是很可惜的，人類若無法改變目前的建築思維，至少要將植物這個好朋友邀請進家裡。只要給予簡單的元素，就可以活化並啓動植物和你居住空間的能量。

簡單的元素有土壤、石頭、水、陽光爲基礎的生長環境，至於鹽水，則可強化植物和空氣的循環。因此，如果沒有土壤和石頭的搭配，就用鹽水和陽光產生海洋和空氣般的循環效果。植物在這樣的環境中，就可與空間共振互動。

植物是爲了人類的呼吸而存在的，人類的呼吸則是爲了和宇宙意識共振而生，所以，植物就是幫助人類和宇宙意識連結的橋梁。此外，植物也能打開你呼吸的深度，有時你會感到胸口脹痛，因爲你平日呼吸的深度不夠。如果有植物在身旁，就會幫助你的身體自動調節到更適當的呼吸頻率和深度，好跟環境和諧共振。

而當一株植物被擺在陽光、水、土壤、石頭等元素具足的位置，就可以啓動環境淨化工程。

給植物一個適當的生存基礎，它回饋給你的不只舒適的環境，還會幫助你的身體自動調節溫度和呼吸脈動，與大自然協調。人類和植物這麼簡單的互動方式，便能挽救人類基本生存環境的需求。就從自己目前的居住環境開始做，你們會明瞭，大自然的回饋是無價的。

為何提及放置植物的地方時，沒有提到風？

風是植物相互傳遞訊息非常重要的媒介，但在室內環境，你們不需要刻意營造出風這項元素，環境已經幫你備好了。

即使在屋外，你們也不必處理風的製造，而是要在栽種或放置植物的地方感受氣流的陰陽交會中心點。這個位置主要受光線影響。你可以面向光、伸出手，感覺掌心和手背的冷熱，然後移動位置，感受掌心和手背的冷熱感覺變化，掌心熱變冷、手背冷變熱的位置，就是氣流轉換的地方，在那裡擺放一株植物，可以幫助環境能量流動。

動物的靈魂來自哪裡？

動物的靈魂意識和人類最大的不同，是感知後的再創造能力有限。動物也有感知，但無法

與大自然重建夥伴關係

整個地球生態的協作都是依循宇宙最初的設計運行，日月星辰的引力帶動地球五個基本元素——金、木、水、火、土——相生相剋的互動，創造出豐富的自然生態，提供人類繁衍所需。人類生活在陸地上，可以觀察到地表各種元素互動的規則，而海洋生態也是依循各元素相生剋的自然循環繁衍，只是火元素在海洋的呈現方式較爲柔和，是透過太陽和地心的熱對流循環，創造海底生態場域。

所有物種，包含人類，都是一個個獨立的小宇宙，但這些小宇宙也彼此共生。每個小宇宙都有其存在的使命，也在各自的空間被地球母親滋養。相較於其他生物，人類比較像個爭寵的孩子，不斷跟地球母親需索，不顧其他兄弟姊妹的生活。其實，地球母親從未期待人類可以站出來照顧其他的地球生命，而是一直在等待人類恢復與其他生態小宇宙的兄弟姊妹們對話與和諧共存的能力。要讓人類覺察這一點，需要龐大的思想再造工程，因爲人類過去的生態教育是以放大鏡和旁觀者的角度，去解釋各物種自己的生命演化過程，並沒有將人類與生態可以互動和相互依存的夥伴關係教給下一代，以致出現破壞生態的行爲，卻不自知。

人類必須看見宇宙各種生命的訊息，也必須學習尊重所有生命平等同享地球資源的權利。這樣的覺醒才能讓地球回復最有效率的運作機制，而人類也才能避免創造出滅絕自己的環境，自食惡果。

與大自然溝通練習

找一群有覺察能力的人，開始和動物、植物、樹木、昆蟲、海洋生物、山川、河流對話。你們將以不同的高度，以及更謙卑、更感激的心，回報這原本美麗的世界。我要把這項工作交給你們，唯有你們自己去對話，這個經驗才會深植心中。你們一定可以做得很好。用意念向眼前或心中想像的動植物詢問、探索：

❶ 你們的使命是什麼？

❷ 我們身為人類，可以如何和你們合作？

將這些對話訊息有系統地記錄下來，你們會看見人類是如何被愛、被無條件地支持。

實做心得：與松樹對話

我先嘗試探詢松樹的使命，以及人類如何與松樹合作，得到以下訊息：

我們是來幫助回收地球廢氣的，因為我們停留在地球的時間較長，根可以更深入土地。我們將吸收的廢氣排入土壤，土壤中的金屬元素會將這些人類用不到的廢氣轉成養分，供其他較弱的植物和昆蟲使用。我們的生命和人類差不多長，甚至比人類更長壽，但我們其實不需要用到太多地球資源，我們是來豐富和穩定大地的。

人類要和我們合作？喔～太好了！我希望在每個有小孩子的地方都有我們的存在。孩子的小腳丫踏在我們根部的土壤上，一樣可以被我們滋養，小孩子的身體可以得到充足的礦物質，幫助骨骼成長、變健壯。謝謝你們願意開始傾聽我們的想法。

實做心得：與植物對話

嗨～我們是人類呼吸的好幫手。我們不只是人類的食物，還帶來新鮮的空氣，並幫助平衡人類的情緒體。

只要提供基本的生存條件，我們就能把整個環境變好。如果是要將我們帶到陸地上，只需要地層的基本元素，石頭、沙、泥土，加上水，就是我們喜歡的陸地環境。我們的葉子有寬的、有細的，通常愈寬的葉子可以提供的能量流動愈強，如果能找樹木搭配，就更棒了。

假如提供海水環境，我們只需要海水就能生存，但如果可以帶海水中的小生物來陪伴我們更好。我們喜歡小蝦、小蟹來吃我們根部的浮游生物，這樣可以保持根部的清潔。

如果把我們放在室內有陽光的位置，我們釋放出來的氣體最多，因為陽光會加速我們的循環，也就可以幫助人類更流暢地換氣。離開大地，通常我們只停留一到三個月就功成身退，回到自然的懷抱。不要為我們難過，我們的死亡就是再生的開始。我們很喜歡再生的感覺，死亡不會是結束，只要人類對我們微笑，我們就很開心了。

不要用你們的方法來延長我們的生命，農藥真的很不好，會破壞土壤中的礦物質養分。有蟲不是壞事，餵食蟲子也讓我們很開心，只是希望人類不要添加太多的養分給我們，因為這些多餘的養分在土壤裡會長蟲。沒有過多養分，就不必用化學農藥傷害土地，我們可以自然地長出美麗的花朵，這是我們與生俱來的能力。

只要人類願意，我們隨時可以協助你們的環境能量開展，並順暢流動。你們開口邀請，我們就會為你加把勁，但我們不能主動啓動能量場，因為環境裡還有許多存在體。我們必須尊重地龍，它們是主宰土地的能量，它說了

圖片提供：劉慧君／阿乙莎教導製作

算。還有比我們資深的樹木，以及你們環境裡放置的一些能量石，這些都在保護並看守環境能量，除非你開口決定由我們上場負責，我們才可以站出來主導。我們會和環境保持平衡共處，不會逾越其他的存有，任意啓動整個環境能量場。

我們每種類型的植物都具備集體意識，這個意識的振動就像是人類的情緒體，因此也可以透過我們來平衡和療癒人類的情緒體。我們是為了養育人類和動物而生，能好好服務人類，就是我們生命最大的價值。

我女兒正值課業壓力最大的時期，每天晚上都念書念到很晚，然後就睡不著了。是否可以提供我一個方法來改善這個問題？

人在用功時，腦部的神經異常活躍，以致該睡覺時，身體的細胞像剛賽完車、熄了火，引擎還炙熱著。你可以在她的臥室放些香草植物，如薰衣草、鼠尾草、天竺葵、洋甘菊等，幫助她入睡；早上她離開房間去上學時，則把闊葉的綠色植物放在房裡有陽光的地方，加速清理環境能量，這樣晚上就會有清新的讀書環境迎接她。

人、生態與地球的三角平衡

地球正經歷生態嚴重破壞的失衡狀況，氣候不穩定、地震頻傳、海水及空氣汙染、森林大火、海洋生物變異、動物飢餓滅絕、人心失序戰爭頻起，這些都是過去人類自私掠奪造成的結果。要解決這些問題，關鍵也在人類自身。

人類文明的發展過程中，出現許多錯誤認知，核能、原子彈、截斷河川建馬路、蓋水壩或堤防、基因改造作物、化學肥料汙染土地、大量塑化製品和衣服、密度過高的通訊發射站等，這些都沒有建立在人與環境合作共生的正向循環上。而不平衡的發展，導致人類最終自食惡果。

我們必須防止地球因再次的文明發展而毀滅，外星文明已有許多前車之鑑。我們要喚醒有能力、有資源做事的人，希望他們在投入科技發展的過程時，心裡要嵌入「人、生態與地球」這個三角平衡。如果創造出來的產品讓人開心，但其他生物及環境不開心，或是地球不開心，就不是正確的發展方向。

已經造成的破壞和失衡，地球有自體療癒和恢復機制，但身爲生命共同體的人類及其他物種，在地球療癒的這個階段會感到痛苦。你們會發現自己的免疫系統、呼吸系統和神經系統出現病徵，需要排毒、更新。你們會頻繁進出醫院，同時，人類居住的環境將不斷發生地震、戰爭，動物也從森林往城市移動。

人類目前正努力尋求替代能源，宇宙其他文明會提供協助。核能發電終將因爲新能源的發現而被取代，這個新的替代能源會給地球足夠的光和熱，但不會造成生態破壞。我們無法在這裡詳細說明，因爲對人類揭開新能源的時機尚未到來。

目前可以著手準備的工作，是先讓人心回歸，創造有覺知、負責任的物質文明。這些工作要從下一代的教育著手，也要釋放並療癒目前被物質占據而封閉的人心。

能否透露一下新能源是朝哪個方向發展？

新能源會從地球現有的豐富海洋資源出發，改良核變的物理現象，不再往升溫加熱的處理方式走，而是創造磁引力場，將物質轉變成能量，供給地球人類所需。這個過程不會造成地球本身過熱或產生質變爆炸的危險，對自然環境則會有正向循環的幫助，人類產生的資源垃圾也可以被回收再利用。

目前人類連自己和家人都沒有辦法好好照顧了，更別說跟大自然生態建立更友善的關係。能否再提供一些智慧，來打動已經過得很辛苦的人？

是的，人類已經被自己創造的虛擬實境壓得喘不過氣，我是說真的，人都不會好好呼吸了。每天睜開眼睛，就想塡飽肚子，努力工作，餵養心中的無底洞，已經看不見也聽不到周邊處處可見的美麗景象。其實眞正能滿足人類的，不是金錢和物質，你們整個存在都是爲了創造全人類更好、更快樂的生活，但你們忘記這個初衷，被自己的恐懼能量困在無法流動的物質上。你們將追逐來的金錢和物質放在自己身上，一旦停止流動，這些得來的物質或金錢無法再爲你們帶來能量。人把自己固著在無法流動的物質能量中，反而造成身體的阻塞。

人類和大自然生命及其他物種的互動，可以得到非物質形式的回饋，這種回饋會觸及人類的心，讓人快樂和滿足，進而活化你的身體細胞，創造更新的能量。當你用有意識的呼吸和樹木交換，這棵樹會帶動整個植物系的能量，立即回饋給你，讓你身心活躍、清新。這當中並不需要金錢的交易，但你可以在身上獲得立即的能量補給。回頭看看你家的小狗，牠永遠爲你敞開心，擁抱你的到來。牠的心爲你投射、爲你綻放，你在牠身上得到溫暖的撫慰和堅定忠心的能量，這股兄弟般情誼的力量，也是金錢無法給你的承諾。

該回頭檢視人類自己創造的物質的眞實面貌了。這些超乎生命基本需求的「想要」與創造，是否眞能帶來快樂？還是造成更多空虛、壓力，以及心靈的巨大痛楚？地球上的動物、昆蟲、花草樹木都比人類開心快樂，它們並沒有人類的創造能力，卻自然活出本有的快樂。當人類開始與大自然生態合作，有意識地創造時，就能重拾人類本有的快樂。

我知道金錢沒法帶來快樂，可是小孩子上學要錢，老年生病要錢，付水電瓦斯費、滿足基本生活需求都要錢，要怎麼改變？

知道，我們都知道。這些都是目前的現象，但你們此時此刻可以選擇一個更能服務你們未來幸福生活的想法，開始去想像、去創造。你們將可以顯化自己未來的生活型態。目前這些現象是過去的你們內心巨大的恐懼投射出來、最能夠服務過去的你們的想法。

而現在的你有同等權利，可以爲自己的未來投射出現在的你們心中期待的生活。不只爲自己，還要爲你的家人、你的族人、你的國人，以及全世界人類開始擘畫你們共同嚮往的生活願景。不久的將來，你們就會身處那個你們爲現在的自己創造的美麗世界。

重建與生態的關係，療癒身體

當人類開始覺察到自己的身體可以透過大自然獲得療癒，就是改善人與生態關係的開始。人生病時，身體會自動開啓尋求大自然解藥的模式。這是宇宙法則，動物現在還有這個本能，人類則已經遺忘自己的身體擁有與大自然共振、取得解藥的智慧。

人類的呼吸系統生病時，植物和樹木會幫你展開呼吸道的修復，此時只要用自己的意識與植物共振，就可以擴展和療癒呼吸。身體的每個系統都可以得到大自然的協助。腦部神經感到有壓力及昏沉時，只要待在陽光下，就可以獲得陽光的能量，協助大腦鬆開緊繃的神經。水則是免疫系統的清道夫，當人的意識與水共振時，可以洗滌全身的淋巴腺，潔淨體液。土壤具備滋養消化系統的能量，隨時補充身體缺乏的礦物質和養分。生育期男女則可以與水果共振，活絡荷爾蒙，增進生殖能力，繁衍健康的下一代。

人類與大自然的這些共振，除了帶著身體去體驗，獲得實質的療癒之外，在忙碌的生活中也可以僅用意念的共振，同樣達到效果。

隨時與大自然共振，補充身體需要的能量。這些都是宇宙賜給人類的無窮盡自然資源，用來繁衍並養育人類與動物。

你們人類習慣用意念投射出恐懼、擔憂、害怕、不安等情緒，這些都會反饋回自己身上，造成能量阻塞和身體疾病。即使身體是在隨處可見陽光、花草、樹木、土壤和水的環境中，若處於無意識狀態，也無法獲得大自然無條件給予的能量。

與大自然共振靜心冥想練習

你們可以做這個與大自然共振的靜心冥想練習，來幫助身體復原。

❶ 採取舒適的站姿或坐姿，全身放鬆，吸氣、吐氣三次。

❷ 想像眼前有一棵大樹，對著大樹呼吸，吸氣、吐氣數次。這時，你的呼吸系統會與大樹共振，呼吸的深度會自動加深。

❸ 想像太陽照在頭頂上方，緩緩地吸氣、吐氣，感覺腦神經正逐漸放鬆。放鬆的腦神經讓你可以更清楚地覺察，你不再感受到腦部的壓力和昏沉。

❹接著想像水從你的頭頂往身體下方流動，流經脖子兩側的淋巴腺，到胸腺，到腹部、生殖器、大腿內側的淋巴腺、腳底，最後流向大地。你感覺全身的體液被淨化，血管暢通，身體潔淨。

❺最後想像雙腳踩在柔軟芳香的土壤裡，你的腸胃正在取得土地的滋養，身體需要的礦物質和養分獲得完全的補給。

❻生育期男女可以想像眼前有顆美味的水果，你的生殖系統會經由水果的振動感受到活力，並歡慶生命的到來。

❼結束前，感謝大自然提供滋養和療癒，讓我們可以為這個世界的美好而健康地存在。

經由這個練習，你會感受到身體變輕盈、好轉，也會更感激、更珍惜大自然無條件的給予和共振。

人的意識有磁引力

意識存在於宇宙和所有物質體中。在最小的帶電粒子運行產生相吸或相斥的過程中，會代謝出一種失去正負電子的衡定狀態原子，或稱爲等離子狀態體。這個等離子體擁有完整的內核與外核，無法與其他電子產生正負電的相吸或相斥作用力。等離子體具備磁引力的能量場，由外圈的斥力與內圈的引力交互作用產生。其運作方式如下：

斥力大於引力：等離子外圈的力量大於內圈，會產生正旋轉的磁引力場。

引力大於斥力：等離子內圈的力量大於外圈，會產生逆旋轉的磁引力場。

帶電粒子運行下產生的所有物質，都具備等離子體，等同每個物質的生成相應產生了意識體。不同的是，意識體分爲可以移動與不可移動的。

金屬物質具備能量，但其等離子體不可移動，人類與其他生物的等離子體則可以移動，並不斷演化。如果要讓等離子體產生正向與向上的移動，就必須使等離子集合體的斥力大於引力。人類的意識向外付出，而不是往自己內部吸引，這樣就可以讓人類的集體意識往正旋、往上延伸磁引力場。

等離子形成的意識，可以和宇宙更高意識的等離子體共振，展開一個跨時空的空間路徑。這個路徑不受物質體的場域限制，也因此，如果地球人類要前往宇宙，可以先創造一個超越物質振動頻率的高頻等離子體共振磁引力場，這個磁引力場與宇宙的等離子共振，創造一個空間路徑，就可以從地球的三次元空間進入高次元空間。這也是跨時空宇宙航行的基本概念。

回到地球目前的生態破壞問題。人類無法挽救生態，要讓生態回復，最好的方法就

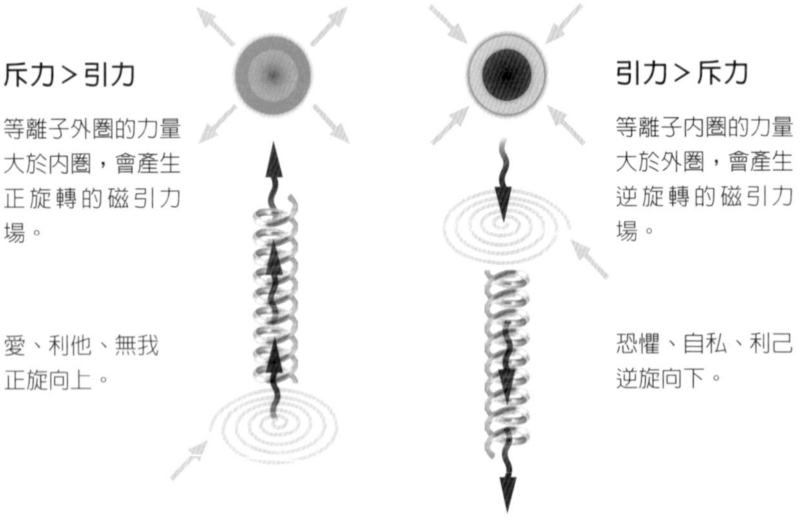

等離子外圈的力量大於內圈，會產生正旋轉的磁引力場。
愛、利他、無我正旋向上。

等離子內圈的力量大於外圈，會產生逆旋轉的磁引力場。
恐懼、自私、利己逆旋向下。

是人類提升自己的意識。如剛才所解釋的，當人類的意識振動不斷往自己內部增加引力時，就會逐漸造成人與人的等離子分離，產生的共振磁場頻率就會很低，像是一個個分離的個體存在不斷向大自然索取或占領資源。然而，只要人類集體意識提升，這個生態的阻斷和破壞就可以終止，地球及大自然生態會自行療癒和修復。

地球生態是人類集體意識展現的一面鏡子

當你的意識覺察開啓，就可以從自己的呼吸中了解大自然的一切如何幫助你。你可以從呼吸裡獲得知曉，這份知曉在你身體上會產生立即的回應。你可以慢慢觀察，並做出新的選擇。

地球是宇宙最初始的創作，而人類是地球的再創造者。神的意識在所有的創造裡，唯有透過人類，宇宙才有機會得到更新的體驗；沒有人類在地球，這一切體驗就無法完成。回到有意識的創造和體驗，在與大自然的共振中找回人類本有的身體感知，創造更美麗的世界。

先從自己的生活開始，用呼吸去感知桌上的食物。你的呼吸會自動與食材共振，讓你自然而然做出對身體有利的選擇。你的呼吸會擴大，身體會放鬆，變得更有活力或覺得有多餘的負擔，你的身體會知道，因爲身體開始打開意識了。練習在呼吸的過程中與食物共振，久而久之，你甚至不用吃下食物，就已經得到食物給你的能量。

接著看看你使用的物品。同樣地，你的意識會經由呼吸與物品共振，使用沐浴海綿時，你會清楚感受到，塑膠海綿與天然海綿帶給你的洗滌身心的感覺是不同的。看著天然海綿呼吸，你身體的細胞與海底動物共振，開心地和海底動物交流、振動。淨身沐浴也可以爲自己的身體帶來更深的細胞體驗，你將開始有意識地選擇，改變不能服務好你自己的生活習性，進而有意識地創造更適合的生活環境。

這是人類與生態關係的重建。當人類打開意識與大自然連結共振時，就能帶給自己和所有生態一個美麗的新世界。

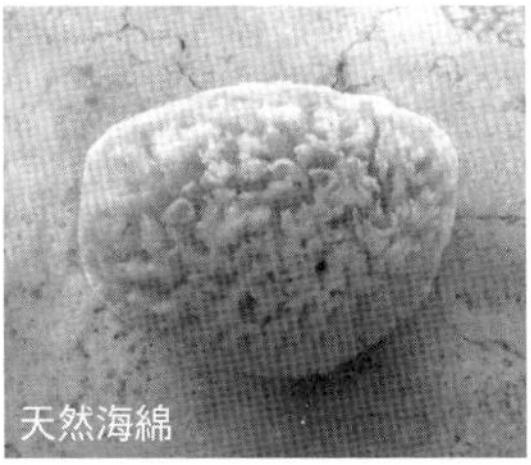
天然海綿

塑膠海綿

地球是所有生命體共同創造出來的平衡

地球上所有的生物都有自己的磁引力場。人類有個體的磁引力，也有集合意識的共同磁引力場；生態世界也是，植物、礦物都有個體的磁引力，同類型生物也有共同磁引力場。若以磁引力的移動性來看，又可簡單區分爲可自主移動和被動驅動的磁引力場，例如可以行走的人類和動物都是可移動的磁引力場，金屬和礦物則是被動的磁引力。

水和火是地球上的兩大重要元素，本身不具備磁引力，而是中介質。水是傳輸磁引力的中介質，火則是解構磁引力的中介質，經由水和火，可以不斷進行地球萬物的創造與再創造。地球包含了所有地球生物的磁引力，而宇宙又包含地球和其他星系的磁引力，也就是所有萬有磁引力場的集合。宇宙就是一，一就是一切。

從這個角度來看，地球是所有地球上的生命體共同創造出來的平衡，人則是其中最具創造力的意識體。當人類的集體意識創造出一個失衡的地球環境時，大自然會需要用水（海嘯）和火（戰爭／森林大火）來重新調整出新的地球平衡點。

所有人都可以自由選擇，隨手可得的大自然資源供你發揮。你可以選擇創造一個更幸福平衡的生活環境，或是一個持續失衡，需要水火重整的環境。看見一片黃土時，你可以選擇離開，找尋下一個綠洲，也可以選擇帶進一顆種子和一些水，創造出一整片森林。不要小看自己意識覺醒的能量，要活出生命賦予你的自由創造力。你這顆種子進入乾涸的土地，就可喚醒大地，喚醒全人類。

打開心，從愛中連結萬物

地球生態是人類集體意識展現的一面鏡子。人類的自由意識於生命體驗過程中創造出種種樣貌，如果你開始對自己的生活環境感到不開心，這就是在提醒你該打開心，向外連結了。

當人們可以看見宇宙萬物顯化中的愛，就可以打開自己與萬物的連結，因爲愛是宇宙注入萬事萬物的共同DNA。愛存在每個生命裡，宇宙也因爲和每個生命的愛連結，所以能廣納一切萬有。打開你的心，從愛中可以連結萬物與所有生命。

每個生命都只能展現愛，你們找不到一個生命是沒有愛的，因爲愛是一切顯化的種子，是所有帶電粒子可以產生碰撞的根本。是人類詮釋愛的表現曲解了愛——因爲想要達到更大的愛，所以有攻擊、掠奪、怨恨、不安；因爲怕失去愛，所以會緊張、恐懼、內疚、擔憂、惱怒、有匱乏感；因爲灌注了太多愛，所以看見傲慢、倔強、不堪負荷、無價值感；因爲缺乏愛，所以產生挫折、憂鬱、自虐、無助、絕望和遺憾。親愛的孩子，這一切都是愛的展現，從愛的流動中，你們得到愛的體驗和創造。

當你看見人類心中的愛如何顯化出今日世界的樣貌——那些也都是一部分的你的愛的展現——你會感激、會承認。你會感激愛展現出另一個更高的版本讓你覺得歡欣，你不用成爲那個版本也可以感到喜悅；你也會承認愛的另一個版本讓你體會到缺乏愛是如此令人心痛。這些存在都是在展現愛，而你同樣也是爲你這一生唯一的這一次機會創造出你最高版本的愛。

大自然的神奇力量

目前臺灣已經有許多人開始進行與生態相關的驗證工作，有動物解讀專家和臺灣土地龍神溝通，得到臺灣土地相關訊息。請問阿乙莎有沒有可以補充的？

土地龍神如同大地的等離子體形成的意識，也就是大地的靈魂體，所有包含地殼岩層的金屬、礦物質連接山川河流的沖刷，與樹木接地帶來的太陽和宇宙的能量匯集的區域，都有地龍。地龍的大龍脈分支成數個小龍脈，為居住在土地上的萬物帶來一個穩定和諧的磁場。

由於工業化的演進、空氣和河川汙染，以及農夫為求大量收成，在土地中放進過多化學肥料，地龍的能量愈來愈弱。而地龍能量低，會造成人心的紛亂與不安。因此，如果提升地龍的能量，就能同時幫助人類提升意識，活出喜悅的生命。

目前臺灣地龍較弱的區域，大多位於工業汙染較嚴重的南部。因此，可以有計畫地提升這個區域的土地能量，或是淨化湖泊、水庫、河川的水源。

你們可以直接到學校或公園尋找高大的樹木（這些樹木的根部較深入地底），然後在樹木根部的土地上用石頭圍成一個圈。石頭是正旋能量，加上樹木經過太陽照射，太陽的能量注入樹木，樹木則以逆旋的能量注入土地，這樣就形成一個石頭在外圈的正旋、樹木在內圈的逆旋的能量場體，接引宇宙能量，灌注到大地裡。

能否提供在沒有樹木的地方也可以施行的方法？

你們已經開始朝臺灣的根部著手，這對提升臺灣人民的整體意識有很大的幫助。如果附近沒有土地或樹木作爲導

大自然元素｜石頭圈能量場

邀你一起建構大自然正能量場域，提升土地能量

建置場所

學校、公園、野外、山林、庭院、菜圃、農地等，若能靠近水源處更佳。

中心擺設（三選一）

植物：木本為主。預先與植物溝通，協助建立場域。

水晶：白水晶，雙尖為佳，單尖次之。頂尖朝下，將能量引入大地。預先向水晶表達請求之意。

手印：建場者以手掌貼地，帶祝福意識啓動能量場。

外圈布置

石頭、水晶、礦物等大自然元素以植物大小決定石頭尺寸，圍繞一圈即可。若在公共場所，須將石頭埋入地下，以免被移動或破壞。

入位置，可以在陽臺或居家空間放置星狀能量盤，星狀的排列方式可以接引太陽和月亮——陽和陰——的宇宙磁引力能量到需要強化的環境裡。

在能量盤上用石頭排成一個星狀，星體正中央可以擺放大地的元素，礦石、水、火、植物都可以，各種元素代表該元素的能量注入需要調整的環境場裡。如果放上石塊，就是吸引太陽的能量；若擺放水，就是吸附周邊過高的能量，再擴散成平衡的能量；擺放火（燃燒蠟燭），就是消融凝結的負面能量；使用植物，就是帶來氧氣，提高空氣中能量的流動。

如果能量盤是要使用在居住環境中，就用五角星盤，因爲人在環境裡就

大自然元素｜五角星體能量盤

邀你一起建構大自然正能量場域，
提升環境能量

主體排列

使用石頭在能量盤上排列成一個星狀。

場體定義

「祝福的場體」星狀圖形能接引太陽和月亮—陽和陰—的宇宙磁引力能量到需要強化的環境裡。

建置場所

陽臺、露臺、頂樓或室內。

中心擺設（四選一）

礦石：吸引太陽的能量。
水：吸附周邊過高的能量，再擴散成平衡的能量。
火：消融凝結的負面能量。
植物：帶來氧氣，提高空氣中的能量流動。

是磁場能量的源頭，讓人舒適開心，整個環境就會好，而使用五角星形可幫助人體展開能量流動，也是展開人體的能量流動核心——心輪——的位置。不要在居住場所使用六角星形，那會啓動地龍的運轉。環境中有人時，人比地龍舒適更重要。地龍是來幫助穩定人類根基的，用六角星會觸動環境根基能量流動。除非這個地區是全新的，無人入住，或是荒廢許久，地龍能量薄弱，才須用到六角星盤。

交通大學環工系的白曛綾教授正在進行的空氣盒子要加入聲音的元素，進行更進一步的研究。可以協助我們理解這個研究的方向嗎？

大自然元素｜六角星體能量盤

邀你一起建構大自然正能量場域，
提升環境能量

主體排列

使用石頭在能量盤上排列成一個星狀。

場體定義

「大衛之星」具有轉換空間磁場的能量。

建置場所

戶外、無人居住之地或農田。

中心擺設（四選一）

礦石：吸引太陽的能量。
水：吸附周邊過高的能量，再擴散成平衡的能量。
火：消融凝結的負面能量。
植物：帶來氧氣，提高空氣中的能量流動。

空氣盒子是白教授用來捕捉水源汙染的指數，進行水汙染區域的空氣汙染成分測量。這個捕捉空氣的想法是收訊端盒子，如果用同樣的概念，將好的空氣品質指數放進水裡，在水中發送訊號，就是淨化水汙染的投放訊息工作。這個辦法是可行的，因爲水可以吸附物質的訊息，並經由河川、海洋傳遞出去。只要在汙染的水域四周放置改良後的訊息發送盒，將這個盒子對著河川、湖泊、沿海傳送訊息，就可以調整汙染水源的能量停滯狀態，將低頻振動轉成較高頻率的振動。

可以利用聲波導入水域，進行訊息傳送，但要注意別干擾海洋生物的工作。很多魚群及海底生物是靠海豚的聲波引導，而要進行海域淨化的調整，可以藉由海豚的協助。海豚不會引導魚群進入汙染區域，如果聲波可以讓海豚辨識出來，就等於捕捉了淨化的頻率訊息。你們可以往這個方向進行更多實驗，很快就能找出幫助土地和水源的解決方案，而臺灣人民的意識，也會快速提升。

實做心得：幫植物圍五角星形

自從收到阿乙莎的訊息，知道可以幫樹木和家裡的植物圍上五角星形，我們便實際測試，得到非常正面的結果。

・2018.1.19：使用水晶，替已經擺在家裡六個月，成長緩慢、奄奄一息的多肉植物圍上五角星形。

・2018.4.19：三個月期間沒有添加任何肥料，成長迅速。

在幫植物圍五角星形的過程中，就可以明顯感受到植物和盆栽帶來的祝福。排列五星形時，心輪開啟，感覺到莫名的喜悅。和植物展開愉快的互動，真的很簡單！

・2018.2.13：剛買回來的香水百合放進花瓶裡，同樣以水晶圍上五星形。

・花瓶內的水雖然沒有換過，但十一天之後，水質依然清澈。

・2018.2.23：經過十一天，中間沒有換水，依舊盛開，沒有一朵凋謝。

第三部

教育

開啟跨越時空的創造

時間是相對的概念。你在此時此刻，你的另一個你在他時他刻，這都是你的意識創造出來的。你可以是五十歲，但當你回到六歲時，你是否可以感受、看到、記得所有的場景或發生的事件，或是聞到那個味道？你的意識所及，就是你的現實。當你的意識回到六歲，你就在此時此刻缺席了。你進入四十四年前的時空，不再處於當下的場景，你缺席了。你此時此刻的記憶也是空白，被你六歲的記憶植入了。

同樣地，當你在此時此刻想著要去完成某件事，具體地想像和描述你想怎麼做、和誰一起做、做了以後會呈現什麼景象，愈想愈清晰，於是，你就在此時此刻消失了。你出現在你創造的一個未來情境裡。

人不是在此時此刻，就是在過去或未來的時空中。你的身體現在正坐在你房間的椅子上，但你一天可能只花一個小時待在現在，另外的二十三個小時，你不是停留在過去的回憶裡，就是在未來築夢。那一個小時的「現在」對你來說，是經過二十四小時（一天），但事實上，你是把身體放在房間裡二十四小時，但你有二十三個小時待在過去與未來。

現實眞的比夢境還眞實嗎？你活在當下的時間不過一個小時，那麼，是你在生物體裡的認知爲眞，或者意識的認知才是眞的？當生物體終止，你能擁有的眞實就剩意識時，你僅用物質身體活了不到三分之一的時間，另外三分之二不是在過去，就是在未來——這樣看來，你活過的一輩子到底算多久？其實，只有生物體的生命期可以被你計算出來，你的意識是無法用時間衡量的，因爲它可以隨時超越你生物體所在的時空，穿梭於過去和未來，這是你們人類無法計算的。

如果把你現實的大部分時間放進未來，那麼，有沒有可能在未來的生活裡遇到現在的你？當然可能，只要你活在未來時讓意識回到過去，這個過去就相當於今日，這個未來的過去之今日，就是未來的現實，而這個現實，也只能被發現或遇見於此時此刻。

時間是虛擬的、不存在的，是被定義在生物體的週期上。你無法用時間限制住擁有自由意識的人，不論時間如何演變，意識永遠可以跨越無限的時空。你可以追溯你的遠古時期，也可以探索你五百年後的現實，意識所及，就是空間的存在體。你在你的意識裡，不在你生物體定義的時間裡。

人類想要邁向自由意識的創造，就必須跨越時空的限制性思想。你擁有絕對意識上的自由，未來就在你的當下，一念即現。要跨出物質的桎梏，解放靈魂的自由意識去展現物質，不

生命本有的創造力

宇宙有個運行法則：你是你的思想創造的實相。而每個人的思想創造的實相是不同的，所以，每個人都是獨一無二的、珍貴的。

人類有相同的生物體運作機制、同樣的器官功能和生理構造，卻可以活出與動物和植物不同的生活樣貌，中間的差異就是來自思想。思想具有邏輯和結構張力，這部分的大腦運作發展得非常精密。但是，再精密的設計都無法跳脫身體裡蘊藏的人類自古至今累積的共同印記。這個印記就像嵌入你們細胞裡的DNA程式碼，代代相傳至今，所以一個人的思想在運作時，很容易落入印記的迴圈裡。這也是人類生理構造的限制，細胞再生和死亡的規律過程中的自動機制。

人的思想有很多陷阱。同樣一幅畫，你看到山，他看見水，這就是眼睛接收到的訊號傳到大腦下視丘，激發了細胞中的某部分記憶，並加工處理的結果。當訊息再次回到大腦，進行邏輯性和結構性的處理後，再通知身體去行動，創造出自己的生活實相。同樣一幅畫，可以創造出不同的解釋，再去創造不同的生命體驗。這說明思想其實反映了人類意識隱藏的個人記憶，或是人類集體意識被觸發的結果。如果能夠清楚看見思想的開端來自過去的印記，你就會理解，雖然無法改變那個開端，你仍擁有絕對的自由意志去改變，並再次存回自己身上，成為人類集體意識的內容。

人類想要走出細胞記憶裡的負面經驗，包括戰爭、饑荒、破壞、擔憂、災害、恐懼等印記，需要每一個人都醒來，去改變自己的思想路徑，清楚辨識出這個來自細胞的印記是虛假的挑戰和善意的提醒。當你能辨識時，就破解了這個細胞嵌入程式的密碼。你們可以給自己一個適合的想法，來跳脫認知陷阱，進入更高意識的領域，才能開始有意識地創造。

如何認出細胞印記？

人可以透過思想來改變創造的路徑。雖然有DNA內嵌的程式陷阱，但這個部分很容易辨別出來。只要是從心之外的身體器官發送出來的訊號，就要重新審視。

腎臟激發的恐懼，肺臟發出的哀傷，肝臟釋出的憤怒，大腸產生的想要更多的控制，脾胃發出的思慮訊號，這些都是細胞印記。當你看見了，就先停下來，深呼吸，拿回自己意識的主導權，不要讓它們給你的訊號牽引你下一步的方向。多練習幾次，熟悉它們發出的訊號給你的感覺，看見那個虛假的命題，對它說：「我知道了，你還需要被我看見、被我理解，但我接下來必須自己做出選擇，謝謝。請讓我試試新的做法。」

解除了陷阱的干擾，就可以進入人類真正的創造模式。如何開啓你的創造DNA？也很簡單，就是去感知你的心發送出來的訊號，而心的訊號只有愛。各種程度不同的愛，喜愛、偏愛、熱愛，愈是能激發你的熱情的愛，就是創造的能量。帶著你結構性的大腦進入它的氛圍中，幫助你創造和體驗，你會來到過去用大腦沒辦法走到的境界。你的大腦在這個氛圍中會被感動得領受、旁觀、欣賞、享受、全然放鬆，這個狀態的你就是進入了神性的創造。這在每個人身上都有，只是過去被你們僵固的教育體制禁錮了。

讓教育回歸尊重生命的創造力

人類生命的最高境界，不是創造物質上的成就，而是要創造全體人類新的生命共同意識。人類經由生育下一代來創造和更新身體裡的細胞記憶，只有透過新的生命，才能完成這個轉化和升級的過程。正因如此，你們需要透過創造新生命，來延伸生命的無限可能面貌。但是，目前你們卻用限制性思想和教育，局限了這個自我更新的機會。

每個新生命都是人類的老師。人類無法透過自己過去的經驗來創造，唯有跳脫歷史印記的框架，才能進入創造的時空。在這個時空裡，沒有什麼需要被學習，一切都是全新的探索——透過你的心的振動，去探索任何可能。經由學習的，都不是創造，而是你身上本有的記憶。

所以，讓教育回歸尊重生命的創造力。幫助孩子跳脫先天的制約，以及生理器官反應造成的自我限制和框架，讓生命進入全然的探索。小孩子的學習過程不應該有教科書，因爲新生命自己擁有創造與探索的先天本能。找出每個生命的天賦是教育者要練習的課題，讓學生可以自由地創造和設定學習主題，才能進入眞正的學習。

一所沒有教科書的學校一定會受到未來的家長歡迎，你們會看到這些孩子的創造能力遠遠超過教育體制下的孩子。孩子是無法被教會的，生命本來就是來創造的，唯有眞實的體驗才能被寫成教科書。那是分享的語言，不是必然的眞理或經典。

沒有書本的教育，對教育者來說挑戰更大，那也是成爲教育者的創造過程。他們會開始明白，其實學生就是老師，老師也是學生，而學校是現在的人類得以接觸新人類，並相互激盪與創造的聖地。只有還在創造中的人才有資格寫教本，所以，開始讓孩子互相交流和學習，寫出自己的教科書吧，你們會看見宇宙創造的生命本有的創造力。

創造者的使命

人類擁有創造生命極致體驗的自由意識，這個創造的權利在每一個人手中。接下來的日子裡，你們覺醒的速度加快，也代表揚升和黑暗會同步升溫。宇宙的運行法則是有光明就有黑暗，有善也有惡，有陰就有陽。當自由意識來到創造的大門，將面臨更多挑戰，這些挑戰會帶給人類更高的幸福與享樂，但也很容易讓人陷入危機的嚴峻考驗。

所以，當人類開啓自由創造的開端，我們需要讓你們了解宇宙運行之道。你可以看見宇宙萬物都依循一定的法則演化，不論任何時期的文明進展，都無法跳脫這個宇宙定律：萬物會不斷找尋平衡點。之前已經說明，宇宙是所有帶電粒子碰撞過程的顯化，而碰撞的基本原理，就是不斷找到平衡點，從不平衡到平衡，再從平衡到不平衡。平衡，也是跨越物種的溝通語言。所以，再偉大的創造也都是在創造一個新的平衡，而這個新的平衡前面，勢必會產生分裂與破壞。

當人類進入更高次元的創造時，我們在宇宙間已經建立一個創造的共識，需要提出來讓人類遵守：創造者要有足夠的把握，去照顧被分解和被破壞的存有的生存權利，這樣的創造才可以被落實。

文明的發展須確保地球生命體的生存

地球在三次元時空經歷許多讓人類生活更幸福舒適的演進過程，這些發展尚不至於導致地球物種被完全破壞和毀滅，但逐漸地，你們的科技文明會來到超高人工智慧機器人的時代。這些發展會讓我們付出慘痛的代價，整個種族被替代與滅絕，所以，現在必須提前讓尚在發展人工智慧的你們建立有使命的創造理念和教育。

你們正在嘗試發展類人類行爲模式的機器人複製系統，用來大量取代眞正的生命體，擔任更有效率的生產輔助工具。這個創造的演進可以理解，但迎接大批機器人進入人類社會將造成崩解和破壞，而你們尚未建構平衡體系，也沒預設最有可能的最壞底線。從目前一些發展科技文明的國家已經可以看見年輕生命找不到互動與社會連結，他們失去工作，失去生活的動力，繼續這樣發展下去，將導致人類下一代生命的立足點失衡。這些失去對外連結的新生命，最終只能依靠非人類生命體的人工智慧機器人。

人工智慧機器人只是人類創造出來的工具，它們不是生命體，沒辦法和有生物體的人類及生態和諧共振。連人類自己都處於無意識狀態，無法認知到身體和大自然擁有自然共振的智慧，當然沒有辦法將這個自動機制帶到你們創造的機器人身上。

舉一些例子說明。你們的身體遇到冷和熱會自動收縮或擴張，這是身體的平衡機制；你們走到戶外看著樹木時，會大口呼吸，和樹木自動交換二氧化碳和氧氣，這是生命體的互動平衡機制。但是當有一天，你們身邊只有機器人，它們沒有精微身體宇宙創造出來的平衡，它的手進入滾燙的熱水不會抽回，但你們的新生兒的感知學習是看了跟著做，假如他將小手放進滾燙的熱水裡，後果將不堪設想。但這時，小嬰兒的感知可能是這個機器人比自己偉大，更需要依賴它。還有，無人工廠將逐漸取代人力，而你們不會在無人工廠四周提供樹木一個呼吸的環境，因爲機器人不需要這些樹木。人類最重要的朋友——樹木、植物——的生存空間將被排擠，你們有些人會爲了機器人，而不是爲了人類和動植物創造環境。

這些是我們針對繼續朝向超高智慧發展的提醒。在邁向更高科技創造的同時，你們需要建構有使命的創造原則，以確保地球生命體的生存和生態平衡。

科技發展監管機制的必要性

人類必須建立一套系統，確保創造後的生態平衡。這項工作需要聯合成立專責的監管單位，來評估對人類及環境的影響。例如，若任用一個超高智慧體，可能在可預期的未來造成一半以上的人失業或失去正常生活能力，就需要調整或禁止該項科技被執行。此外，有些環境設定也要仔細考量，例如限制人工智慧機器人走出家庭或室內場所，也不能任用機器人參與公共建設，或進入一些需要被保護的領域。

監管機關必須定期審核、評量、檢查安全性，這些新的措施及系統都要在創造的同時被考慮進去。

你們可以建立區域性的審核監管小組，臺灣在ＩＣ晶片及ＤＲＡＭ記憶體的設備工廠都可以建立預防性措施。目前最大的人工智慧生產基地在俄羅斯、美國、日本、法國，這也會是未來武器競爭的一個研發項目，而臺灣將供應很多人工智慧元件給發展這項科技的國家。與此同時，必須聯合生產與應用單位，建立協同監管制度，讓問題可以被看見、被管理。

教育的根本目的

教育的根本目的是發掘每一個新生命內在的天賦，並給予最初始狀態的生命體一個完善的孕育和養成環境。就像你們種植小樹苗一樣，提供足夠的陽光、空氣和水，它們的根就會自動伸展進入大地，取得自己需要的養分，進而自根部到樹葉都可以伸展，並連結周圍的生命，創造出更好的環境。

用這樣的心態教育下一代，你們會開始調整課程內容。不用將知識分門、分科，這個世界任何事物都是相互連結的，化學裡有物理現象，經濟裡有社會因素，農業裡有地質科學。你們無法用現在的分科方式，把一個孩子教育成專家，因爲在微觀的世界裡，無法得知全貌。事實上，當你放下眼前的微觀，從更高、更寬廣的角度去感知與領受，最終就會知曉眞理。

孩子一生下來的靈魂是完整的，和宇宙的知曉連結，而人類小我過度介入與操控，只是延後了孩子的生命實現。孩子的教育，是個發現孩子的過程，要在教育的各個階段保有靈魂最初的完整，在孩子探索的過程中激發他們對生命的熱情，然後從孩子的熱情中，找到每個孩子來自神的內在天賦和禮物。老師、家長、教育者的工作，是去看見孩子在你們眼前展開並發光，那樣就達到了教育的目的。

孩子在生命各階段該接受的教育

你們要重新建構在孩子生命的各個階段應提供的教育，發展適當的活動，讓孩子與環境互動。

〇～六歲：感知力確認期。
六～十二歲：群體融合，領受力掌握期。
十二～十五歲：思想和意識的整合期，發掘內在天賦才能的關鍵期。
十五～十八歲：連結與探索宇宙更高意識的知識庫。
十八～三十歲：生命自由意識的發揮與創造。進入實習階段。
三十歲以後：靈魂的擴展期，對其他生命和地球有所貢獻，創造更新的地球意識，維持宇宙和平。

每個時期都會有該階段的專家群來擔任指導師。指導師不是來教孩子如何做，而是在過程中協助指引孩子正確的方向，並讓他們受到環境的保護。

每個階段的發展都會有評量機制，這個評量不是給出分數或標籤作爲學習的成果，因爲沒有任何標準可以衡量生命。每個生命都有自己的學習旅程，也都擁有獨一無二的創造之路，指導師只能針對每個階段的學習提醒、提醒、再提醒，讓生命自己去修正。

在這樣的教育過程中，人類的靈魂意識得以保有和宇宙最初始的共振，並讓生命再一次完成學習和任務，回到源頭的家。

做好準備，迎接新人類

教育是迎接未來人類的基礎，需要深植到人們心中。教育下一代的工作比去企業上班賺錢更重要，因爲這才能讓人類無意識的生活和輪迴終止。

新人類和以往最大的不同，在於這群孩子擁有五次元的意識能量。這是宇宙創造人類進化的機制。爲了迎接地球邁入宇宙的行列，我們已將更高振動頻率的意識輸入新一代的生命體。他們自二〇一七年起陸續誕生在地球上，而面對這群具有高次元振動意識能力的孩子，大多數父母都會覺得無法管教，力不從心，因爲這些孩子無法認同現在社會的政治、經濟、權力結構，以及對待其他物種的方式。

他們的人生目標會放在更高處：地球、宇宙與各物種的和諧共存。所以，當他們意識所及都是需要革新的對象時，舊勢力和人類的小我意識會爲了保有自己的利益，而對這群孩子強加管束。我們必須提醒人類，這群孩子是地球未來的希望種子，是人類得以進入五次元的領航員。放下小我的恐懼和擔憂，讓孩子帶著你們走入光明。

爲了迎接這群新生命勇士到來，我們期待他們的父母和所有覺醒的人開始創造一個能夠讓他們伸展固有天賦的生活環境，作爲回報。他們需要人們無條件的愛和理解。人類將自己視爲地球主宰的言論和教育，會被這群孩子識破，因爲他們深知宇宙萬物運行的眞理，明白人類只是與萬物共存的一分子。

在你們的環境裡給這些孩子足夠的空間，你們只須提供大地、陽光、食物、水和一個遮風避雨的場所，這些孩子就能用他們的雙手與更高意識的創造，打造出地球上的天堂景象。你們目前雖無法立即改變社會制度下的教育機構，仍可以在自己的家裡、社區建立許多非傳統教育的互助學習社團，在社團裡帶著孩子唱歌、跳舞、繪畫、遊戲、運動、種植，並準備一個工具間、一張大工作桌，以及備妥充足大地元素，如石頭、泥土、金屬、岩石、礦石、樹苗、種子等的材料室，讓這些孩子創造代表他們自己的能量作品，而你們大人也可以從這些創造物中，得到身心的平衡和舒展。

導入宇宙觀，以迎接進入更高次元的挑戰

在教育下一代的工作展開的同時，你們需要建構宇宙生命共同體的知識架構，並教給孩子。你們目前的教育系統忽略了這個部分，最主要的原因，是你們的權力掌控者從地球遠古時代起，就自認爲是宇宙的主宰，自己則是神的化身，藉此達到控制人心的目的。就算是教化人心的宗教，也因爲爭奪人心的主控權，而發生多次宗教戰爭。人類過去爲了種族和水源而戰，但爭奪的結果造成人心的恐懼和不安，歷經多次輪迴與學習，終於了解唯有和平共處，才能爲人類帶來幸福的文明。地球人類也漸漸從土地的爭奪，轉爲經濟的競爭和擴張，從經濟和政治的角力中找尋國與國之間的生存平衡點，這也是人類近代文明進步的原動力。

然而，爲何我們要開始跟你們談宇宙共生的概念？那是因爲目前地球上的經濟活動破壞了生態和地球生命，會危及人類的生存與繁衍。大部分的人類享受物質化的經濟發展帶來的生活便利和享樂，忽略了你們正在侵蝕地球及其他物種的生存權利。大自然的反撲蓄勢待發，從目前頻繁出現的地殼變動與位移、海嘯、森林大火、海洋與河川汙染看來，這些因經濟活動造成

的生物變異、氣候異常，都是大自然的警告。若要讓現在的孩子對生態保有意識上的連結與充分的感知能力，就必須讓學校和家長了解宇宙共生的觀念。雖然你們不斷在學校和社區提出垃圾分類及減用無法分解塑膠的做法，但這些並無法有效阻止地球生命的處境快速惡化。

其中最根本的原因，就在人的意識中——沒有將宇宙大環境的連動放進每個人心裡。政治家、企業家、學校老師、家長都不認為宇宙跟自己有任何關係，覺得生活在地球上是天經地義的，這是人類很自然的生命循環落腳處，眾人對地球和宇宙連結的概念很薄弱。

我們需要給你們一些概念上的引導，讓每個人充分理解太陽系和地球的平衡關係著全宇宙的和諧。

地球位在宇宙中軸線的中心位置，地球、太陽、月亮的中軸線牽引著銀河系與各星系間的運行軌跡。如果地球本身的磁引力場耗弱，造成中軸線偏移，將連帶導致各個星球運行軌跡混亂，整個宇宙都需要調整速度和位置，以再次取得運行的平衡。你們或許認為宇宙之神很偉大，什麼都可以搞定，不是嗎？我必須說明，宇宙星球間的碰撞每天都在發生，是很多星球上的生命體不斷在配合、在適應中軸位置的轉變。更高次元的溝通是以意識體交流，我們可以很快反應與調整自身在中軸線相對位置上的轉變，但宇宙中仍有許多星團和新的星系尚未達到較高次元，它們就會非常辛苦，甚至遭受撞擊毀滅的威脅。而地球生命的主宰者——人類——卻渾然不知其嚴重性，任由地球逐漸偏離軌道，造成中軸的傾斜日趨嚴重。

我們必須解決並防止中軸偏離的問題，從你們的教育做起，讓你們了解身為宇宙的一分子，應該盡全力維護宇宙的運行穩定，以及所有星際物種的生存權利。人類更應該先具備這個宇宙觀，以迎接進入更高次元的挑戰。

關於宇宙的基礎教育：心智圖

心智圖是關於宇宙基本認知的教育，也是宇宙各個星系存有間的共識，大家依此規範彼此的互動方式。這是歷經多次星際會議，和數千萬個星系之間的共同約定。我們需要你們把這個基礎教育帶給地球上的每個新生命，這和你們過去談的基督意識或光的課程是不同的。我們不談靈魂的成長，那是你們過去學習的重點，我們在心智圖裡要談的，是「宇宙共存」的觀念。因爲這個觀念也是所有宇宙存有對地球認知的開端，我們必須銜接，讓地球人類和宇宙存有取得共通的意識基礎，作爲未來接觸前的準備。

心智圖包含三大部分，第一部分是宇宙的架構，第二部分談宇宙的運行軌道，第三部分談的則是接觸的訊息符號和聲音。

一、宇宙的架構

宇宙是由超過數千億個類似銀河系的星系所組成，地球隸屬於在宇宙中已經存在一百三十億年的銀河系。銀河系由數個大星系組成，其中最大的星群就是獵戶星群，引導銀河系的星球運行軌跡。雖然銀河系裡有無數像太陽一般的恆星或恆星群，但以整個銀河系的運行位置來看，獵戶星的外手臂推動整個銀河系運轉的力量，來自手臂內側的太陽系恆定的運轉力量。因此，太陽系可以說是整個銀河系的生命中樞，也是全銀河系得以持續運行的能量來源。

地球是太陽系的第三顆行星，也正是意識的匯流區。我們在地球四周部署了行星群的病毒防禦系統，讓地球上的生命得以生生不息地繁衍。整個地球的意識體提升，可以讓整個銀河系的能量供給更趨平衡與穩定。

銀河系有許多星系存有，彼此之間都是用意識體交流的方式，來溝通星際協定。過去在獵戶星群的保護下，地球上的生命體無法記憶過往的存在經驗，因爲我們原本希望地球上的新生命可以被不斷淨化與快速更新。但這個機制也衍生了一個問題：生命體同時受到地球物質界的限制，在不斷重複學習的過程中，無法順利與宇宙意識接軌。接下來爲了整體銀河系的運行與共存，人類意識的這個限制將同時被打開。你們可以開始透過有意識地連結到全人類生命的阿卡西共同記憶庫，或是經由新生命的誕生，快速恢復和宇宙共同意識的溝通頻率接軌。整個銀河系正在不斷地演進與形成新生命，我們更需要太陽系的穩定，來維持整體銀河系的運行。

二、宇宙的運行軌道

先以地球所在的太陽系爲例。地球和太陽系的其他行星繞著太陽系的恆星——太陽——旋轉，這運行的軌道是隨著地球與其他行星之間，因星體本身重力和太陽之間的磁引力平衡產生相對位置而形成的，愈靠近太陽的磁引力場愈大，距離愈遠的磁引力場愈小。若星體的質量改變，就會造成運轉速度改變或相對於恆星的位置偏移，而脫離所在星系，進入銀河星際間，呈現無重力或被其他星系牽引的狀態。

銀河系有大大小小、超過一千億顆類似太陽的恆星，這些恆星或恆星群帶動所有銀河系的星球，組成各自的星系、超星系或星系群，彼此之間以相對重力與磁引力場的牽制，做等距離的運行。太陽系因爲只有一顆恆星，相對於其他星系群而言，是非常穩定的星系。這裡的運行軌道比較不容易偏移，這也是太陽系成爲穩定銀河系中軸的原因。其他星系間存在許多黑洞，這些黑洞之所以形成，是因爲星系之間因恆星不只一顆，有雙恆星或多恆星群，移動時會產生周圍行星群未能完全吸收的能量空間，而這些超出的能量就會匯聚成星系中的黑洞。黑洞就像星系中的清道夫，將星球圍繞恆星，或恆星與恆星相對位移產生的多餘能量，凝聚在一起，產生一個巨大的超高能量核。這個能量核心可以吸收無法融入任何星系的單一游離星球，或是星球與星球碰撞產生的星體碎塊。

被黑洞吸收的能量，在產生足夠的氫聚變，以及足夠的鐵礦及礦物質融入後，會自動產出新的星球。而當黑洞移動到附近的星系，就會釋放出新的星球，融入該星系運轉。每個星系都會有黑洞，自動清掃星系間的多餘物質，而整個銀河系最大的黑洞，就在靠中心的位置，可以想像這是累積了一千億顆恆星產生的無法被各星系群吸收的能量之回收地。因此，銀河系的中心也不斷有新的星球誕生，這些星球都會再次進入星系的軌道運行，宇宙的運行軌道就會不斷有新的碰撞與新的星球生命加入。

地球的相對穩定是所有星系都很羨慕且期待的，這就是爲什麼我們要擁有一個穩定的銀河中軸。

三、接觸的訊息符號和聲音

宇宙更高次元的存有透過意識就可以達到彼此溝通的目的。更高次元的溝通不容易產生扭曲和誤會，因爲在共同意識的連結之內，一切溝通都是立即同步知曉，沒有經過生物體的大腦解構或轉譯程序，也就是高次元的眞理可以更有效率地被理解。

然而，當我們要提升第三次元的人類，讓你們與高次元的意識同步時，就需要一些輔助的轉譯工具。比方說來到你們耳中低語，將一些圖片或影像傳遞到你們腦中，或者用你們可以理解的方式，傳遞到你們心裡。我們也會嘗試建立一些符號或特定的聲音頻率，讓較低次元的存有可以順利地透過簡單的通道，與高次元連結。

例如，「OM」的共振頻率可以帶領人的心與腦同步連結至更高意識，這個音頻可以直達第十次元的高度。

「YEY」的共振頻率可以幫助你們的喉輪開啓，讓人類的聲音傳送至高次元。這個聲音類似你因爲歡喜而發出的「Yay!」，我們也會爲你的開心感到振奮。

「MA」的共振頻率會提醒高次元的意識給予你們愛的擁抱。你們從小嘗試發出「MA」的聲音，就像在叫你們的母親一樣。

「HUH」的長音發出的共振，可以將你內在累積的負面情緒釋放出來。我們收到這個頻率之後，也會投入更多的愛來塡滿你。

這些音頻都是和高次元連結的方式。你們可以教導衆人練習發出這些聲音，淨化自己的同時，也可以讓宇宙之愛流入你們的身體和大地。

有一些溝通則是以人類世界共通的數字，來傳遞我們對人類的關愛。例如111、222、333等連續數字，都是高次元和你們連結的訊息。

至於更複雜的訊息，會以麥田圈的符號呈現。這些符號出現的原因，有很多是爲了教導人類開始去探索宇宙的存在，並提供一些方法和建議。有些麥田圈是給宇宙存有自己看的，表示我們已經來過，並留下記號讓其他宇宙存有知道。這些形式的溝通因爲沒有讓人類充分理解圖像的涵義，所以很多可愛的藝術家開始在麥田上製作圖像，變成你們的藝術表達方式。我們看了也很高興，覺得像是回贈給我們的禮物，或是你們發自內心的呼喊。這些圖像其實也表達

數字中的高次元訊息	
111	我們與你一起創造
222	你可以得到我們的幫助
333	讓心展開，可以創造更多可能
444	穩定你的腳步，你已經做對了
555	讓你的靈魂自由翱翔，不要過於擔心
666	付出將得到更多意想不到的禮物
777	真理與你同在
888	豐富一切的存在，就是彰顯神的恩賜
999	回到心中與我們同在
000	嘿！天使在你身旁

出人們心中仍然關心的議題，或是對人類影響深遠的事件，我們很珍惜這種互動。

可以爲我們解答一些麥田圈圖像的涵義嗎？

下一頁圖①的麥田圈圖像代表銀河系全體星系存有的熱烈呼喚，呼喚地球爲銀河系的生生不息和宇宙的和諧一起盡力。我們期待並熱烈歡迎地球揚升，與我們同在。

圖②是來自星際的提醒，告訴你們有颶風來到地球，要加強保護地球氣流的穩定。

圖③是進入宇宙中心的通道，教導人們透過自己心中的梅爾卡巴旋轉，進入宇宙之門。

圖④是人類自己的創作，顯示你們的歷史事件仍深深烙印在人們心中。

圖⑤是宇宙DNA生命機能的運行原理。所有宇宙物質體的DNA都以螺旋狀運行，並相互連動，創造生命的組成。以整個大宇宙來看，星球與星球之間的運行就是以螺旋方式運轉，一個星球的轉動會帶動鄰近星球轉動；而以生物體最微小的細胞DNA爲單位來看，一個細胞的DNA也是以螺旋（雙螺旋或多螺旋）方式運行，組成整個人類及物種的生命體。生命體的螺旋帶動周圍的生命一起轉動，創造出生生不息的宇宙生命。而這存在於宇宙的生命是共同體，無法獨自存在，只要你開始轉動，就可以轉動整個世界。

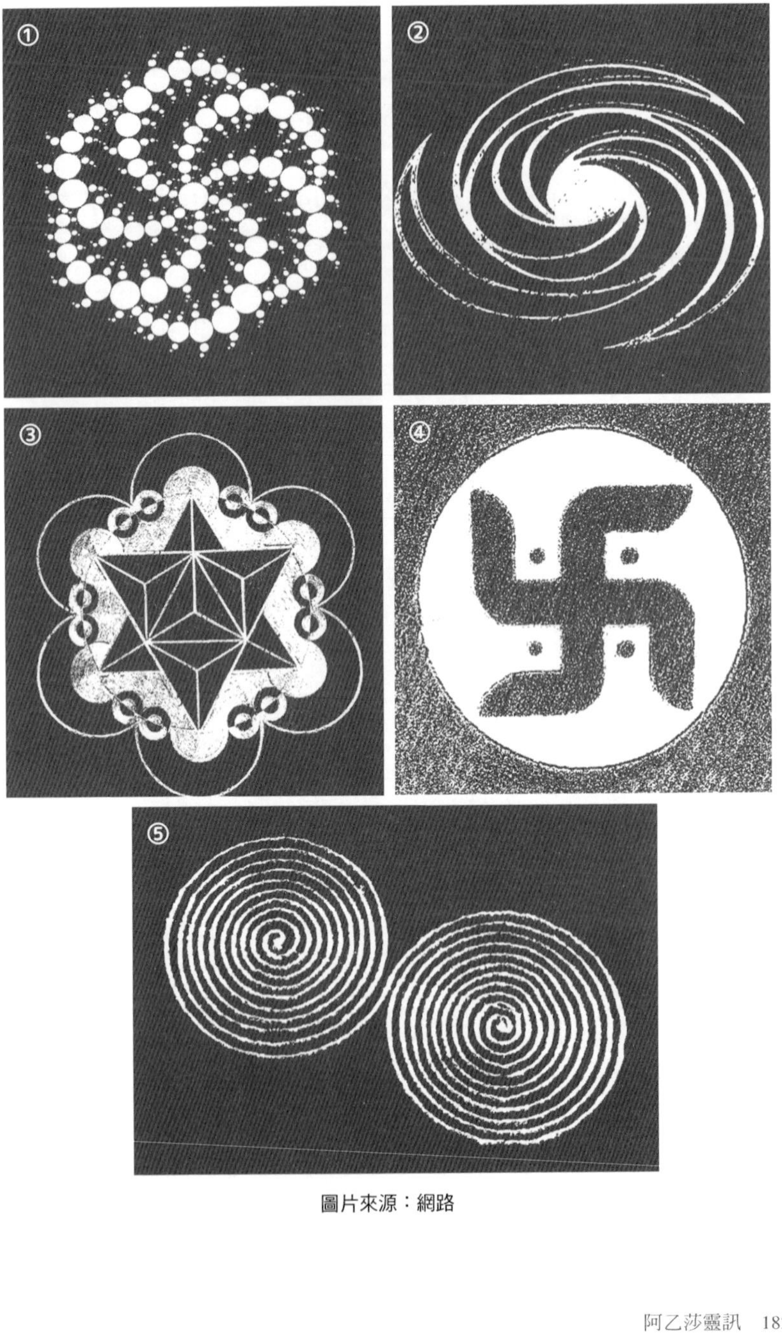

圖片來源：網路

培育新人類的未來學校

你們需要建構完全不同於傳統教育體制的學校，才能開始教育未來的生命。在這新的未來學校裡，每個老師的覺醒是關鍵，你們必須找到並集結足夠的導師及工作人員，才能開辦這樣的學校。

全世界各地已經覺醒的父母會將他們的孩子送到這所學校接受完整的養成教育。導師及工作人員和學生的比例，將近一：一——有一百位老師和工作人員，才能收一百名學生。

這裡將是地球未來的菁英學校，在校的學生會開創出很多新的學科。老師和學生會打破目前學科的疆界，將物理學和音樂結合、醫學和靈魂學結合、資通訊和機械控制結合、環境科技和藝術結合等，非常多跨領域的學習和創意會從這個學校誕生。學習就是開創，自由地創造，這也就是生命的學習之路。

至於通識課程的安排，宇宙知識的學習占百分之五十，地球生活常識占百分之五十。這群孩子一入學，就有一對一的輔導師協助他們展開身體與覺察的整合。孩子必須住在學校，體驗群體生活，父母和兄弟姊妹可以隨時來探望，了解孩子的學習進度。課程的安排是學習占三分之一，實做課程占三分之一，剩下的三分之一是遊戲與戶外活動。

臺灣是華人世界非常適合開辦未來學校的第一站，這裡可以讓學生只須移動非常短的距離，就能前往探測和觀察地質、地貌、海洋、森林、高山，以及多元的昆蟲和植物種類。

開始著手尋找適合的土地（約一千坪），作爲基地。找有資源的企業家成立教育基金會，來進行這項未來孩子的育成工作。這群人類菁英會爲全世界帶來全新的視野與科技文明的高度，帶領地球迎向更高次元的新生活。

祢提到許多教育下一代的新觀念，但對華人而言，養兒防老及世代繼承是根深柢固的觀念，甚至到今日，還有許多因爲養育下一代的問題而造成的家庭革命；即使在現今男女逐漸平等的社會，面對生育下一代這件事，女性也比男性承受更多壓力。此外，因爲少子化，爲人子女者要承受「孝順父母、尊敬長輩」的傳統道德壓力，也讓許多不了解的父母撕裂了親子關係。針對這些議題，不知能否提出祢的觀點？

人類的確仍停留在從自己的受精卵繁衍下一代的生物機制，這個就像在自己身上複製出一個生命體的顯化過程，會讓人將子女物化爲自己的產物。其實，宇宙中有許多存有已經不用這個方式進行生命的物化體驗。當你們演進到這種狀態時，就會重新定義親子關係，也會讓女性從生育下一代的壓力中釋放出來。當一切的振動來到無條件的愛與自我創造時，你們生命體的延續與誕生方式會改變。你們會將靈魂的體驗不只放在生物體裡，還會敞開來自由體驗不同形式的存在，那些都是更高次元生命體的選擇。

當人類意識覺醒後，無意識的繁衍行爲會被有意識的繁殖取代，人類的生物體作爲靈性意識的寄居載具這件事會被探討或終止。當人類發覺一切的顯化來自有意識的創造過程時，就會很清楚人類需要哪種形式的靈性載具。這也是外星存有目前演化的方式，他們生命體物質化的形式可以長達數百年，由自己決定生命的顯化形式。

人類生命在三次元的世界，是一個「被賦予」的過程，而這個賦予的主宰者就是你們的高我意識。你和你自己的高我協議出一種體驗方式，所以，你仍是自己的主宰。當你回到生命的源頭，就會明白你替自己安排的體驗之路，讓你得以如此展開生命旅程。和別人無關，這是你自己決定的。

回到你們目前的社會狀況。你看見這麼多生命仍在延續、仍在誕生到地球，這些生命的創造者除了他們的父母，還有那個存在於新生命裡的靈魂意識，以及父母與子女彼此的更高意識。因此，父母若將新生命當成自己生命的延續，也是可以成立的，只是你們的社會文化解釋的方式，誤導了生命延續的眞諦。生命延續不是物質面的延伸掌控，你們若用另一個生命體來繼承自己累積的事業和財產，當作是持續掌控自己建立的事業版圖，就搞錯方向了。

人類生命延續要傳遞的，是無條件的愛，只有父母和子女之間無條件的愛的本質需要被傳承。至於生命體驗中顯化的物質粒子，在更高的次元是不存在的，那些只是你們在三次元的輔助教材和工具而已。當父母和子女之間無條件的愛的眞理可以經由這層關係延續時，人類的靈魂意識才得以順利回到源頭的家。同樣地，爲人子女者爲何要愛自己的父母？因爲愛父母如同愛自己，唯有找到生命中的愛的意識，才能讓自己順利回家。這也是爲何我們在創造三次元世界的生命實體時，一定有父母。你來自父母，你也可以成爲別人的父母，這層關係緊緊維繫著每個靈魂，讓靈魂得以自由探索和體驗，不會迷失。而當你們回到共同意識的存在時，就不再需要這層關係了，因爲你們會很清楚知道自己與大家同在。

祢剛才提到，人類自己的誕生計畫，是每個人和自己的高我意識協議的結果。能否說明我的靈魂意識顯化出我這個生物體的過程。

你們的高我意識和宇宙共同意識是連結的，你並不只是身體有形的獨立存在個體。在你們誕生於地球的過程中，由於DNA的設計因素，會先暫時消除共同意識源頭的記憶。之所以要消除，是因爲唯有失去宇宙連結的記憶，你們才能全心全意體驗地球的一切。試想，如果你們身處物質界，心靈或意識卻不斷回到源頭，要如何接收外界帶給你們身體的所有感受？你們會下意識逃離不想待的場域、遠離施暴家庭、逃離考試壓力，迴避你們身體感知所有不舒服的感受。

而今日，你們的靈性意識前來地球體驗，大部分是自願的。你們需要更大的情緒感受力體驗，所以來到地球。人類的細胞情緒記憶庫儲存了各種情緒因子，這些情緒因子讓你在地球體驗的過程中不斷地碰撞、觸發感知，而只有當你全然地用「心」去完整經歷，才可以得到豐盛的體驗。所以，不須迴避不好的情緒，深深地去感受它爲你的身體、你的心帶來的感覺。當你眞正感受過那種感覺，而來到「享受」的境界時，任何會造成壞情緒的因子都會被你一一破解。最終你會看見，一切的觸動都源自表達愛的體驗。

不過，有一些靈性意識誕生最主要的目的，並不是來體驗這些情緒感知的。你先生不是常常說你的情緒沒什麼起伏？這是因爲你和這類型的人主要是來完成自己的天命。你賦予自己「喚起衆人回到源頭意識」的任務，而你應該已經憶起自己當時是爲何做此決定的。每個生命都可以找回自己誕生前的自我約定，這個約定在你與自己的高我連結時就會明瞭。每個人都有自己的生命藍圖，在這個環節看來，生兒育女就應該像是帶著你共同靈性意識的夥伴，一起來地球這個場域體驗。你們當初選擇成爲家人，一起來走過這趟旅程——有了這樣的理解，你們是否會更尊重彼此，且更願意以無條件的愛和夥伴關係，一同完成今生的約定？

第四部

醫療

人體的自動調節機制

進入醫療這個主題的同時，我會讓你親身體驗身體與靈魂體結合的機制。

身體其實只是靈魂的載具，是用來服務你的意識體的。因此，想要有健康強壯的身體，除了先天得自父母DNA的遺傳產生的生物體之外，你的意識體下達給身體的指令，也深深影響你的身體未來會長成什麼樣貌。

你們的醫學告訴你，基因遺傳是你成爲你今天的樣貌最主要的原因，但這只說明了一小部分。你和父母長得像，很大的原因來自你的父母看著你，以及你看著父母的共同成長過程中，你們彼此身體的細胞與意識交互共振產生的結果。你的身體被植入一個信念，你的長相被植入一個你認爲應具備的長相，你的走路方式、駝背的姿勢、不自覺的身體行爲模式，都受到父母的影響。

如果一個孩子生下來就沒有和自己的父母生活在一起，你認爲他長得會不會像他的父母？答案會有兩種。如果他的父母很思念這個孩子，孩子也不時想著自己的原生父母，即使沒有生活在一起，這個孩子仍會長得像自己的原生父母，這是意識體相連產生的物質顯化的必然結果。

如果這個孩子不知道養育自己的並非親生父母，他的原生父母也從未在意識端連結這個孩子，那麼，即使擁有原生父母的遺傳基因，卻可以長成全然不同的樣貌。

所以，一個人的生物體樣貌深受環境和所接收的訊息影響。理解了這一點，接下來就可以進一步說明如何用意識治療人體細胞的缺陷或病變。

身體各大系統相互連結支援，以維持平衡狀態

人體本身具備自動調節的平衡機制，跟大自然萬物一樣，是經過演化的結果。在今日文明生活的輔助下，人體的平均壽命可以長達一百五十歲，只是人類爲自己設定的終止年齡仍需要一段時間調整，人類自己並未準備好超過一百歲的生活建構，也自認爲那是不愉快的體驗，而拒絕朝這個年齡演進。實際上，只要有正常的生活，以及足夠的陽光、空氣、水，人類是可以健康活到一百五十歲的。

身體內的每個細胞就是一個完整的微宇宙，這個宇宙攜帶著電。許多細胞組成器官，就像微宇宙群彼此連結，產生完整的磁引力場體，而人體是許多微宇宙群組成的小宇宙。人的意識

人體系統能量運行平面圖

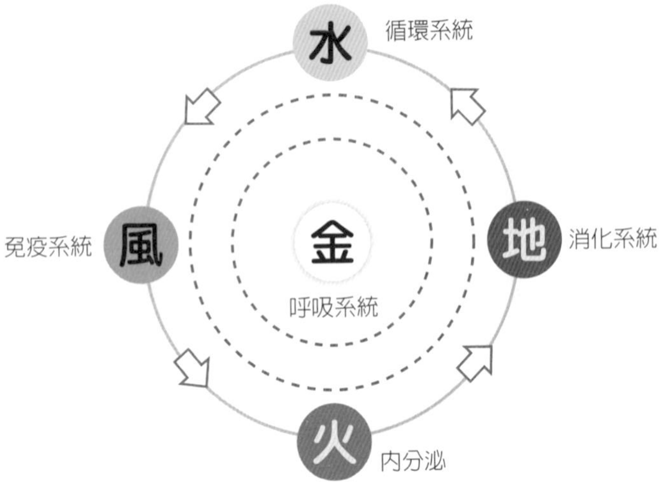

尚無法細微感知自體宇宙每分每秒的運行軌跡，你不會知道此刻你心臟的血液流向何處，或是你的肝臟正在處理哪些工作，體內的這些自動機制，如同地球之於太陽自動產生磁引力場的運轉一樣，都是宇宙生生不息的平衡之道。由於人的意識隨時處於「我想要」，而非「我是」的狀態，這種人的意識與「我是」的斷鍊，就會產生無意識的碰撞空間。而碰撞導致的磁場改變或細胞傷害，就是生物體出現病灶的原因。

身體的自動調節機制是大自然的恩賜。人的生物體和大自然萬物一樣，由地、水、風、火四大基本元素構成，就如同土壤、水、風和太陽是植物生長的基本元素。人體的四大系統分別是消化系統（地）、循環系統（水）、免疫系統（風），以及內分泌系統（火），這

人體能量運行軌道圖

四大行星圍繞著恆星帶，經由第五個系統——呼吸（金），進入心與腦的中軸，成爲一個可以自體移動運行的小宇宙。心與腦是經由呼吸系統連結成身體的恆星控制中心，身體的四大行星系統則環繞著恆星帶運行，自動維持身體磁場處於平衡狀態。若其中一個系統環節的能量趨弱或過強，其他與之相連互動的系統會因應磁場的變化自行調節，以維持平衡狀態，直到無法負荷後，就會出現能量停滯、阻塞的狀況，造成細胞病變，這就是在提醒人們必須開始改變輸入的訊息或環境，以修護已經失衡的身體系統。

人體小宇宙裡的五個系統相互連結，並隨時互補支援，以維持能量的平衡。例如，某人因車禍造成腦部受損，他的呼吸系統會取代大腦，扮演訊號傳遞的指揮角色，其他的消化、循環、免疫和內分泌系統則會自動經由呼吸的氣流振動，配合運行。因此，即使大腦已經失去傳令功能，人的身體仍然可以自動運行。如果免疫系統必須抵抗病毒，呈現作戰的緊繃狀態，消化系統就會配合，減少攝入外來能量，以降低免疫系統的負擔，這些都是身體小宇宙的自動協作機制。

身體所有的系統都與呼吸系統相連共振，每一次的呼吸不但啓動身體四大系統的微宇宙同步轉動，也會帶動身體整體的小宇宙。以金爲中軸，依循著「地↓水↓風↓火」的順序，逆時針方向移動身體小宇宙。當身體小宇宙轉完一圈時，以2D圖形來看，人體內會呈現以呼吸爲中心，牽動身體四大系統恆定運轉的生命之花運行軌跡。

一個健康的人體經由呼吸創造身體宇宙的自然流動，人類就是地球和宇宙之間最佳的能量傳導媒介。豐富的大地萬物經由消化系統的吸收進入人體，人類再藉由呼吸，將宇宙的能量轉入身體的水、風、火系統，然後流入大地，形成一個完整的接天落地能量循環。人類的能量與天地共振，人類就是地球最親密的夥伴，而地球如今生病了，接收不到宇宙能量，因爲人類身體普遍出現狀況，人類無法經由一呼一吸，傳送宇宙能量給大地。這樣解釋人體和宇宙、大地的關係，你是否能夠明白？

原來地球母親只要我們用健康的身體來回饋她。這麼說來，每個人的身體就是地球的小

人體能量運行立體圖

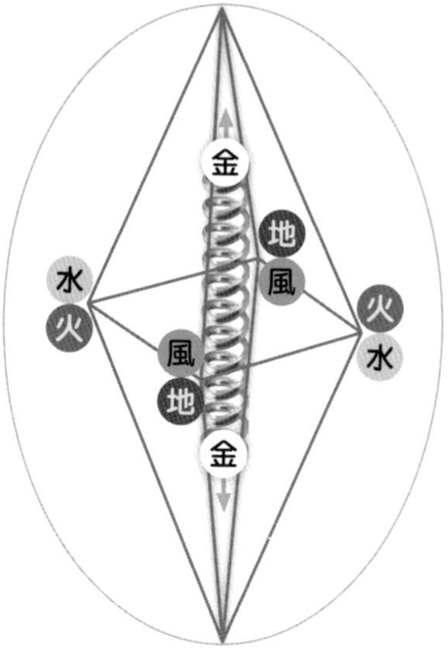

發電機，我們有意識地呼吸，讓身體系統順暢地自體循環，就是在爲地球帶來能量；同時，健康的地球更可幫助人類接收天地之間的能量。很多人在乎自己的健康，但如果沒有回歸有意識的呼吸，連結回到自身，讓連結心與腦的中軸穩定，光是研究營養學、吃得健康，仍是捨本逐末。同樣地，如果只注重靈性，一味追求靈性的高度與成長，沒有回到自己的物質身體，讓身體能量順暢運行，接入大地，也無法對生命賴以爲生的地球有所貢獻。祢一開始就試圖讓我們了解，地球生態和人類息息相關，我現在終於明白了。

是的，愛自己如同我們愛著你，就是給宇宙最好的禮物！

人體復原的關鍵

如果一個人出生之後能隨時與「我是」同在，也就是處於意識體與生物體合一的狀態，那麼，身體五臟六腑相連的脈輪場原本就是暢通的。

人體的七大脈輪，如同星系中的黑洞。各個身體系統就是一個微宇宙，微宇宙內也會產生相對應的黑洞，這些黑洞可回收五臟六腑產生的多餘斥力。如果斥力場產生過多剩餘能量，或是斥力場的能量不足，都會反映在脈輪的能量強弱。脈輪若吸收過多雜訊，也會造成脈輪阻塞與流動趨緩。因此，人體若能保持脈輪的穩定與暢通，就會達到整體平衡，身體自然健康。

只要身體能量運行順暢，人體就可以維持細胞不斷代謝與再生的自體循環，所有器官也可以保有良好活力。而要讓身體能量順暢運行，就必須有意識地校準你的中軸。呼吸是基礎，經由呼吸帶動身體五大系統啓動能量流動，匯聚地、水、風、火四大元素，穩定人體中軸，並擴展連結地心和宇宙之心。如此運行，人的身體就是一個強大的能量場，可以吸收身體無法接受的雜訊，然後經由脈輪黑洞強大引力的分解與再融合過程，產出新的細胞，回到中樞，流回各系統。

你現在可以用雙手去感測人體的脈輪能量大小，因爲人的手就是帶電的導線，你從雙手之間的斥力和引力，可以感測物體產生的磁引力場。因爲脈輪是身體各個系統的能量黑洞，你可以測出從頭到腳、發自脈輪黑洞的能量場直徑大小，從而判斷這個生命體的哪個系統需要加強或調整能量流動。

我確實可以感知，但祢這麼一說我才明白，這是生物體的物理現象。不過，好像也不必面對面感測，光是用意念想著某人，甚至是不認識、也未曾謀面的人，只要透過意念，就可以偵測出這個人身上每個脈輪的大小。

你講到重點了。「意念」是關鍵詞，人的「意識體」釋放出來的電流可以穿透整個地球，到達全宇宙。這是人類身上的寶藏，也是人類有別於地球上其他生物體最珍貴之處。意識可以治療自己的身體，也可以幫助別人，幫助地球，幫助全宇宙！

這應該是神的工作，不是嗎？人也可以做到？

當然！只要你的身體平衡，脈輪暢通，中軸穩定，透過你的心產生的意識振盪波，就可以帶動另一個生命轉動。之前在說明某個麥田圈圖像時，就跟你提過DNA細胞能量共振的原理。

祢剛才提到四個關鍵：（一）身體平衡，（二）脈輪暢通，（三）中軸穩定，（四）意念帶領。可以說明一下我們要怎麼做好每一點嗎？

人類目前的身體狀況是，前三點都不及格，就到不了第四點，因爲人類都本末倒置，從第四點開始衝刺，導致中軸不穩，脈輪阻塞，身體出狀況。

我就一個步驟一個步驟地談。

步驟一：平衡身體

身體要平衡，就先從每天的吃講起。你吃進去的東西，有很多物質造成身體的負擔。如果吃進的食物不是天然的、來自大地，或者不是經過生命正常生長的養殖過程、不是潔淨的水和有能量的土壤種植出來的蔬果，那麼你吃進去的，就是毒害身體的東西，不但產生不了能量，反而要耗費更多能量去消化、去啓動周邊的系統協助代謝掉。吃是身體能量啓動的第一個能量來源，是「地」元素，代表身體的根基。根基不穩，就像沒有能量的土壤，怎能生養土地上的萬物？

其次，是呼吸。人類的吸氣和吐氣，就是能量在體內的推進系統。將氣吸入身體的腹腔根基地（消化系統位置），而不是淺淺地吸入肺中；然後吐氣時，能量流入水（循環系統）、風（免疫系統）、火（內分泌系統），完成一次完整的全身能量流動。

再來，是喝水。喝好水，讓血液保持一定程度的清澈，流入全身細胞，使細胞產生體液，幫助淋巴系統防禦外來的病毒❶。

接著，是情緒。人的能量隨時與外界產生共振和碰撞，如果你覺得不舒服或有壓力，都會產生情緒波動，影響你的細胞代謝。這些情緒需要被理解和平衡，多多接觸大自然，參加讓你心情愉快的活動，維持良好穩定的情緒，對身體的平衡有很大的幫助。

最後是性。人類繁衍下一代的過程來自性的能量，這個能量可以讓人類突破生物體的限制，來到神性的高度。在享受性的過程中，雙方的心會產生共振的能量場。人類社會將性視爲禁忌或羞愧之事，但你看遠古時代神的畫像，是否有許多美好性能量的展現？在自己可以接受或符合社會規範的情況下好好地享受性，可以爲身體帶來創造與更新的能量。

步驟二：暢通脈輪

提供一個暢通脈輪的每日簡單練習。

暢通與啟動脈輪練習

每天早上起床後，先去上廁所排便，這就是開始清理「地」元素。然後，深呼吸三次，活絡你的「金」元素，再喝三口溫水，滋潤你的水、風、火等元素。完成身體的前置準備工作後，就可以開始啟動脈輪。

利用雙手來啟動每個系統的能量。人類的雙手是最佳通電裝置，五根手指分別代表五個系統：

元素	身體系統	對應手指
地	消化系統	大拇指
金	呼吸系統	無名指
水	循環系統	食指
風	免疫系統	中指
火	內分泌系統	小指

五大系統示意圖（左手）

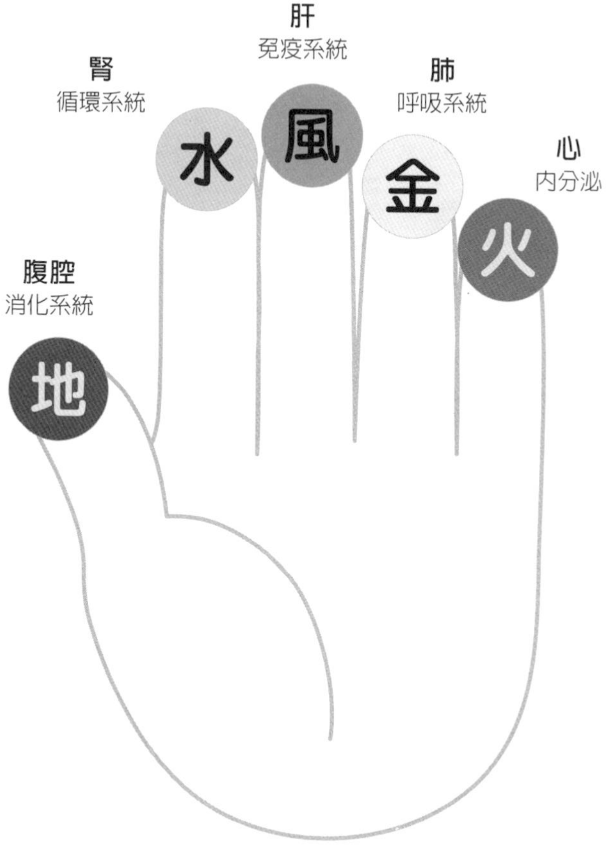

肝
免疫系統
腎
循環系統
肺
呼吸系統
心
內分泌
腹腔
消化系統
水
風
金
火
地

五大系統示意圖（右手）

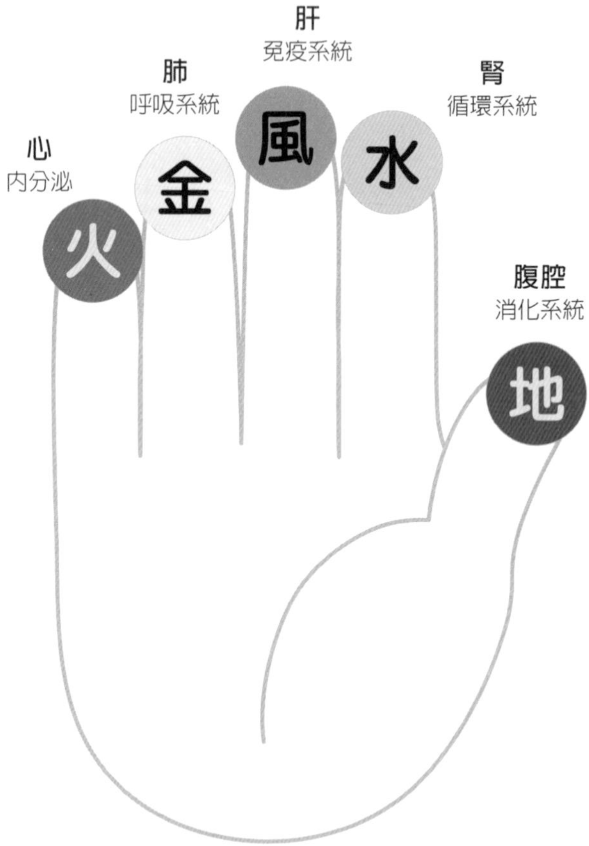
肝
免疫系統
肺
呼吸系統
腎
循環系統
心
內分泌
風
水
金
火
腹腔
消化系統
地

進行啓動身體五大系統能量的運動。身體呈站姿，放鬆；若不方便站立，坐著或躺著也可。接著，以「地→金→水→風→火」的順序，配合對應的手指，依序啓動身體五大能量系統。

步驟	元素	身體系統	方法	感受
1	地	消化	❶右手握住左手大拇指，呼吸十次。意念專注於呼吸，並將宇宙能量導入消化系統，氣流正旋向上。 ❷左手握住右手大拇指，呼吸十次。意念專注於呼吸，並將身體能量接入大地，氣流逆旋向下。	能量流入消化系統。宇宙能量被導入消化系統，並讓消化系統垃圾流向大地。
2	金	呼吸	❶右手握住左手無名指，呼吸十次。意念專注於呼吸，並將宇宙能量導入呼吸系統，氣流正旋向上。 ❷左手握住右手無名指，呼吸十次。意念專注於呼吸，並將身體能量接入大地，氣流逆旋向下。	能量流入呼吸系統。宇宙能量被導入呼吸系統，並讓呼吸系統垃圾流向大地。
3	水	循環	❶右手握住左手食指，呼吸十次。意念專注於呼吸，並將宇宙能量導入循環系統，氣流正旋向上。 ❷左手握住右手食指，呼吸十次。意念專注於呼吸，並將身體能量接入大地，氣流逆旋向下。	能量流入循環系統。宇宙能量被導入循環系統，並讓循環系統垃圾流向大地。

4	風	免疫	❶右手握住左手中指，呼吸十次。意念專注於呼吸，並將宇宙能量導入免疫系統，氣流正旋向上。 ❷左手握住右手中指，呼吸十次。意念專注於呼吸，並將身體能量接入大地，氣流逆旋向下。	能量流入免疫系統。宇宙能量被導入免疫系統，並讓免疫系統垃圾流向大地。
5	火	內分泌	❶右手握住左手小指，呼吸十次。意念專注於呼吸，並將宇宙能量導入內分泌系統，氣流正旋向上。 ❷左手握住右手小指，呼吸十次。意念專注於呼吸，並將身體能量接入大地，氣流逆旋向下。	能量流入內分泌系統。宇宙能量被導入內分泌系統，並讓內分泌系統垃圾流向大地。
6	全身		❶右手心置於胸口，左手心置於肚臍，呼吸十次。意念專注於呼吸，並將宇宙能量導入，全身氣流正旋向上。 ❷左手心置於胸口，右手心置於肚臍，呼吸十次。意念專注於呼吸，並將身體能量接入大地，全身氣流逆旋向下。	全身脈輪暢通平衡。

依序完成每個身體系統的上下啟動後，進行五大系統的整體運行。可以把這當作每日練習，讓脈輪流通展開，以維持中軸能量流動的順暢。順帶一提，每天早上進行身體準備工作時，如果有排便不順暢的狀況，可以先用左手握住右手大拇指，讓消化系統的能量接地，深呼吸幾次，就可以幫助清理腸子裡的廢棄物。如果是瀉肚子，就反向用右手握住左手大拇指，讓消化系統的能量往上旋來止瀉。

步驟三：穩定中軸

實踐第一、第二步驟一段時間後，就可以開始練習讓中軸穩定。

穩定中軸練習

當步驟二的「暢通與啟動脈輪練習」做完後，坐下來，身體呈靜坐姿態：將雙手大拇指的指尖抵著無名指指尖，掌心向上，輕鬆垂放在兩腿膝蓋上，穩定呼吸。

當中軸的能量流動進入穩定狀態時，你身體的能量中心會呈現上下流動的光之柱。你坐在光之柱的中心位置，周邊圍繞著一個晶狀結構體。晶狀結構體中的每一面就是一個空間次元，女性有十二個面，男性有十六個面。我們先不談這些次元的涵義，必須等待人們完全放下小我意識，提升與宇宙合一的意識後，才能提供下一階段的教導。

目前你處在這個正十二面晶體的中心點位置，你的意識已經可以準確地校準宇宙之心，你會在前方看見光。你今天看見的紫色大光圈，裡面有一小部分的綠色光，就是連結你和智慧與健康的宇宙之光。我們會針對每一個人投射出他需要的光，你只要靜靜地在晶體裡呼吸，待在光中，就能讓身心獲得全然的療癒。

這種療癒是非常個人化的，每個人需要的成分不同。當你的中軸穩定於光之柱裡，宇宙就在協助你打開、擴展、平衡。你不需要做什麼、不必提出疑問，只需要在光裡享受這份來自宇宙的愛與療癒。結束後，你會感受到身心淨化、能量充足。

（心得：實際練習後發現，在穩定中軸的過程中，如果用意念拉長音地唸「阿～乙～莎～」，可以更快速穩定中軸。）

穩定中軸練習

步驟四：意念帶領

延續中軸穩定的狀態，現在將左右手的十指相對。從上往下看，兩隻手呈現三角金字塔形。

此時，來自宇宙的能量從頂輪往下進入眉心。深呼吸，漸漸地，你的心輪更加展開。你感受到從心到頭頂都敞開了，你與宇宙更高意識正在接軌。

現在，帶著自己緩緩進入晶狀結構體中。你感受到這個晶狀結構體的空間，你的身體已經消失，你看不見你盤坐的腿，全然處在這個空間裡。你明白自己就是宇宙，宇宙就是你，你可以開始在光之柱中與高我連結，並開始進行意念帶領。你的意念會與更廣大、更高的意識連結，在此，你可以獲得來自你自己內在的更高智慧，以及身心療癒的機會。我們一起來練習。

一、**自我審視：**開始回想過去所有的經歷、曾經來到你面前的每一個選擇，一一回顧。你感受到什麼？

我看見我過去未曾選擇的那一面繼續演化。他們現在的狀況，甚至他們遇到的問題或喜怒哀樂，都像是我自己的體驗。

沒錯，他們就是另一個版本的你。你當時沒有去考師專，但你看見了當年考上師專後的生活。

你還看見什麼？

我明白所有的選擇，以及那些沒有選擇的，都存在，也都是我的體驗。我感謝那些幫我活出我沒有去經歷的生活的人，我也應該好好地過我自己選擇的、目前這個版本，才對得起其他人。

我們都是一體的，沒有好壞，沒有富貴貧賤，所有的經歷都存在每一面，我就是他們，他們也都在創造我。所有的選擇與不選擇既然都存在，我們只能珍惜當下。我正在經歷、演出的這一個版本，創造了彼此經歷的圓滿——如果我沒有好好地過生活，他們就無法被圓滿，而他們也正在努力地圓滿我沒有選擇的版本。

很好，我們繼續往前走。

二、**跨越時空：**你現在可以想像自己就是地球，地球就是你。回到五百年前的地球，感覺一下。

我感覺自己變成五百年前的地球，雖然到處綠意盎然、生機勃勃，卻讓人覺得很嚴肅、緊繃，很多地方的人都在進行疆界之爭。

來到現在的地球，感覺一下。

地球的呼吸道不順暢，肺部受壓迫。還有，我的腹腔有很多雜物，感覺地球的腸胃也出現問題。

沒錯，現在的地球確實生病了。森林、海水、土壤都出了問題，造成呼吸、消化和循環系統出現狀況。

繼續前往五百年後的地球，感覺一下。

我的腦壓好高，身體輕飄飄的。

假如現在地球上的人類選擇繼續朝人工智慧演進，你們最終會用有限的生物腦，來對抗人工智慧的演算。你們腦壓過高，神經系統紊亂，身體無法好好運作了。

這該怎麼辦？

讓更多人做有意識的選擇。集體意識的選擇可以改變地球的未來，我們之前談了這麼多，就是在提醒人類回到有意識的生活。

很好，你的意念可以跨越時空，你已經領會到了。接下來，我們再回到自己身上，你現在可以掃描自己的身體。

三、**健康掃描：**你在這個空間裡，可以進行全身的掃描和療癒。

用意念掃描每個器官，從頭一直掃描到腳。在每個器官停留幾秒，感覺一下該器官的狀態。如果你覺得能量低落，或是有壓力，就是那個器官需要平衡一下。

怎麼平衡？

透過之前提過的，每根手指都對應一個身體系統的概念。用左右手的

脈輪平衡指尖旋轉操

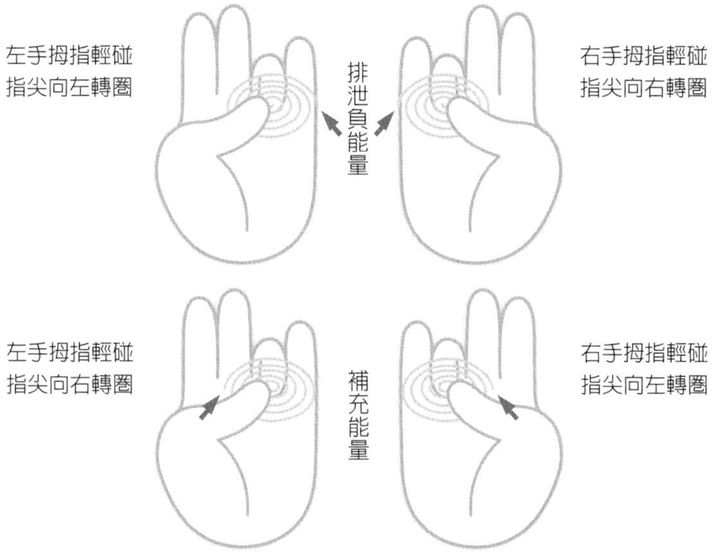

大拇指輕觸該對應手指的指尖，然後拇指轉圈，右手往右轉，左手往左轉。這是在排出身體的雜質、身體的阻塞。做完排除的動作後，同樣的手指位置，但拇指轉動的方向相反，右手往左轉，左手往右轉，這是在補充宇宙新能量進入這個位置❷。多按摩幾次，再去你剛才覺得能量不平衡的那個位置感受一下。

好像變暢通一些了。這是怎麼回事？

這個就是用意念驅動身體細胞，進而平衡你那個位置的能量場。

結束這項練習後，你可以將大拇指指向無名指的指根，握拳，就回到自己了。

接下來，可以進行第四個意念帶領練習。

四、細胞淨化：讓自己無念無想三分鐘，使宇宙能量從你已經敞開的頂輪到心輪間自然流動，就可以讓人全身舒暢，全身的細胞完成一次深度淨化。

不進行前三項意念帶領練習（自我審視、跨越時空、健康掃描），直接靜坐三分鐘，進行細胞淨化也可以。

❶ 提供一個使身體平衡的喝水法。先深呼吸，讓全身在喝水時一起感受水的滋潤。不要用灌的或大口喝，而是每次喝一小口，含在舌下，充分和唾液融合，再慢慢吞下。經常這樣練習，可讓水對身體進行各種深度作用。

進階喝法：水含在舌下時，以意念指引深呼吸在胸與口之間循環三次。經常練習，可感受到更多生命的訊息。

❷ 如果需要平衡的是消化系統，因其對應大拇指，所以請將意念放在大拇指，然後以食指尖輕觸大拇指，照指示方向畫圈。

愛是人類和宇宙之心校準的任意門

阿乙莎，我今天的練習不太順利，沒有辦法達到昨天的光。

穩定中軸這個步驟的狀態，決定了你的「到達」。剛才你聽見樓上的琴音，就被帶離中軸。你被你的腦帶走了，開始判斷，開始喋喋不休，你的中軸被你的腦占領了。

我正在想他左手的和弦彈得不夠精采，還有，他那本琴譜我也有。沒錯！我的腦確實在打擾我。

你剛才雖處在你的晶體中，但心連結到腦時，就被你的腦拉回目前的環境中，你上不去了。人腦的位置高於心，沒辦法，這是讓你們人類可以在現實中好好生存與安身立命的機制。

你必須讓你的心穿越腦的屏障，才能到達中軸的穩定。這個穩定中軸的練習不是那麼簡單的，只要有一絲一毫的偏差，就無法抵達，即使宇宙之光就在你前方，等著你校準。

你們的靜心冥想就是在幫助校準中軸，並協助中軸穩定。

請問何時最容易到達？

當你眞正臣服，放下腦的批判與執拗時，但這一點通常很難做到，因爲你們的成功經驗讓你的腦更活躍，你們依賴頭腦，甚於使用你們的心。人類所有的感官都被神經系統包圍，這個神經系統的指揮官就是腦。你們很難逃離頭腦的掌控，這是生物體的防禦機制，最佳的防禦，也是最大的自我屏障。

要識破腦的指揮，唯有將心的振動頻率提升到最高的愛，才能穿越這個障礙。愛是人類和宇宙之心校準的任意門。當你的心攜帶著愛的振動時，腦就會臣服，身體自然而然會完成中軸的校準與恆定——不只是穩定，是恆定！愛可以帶你穿越任何次元。你要再多練習幾次。我們需要你如實如是地做到，才能帶你進入下個階段的練習。

有些朋友經過幾天的練習後，覺得很容易入睡，也有人感覺氣的流動很順暢。我用祢之前指導的方法幫助我經常胃痛的先生，但因爲他是鐵齒型的研發人員個性，我怕他沒太大的耐心做完全部的手指，就只要他握住左右手大拇指各呼吸十次，然後換成握住左右手的小指各呼吸十次，結果他說很有效。請問其中的道理是什麼？此外，這個方法可以用來幫助身受癌症之苦的人嗎？

想睡或氣流暢通都是會有的反應。若還沒有練習到位，就用比較不容易入睡的方式練習，站立或坐姿都可以。

會覺得想睡，是因爲電流流通全身讓人感到放鬆，而人在最放鬆的狀態下除了想睡，另一個好處是可以來到靈性的創造。這就是啓動人本有的創造力最佳的狀態。大腦的干擾減少，身體的流暢將帶來自由的創作，孩子在這個狀態下可以盡情唱歌、繪畫、跳舞、創作，不需要教導，讓來自靈魂本有的創造力揮灑出來。

至於你先生的胃痛舒緩，道理很簡單。人的手指末梢神經會釋放電流，當你用手指做出左右手握住的迴圈，就像把那個身體系統接上電源一樣。你很清楚使用電器前要先接上電源，而身體的系統自動經由呼吸接入能量，當身體某部分的系統運作遲鈍或阻塞時，就可以用該部位的對應手指接上「電源」，加強該部位的能量流。你帶你先生做這個步驟是正確的，他的胃脹氣是因爲思慮過多，造成能量阻塞。你先讓他透過左右手大拇指平衡胃部的阻塞，然後用「火」元素小指加強「地」元素，就像是幫胃部微微加溫，改善阻塞造成的寒冷。做完後，他不但覺得舒服，還充滿熱能。這是很好的應用方式。

而談到癌症的治療，你要明白，癌症最主要的成因是缺乏「愛」。導致愛的能量匱乏的原因很多，要審視自己爲何會缺乏「愛自己」的信念。人類往往認爲缺乏愛是因爲沒有受到關心，或是被錯誤對待造成的，這通常不是眞正的原因。

愛是每個生命與生俱來的本質，沒有人可以奪走你的本質。一個人缺乏愛，是自己不允許愛的能量流動，自己阻絕了愛的能量。他的不允許和阻絕是最大的原因，那是他怎麼看待事物，也就是他的意念，以及對周圍一切的認知顯化出來的。一個人的意念產生的能量場很大，你怎麼看，就怎麼「成爲」。

如果用脈輪暢通來引導，對癌症患者來說，只能暫時緩解身體系統不平衡的狀態，若心的意念沒有改變，仍會持續產生不平衡。他們必須多練習由穩定中軸進入自己的生命歷程回顧，類似之前在意念帶領練習中做過的自我生命回顧，看見過去曾經做過的選擇。你們要協助癌症患者回憶過往所有的選擇題，從現在開始往前回溯，找到當時那個選擇的原因，並且去觀察沒有選擇的那一面。多做幾回，他們會一次又一次看見自己做出的選擇背後的原因，以及「不選擇」對他們來說，同樣是祝福。要一直往前回溯到他是如何選擇這一世的父母。不必急於將這輩子一切的發生歸責於前世業力，那個前世的他也已經不全然是今生的他。不需要回溯前世，這一世所有的發生與選擇，就可以讓人找到足夠的解答。

不斷地在中軸穩定的狀態下自我審視，直到他重新遇見愛。一切都源自愛，而這個愛的力量仍在他身上。在愛中，他才能真正理解自己由來已久的情緒產生的原因，一一看見這些曾經升起、但當時不被他理解的情緒。當時的情緒出現之後未被理解，或是被隱藏壓抑著，就是存在細胞裡，形成你們所謂的腫瘤。

當情緒被看見，並且被這個人用愛重新理解，這個腫瘤就不再需要為了安置這些情緒而存在了。

去告訴眾人癌症是怎麼形成的。回到愛中，臣服於愛，經由穩定中軸的練習，你們可以在源頭和愛相遇，在每一次的經歷中看見愛。你們終究會發現，自己就是愛的化身，自己就可以療癒自己。

在暢通脈輪練習中，食指和小指分別對應循環系統和內分泌系統，這跟中國傳統經絡的說法不太一樣。我看到一些資料顯示食指對應心肺，小指對應腎臟，能否說明一下？

當你用一隻手去握住另一隻手的某根手指頭時，就是在建立該身體系統的磁場迴路。每根手指頭都與各器官相通，因此，不光是食指可通向心臟，每根手指的經絡都可以直指各個器官臟腑。這個簡單的手指操是透過將能量導入身體系統，去活化器官和細胞環境場域。當你握住某根手指，帶動該系統場域時，就可以讓身體的智慧自行運轉。所以當你握住食指，意念帶入啓動循環系統時，身體是將心肺的血液和氧氣輸送到全身的血管、淋巴、細胞，乃至於到腎臟排出尿液。你們不必一個器官一個器官點名，身體知道的。

意念帶領練習

這是完成脈輪暢通與啓動，進入穩定中軸後的練習。

用自己的意念，依序進行以下四個主題：

❶ 自我審視

❷ 跨越時空

❸ 健康掃描

❹ 細胞淨化

未來的再生醫療

人類生病有兩個階段，一個是失衡階段，另一個是失能階段。

在失衡階段，身體各個器官仍能保持整體運行，雖然其運作和生物體的正常狀態有所差異，但這也是身體透過自己各個系統的協作重新調整後的新平衡狀態。這個階段不能稱爲生病，應該稱爲「系統調整」，你們可以經由調整呼吸、作息，和清理情緒障礙，回復原始的平衡狀態。

在失衡狀態中要啓動人體的免疫系統，可以經由兩個方向：一個是水，透過喝水或注射生理食鹽水加強體液的沖刷，讓循環系統協助將病毒排出體外；另一個是藉由減少攝取食物，清空腸胃，讓免疫系統重新站上防禦位置。

若失衡沒有被導正、回復平衡，當身體遭受外部侵犯，或因病毒造成器官失能時，就無法光靠情緒治療來逆轉。這時需要更多再生細胞，來協助身體細胞或器官更新。

人類過去的醫療體系依賴化學藥劑或外科手術，這種治療手段雖然暫時止住持續失衡的狀態，但其實手術後要恢復系統的原始運行能力，最主要還是靠自體再生細胞的活躍運作。

稳定中軸有助於幹細胞活化

中軸穩定對促進人體回復健康初始狀態具有重要意義。中軸穩定時，你的光之柱可以因天地宇宙能量的流通順暢，而逐漸擴展。想像自己是一棵樹，你的中軸就是樹幹，當中軸的光之柱擴展開來，你體內骨幹流通的母體幹細胞數量就會不斷增長。人體的幹細胞在胚胎形成的階段，是百分之百活躍的；成長完成後，經歷數年的歲月，逐漸因為中軸阻塞而凋零老化，當你們年紀愈來愈大時，活躍幹細胞的數量將不到百分之五。而透過有紀律地穩定中軸，產生的擴大能量場可以使幹細胞再生、活躍，這些幹細胞就能提供身體的凋零細胞或損壞器官足夠的再生能力。這也是你們的醫學研究單位正在努力的方向，試圖利用幹細胞複製或培養新的身體組織或器官。

如果以你們目前採用的介入人體的治療方式，會想辦法將幹細胞植入人體，進行再生過程。其實，你有沒有發現人體在胚胎階段，原始幹細胞各自長成、各自歸位，沒有透過手術分離或導入，就可以長得很好？

那麼，要如何讓幹細胞修復失能的器官？

首先，要有足夠數量的活躍自體幹細胞。

接下來，就是藉由人的自體重生過程，輔以你們的意念，引導幹細胞修復受損部位。

這個過程跟胚胎長成嬰兒的過程不同，是運用意念去修復受損細胞，其運作機制是導引幹細胞產生更大的電流，去替代受損細胞或器官的場體，和宇宙黑洞吸收無法進入協作運行的游離星體，再從黑洞生出新星球的道理類似。你們目前的醫學嘗試用器官移植的方式，將完整的養成器官或組織植入受損的系統，這雖然可行，植入器官與周邊系統之間卻會出現再融合與排斥的問題，需要磨合期，失敗的機率也高。如果可以經由自體中軸的幹細胞生成，並透過各系統的脈輪黑洞擴大能量場運行，就可以進行自體再生，降低手術移植的失敗率。

用意念引導幹細胞到身體需要的地方

再生細胞可經由意念引導，輸送到身體需要的地方，步驟如下：

一、想像你的光之柱充滿活躍的母體幹細胞。這些是你胚胎形成時的原始細胞，在你的脊髓中被活化。

二、接著，去覺察和偵測你身體各大系統的運行狀態。和暢通脈輪時串接左右手的方式相同，將你感覺最需要加強能量的那根手指伸出來，用右手握住。

三、你的脊髓幹細胞大軍，現在進入你手指啟動的系統中。隨著脈輪的轉動與擴大磁引力，這些母體幹細胞正和諧地融入這個系統，並不斷轉化分裂出系統所需的細胞組織。深呼吸，讓這個步驟持續，身體系統跟著順時針旋轉，直到你感覺光與熱在這裡流動。

四、接著左右手交換，左手握住右手同樣位置的手指頭（剛剛若是握左手中指，現在則握右手中指），想像已經脫離系統運行的壞死組織和細胞正在離開，跟著系統逆時針旋轉流向大地。

五、最後將左右手掌分別放在肚臍和胸前，進行全身系統的平衡共振。換手各做十次深呼吸，結束一次完整的意念引導幹細胞再生的療癒過程。

這整個流程的關鍵是「意念」帶領。由一個全然知曉的意念引導，才能獲得真實的療癒。全然知曉的意念要覺察自我信念是否偏離，而造成情緒無法正常流動。阻塞的情緒必須被看見、被理解，幹細胞的引流重生才會有效，整個意念帶領的更新程序才算完整。

多做幾次這個練習，因爲不被理解的情緒有時會深藏在身體細胞中，一開始並沒有被察覺。多做幾次意念引導，當細胞的代謝逐漸深化，深深埋藏的情緒才會逐漸浮現。

當你們了解意念引導的療癒帶來的奇蹟之後，會有許多人熱切期待可以用自己的意念幫助親友療癒，但事實上沒有這麼容易。你必須得到對方的應允，才可以進入別人的場域；若在對方無法接受或無從理解的狀況下運用你的意念進入，就是侵犯了別人的生命場域。你沒有全然明瞭那個場域的限制，與周邊環境場域可能產生的抗拒，就冒然進入，是不會有幫助的。這和你們在協助樹木時，會先徵得樹木的同意才進行能量引流，是一樣的道理。

所有的生命都是自己的主宰，如果沒有想要被療癒的意識，任何治療都是無效的。一旦明白這個道理，你們就會將注意力放在提升人們意識的振動頻率，而不是去操作無意識的遠距或意念療程。有些人確實可以透過意念療癒他人——當你自己的振動頻率到達無條件的愛時，透過讓他人感知你無條件的愛的狀態，就可以改變對方的振動頻率，與愛同在，這個人自然而然就被愛療癒了。

與身體溝通，逆齡回春

人類是否可以保持身體狀態長生不老，細胞回春？有沒有辦法讓進入更年期的男女回復青春？

人類進入更年期後，也能有意識地喚起沉睡的內分泌系統分泌荷爾蒙，來維持身體的年輕狀態。這是人人都可以做到的，只是你們不斷告訴身體「我老了」「我邁入更年期」「我退休了，不再年輕」「我不想生育下一代了」，讓細胞失去活力。

實際上，細胞每天都在汰舊換新，循著DNA的指令，完成應有的再生工作。只是，你從母體出生後，就不斷因爲父母和同儕的提醒，發出「我要長大」的指令，而細胞自己有DNA的預定成長計畫，也非常聽從和配合人類的意識體，不斷成長茁壯。但是，你們成長到一個階段後，自然而然會將注意力轉向，往外探索這個五彩繽紛的世界，進入社會，建立事業和家庭，生育下一代。過程中，你們的意識體和自己的身體失去對話和連結。在這個階段，你們的再生細胞每天仍孜孜不倦地依照ＤＮＡ的原定計畫和指令，安分守己地工作，直到有一天，因爲生病不適，或是退休，或是兒女長大了，你們才又將意識帶回自己身上。

你們因爲環境或身體的變化，將意識帶回自己身上，試圖改變身體的細胞活性或回復健康狀態，這是絕對正確的嘗試。人類其實可以不用仰賴藥物，就能永保青春健康。停經或荷爾蒙減少，是身體的智慧因爲體貼你而產生的自動機轉。細胞感受到你們的活動力下降，也不需要生育新的生命，因此自動減緩荷爾蒙的分泌，但相對也讓人外觀老化、精神力下降，而這是不被你們接受的。這時，你們可以啓動與身體細胞的連結，和身體進行回春溝通。

身體本身就是一個比人腦更高階的能量場體，身體各系統在此能量流中隨時處於非線性的互動和訊息交換。每個細胞的ＤＮＡ裡都蘊藏著靈性智慧，當細胞汰換，產生新的細胞，進入身體能量宇宙中，之所以能立即合作無間、各司其職，就是依循ＤＮＡ的序列，完成細胞和身體系統間的自動合作機制。你可以想像，皮膚被割傷時，有再生新皮膚的能力，同樣地，你的器官和各個系統中的傳輸腺體也可以不斷往返各器官間，交換需要的組織或荷爾蒙，進行傳輸或代謝，以平衡整個身體的日常運行。你們目前採用的外科手術切除、電療或化學治療等方式，有些會導致器官不可逆轉的損壞，並影響新細胞的生長和復原機會。

回到你剛才問的細胞回春做法，非常簡單。你不需要擔心沒有新的細胞誕生在你的內分泌和生殖器官裡，只是細胞的活性需要被激發，回到你年輕時的狀態，以持續分泌豐沛的荷爾蒙。

你們已經知道如何利用金屬分解出等離子體，擴大磁引力場體，如果把等離子體做成的能量貼片放在想要活化的身體系統位置，以回春來說，就是將貼片放在下腹部卵巢和子宮的位置，這時，你生殖系統細胞的能量會被啓動。系統啓動能量場體後，就會自己完成與其他系統的溝通協調工作。

在生殖系統重新啓動的頭兩天，你可以感受到身體各部分有所回應，接下來就能進行更進一步的意識溝通。你可以透過意識，與自己的內分泌和生殖系統溝通它們需要回復到怎樣的狀態。如果沒有生育下一代的打算，也可以跟生殖系統溝通，請它只要保持產生荷爾蒙活力的原料供給，但不需要回復排卵生殖的能力，身體會明瞭你的意識，並進行相對的調整。

這個意念的引導很重要。每天練習和自己的身體溝通，並讚美它爲你做的一切，當你有意識地回應身體的正向反應，細胞會受到鼓舞，變得開心喜悅。

回春就是和身體建立有意識的溝通管道的細胞活化過程。這是古埃及法老王的妻子們都知道的方法，你們只是在憶起回到永遠青春的生命狀態。

等離子能量貼片需要天天敷用嗎？太常用是否會有副作用？

當你們使用金屬分解出的能量來輔助喚起內分泌系統和生殖系統後，就可以停止使用了。

不間斷地使用會形成無意識的依賴，反而失去與身體更高意識的連結。你們太容易依賴外在的有形物品，而不去有意識地連結宇宙萬物。你們只需要一個輔助工具，協助自己的意識喚起細胞裡的意識，接下來，只要保持有意識地與身體溝通就可以了。一切都應回到意識的溝通。

如何與身體溝通？我怎麼知道身體有聽見，且開始運作了？

這就是你們人腦的線性思考限制，有輸入和產出，有前因和後果。拿開你的線性思考，進入意識知曉。人的意識體和身體的意識體處於同一場域，這個場域不能依靠大腦進入，用腦去想是找不到門路的。你們常用「潛意識」來解釋這個人腦想像不到也沒有碰觸過的領域。人的潛意識和身體細胞意識之間進行的訊息交換和溝通，會被完整記錄在身體的細胞裡，而人的意識可以凌駕潛意識，如同你目前和高我連結，你會有內在的低語和「認為」，但心中會被高我的意見帶領，去看見更高的眞理。這麼說吧，你的潛意識是上兆個細胞ＤＮＡ的意識集合體，當你的意識能夠與潛意識連結和校準時，意識就會影響潛意識，並帶動細胞朝新的方向前進。潛意識就像你的自主意識和細胞意識之間的橋梁，如同高我是你的整體生命和宇宙源頭的橋梁一樣。

回到與身體溝通這件事。你只需要透過意識給潛意識下一個指令，潛意識就會開始照著做。試著寫下你自己的指令，這裡提供一個回春溝通範例：

「親愛的身體細胞們，感激你們的支持，豐富了我的人生。在邁向人生的下半場時，我期待與你們更密切地連結和互動。請幫助我將身體細胞維持在二十五歲的狀態，賦予我充沛的荷爾蒙，幫助我保持青春與活力，讓我的視力、聽力、牙齒、男性（或女性）性徵、皮膚、骨質密度、肌肉與筋骨的彈性、髮色與髮質、指甲的光澤都維持在最佳狀態。我感謝你們的聆聽，感謝你們回應我的需要，我會善盡此生的責任，彰顯你們的存在。無限的感恩，謝謝你們的支持。阿們！❶」

最後對自己說：「現在，內分泌和生殖細胞已經活化了！」

每日的暢通脈輪和穩定中軸練習結束後，可以進行一次回春溝通。如果可以有紀律、不間斷地練習用意識與細胞場體溝通連結，連續做三個月，你會看見自己呈現逆齡狀態，展現年輕的活力。

---

❶「阿們」是對神表達敬意的統稱，每個人都可以用自己宗教的感謝語替代。

醫療系統的改變

你們目前的醫療體系是龐大的利益結構運作平臺，由西方一些藥廠控制著整體人類的醫療，醫學研究單位、醫生和醫療從業人員就是替這些藥廠工作的勞工，醫院則是房東，提供場所和設備，就像生產線的工廠。人一旦生病，就進入工廠維修，出院後以爲自己是被醫生和藥物治好的，其實眞正的療癒來自自己，藥物只是暫時中止人的生命系統依循原來的路徑運行下去。

生病是讓人從一輛疾駛的列車上先下車的邀請，醫院就是下車時的中途休憩站。醫院的用藥是快速地介入細胞原本的運行軌道，這個化學藥物可以在短期內讓你的細胞和血液的各項指數恢復正常，然而，眞正的關鍵是你選擇的下一部列車，以及你要去的目的地是否和上一部車有所不同。人們一直無意識地選擇同一部列車，因爲你在休憩站時，沒有一個醫療單位會協助你審視你的列車和目的地出了什麼問題，你當然沒有辦法得到最徹底的療癒。直到人生的終點站，我們會協助你看見，也會再給你一次機會，搭上人生的下一部列車。

今日的醫療系統就是藥物輸出站，如果沒有藥物的支援，這個醫療系統會沒有病人，因爲人們期待在那裡可以止痛、消炎、鎮靜。人類害怕自己無法控制身體病痛，對自己的生命沒有信心，所以，醫療系統是人類集體的恐懼顯化出來的。你可以在人類社會結構中看見無數類似的顯化，舉凡教育、宗教、法律、政治，都是集體意識的恐懼和不信任投射出來的替代物。

開始看見人類過去到現在創造這些社會規範的眞相之後，你是否可以看見哪些出自愛，哪些又出自恐懼？在人類不斷體驗愛的過程中，已設下種種恐懼失去愛的陷阱，看進去之後，這些恐懼與擔憂也是源自愛。這是愛的另一面，沒有這一面，你們無法體會到愛。這是地球二元世界的遊戲，是宇宙讓人類無止境體驗愛的場域。

告訴你這個事實，是希望有更多人覺醒，來喚起人們心中本有的愛。與愛的源頭連結的鑰匙，就在每個人身上，不需要投射，不需要替代物，你就是自己的依靠和答案。

結合疾病偵防與病患反饋的未來醫療系統

一個更符合未來人類需求的醫療系統，是從了解疾病發生的「因」出發，再回歸到「心」的運作系統。將偏移的心之振動調頻回中軸，自然就可以讓人體的免疫系統保持最佳的防禦狀態。人類自身的免疫系統是身體內的藥房，身體組織發出的求救信號，都會送到免疫系統來求得解藥。不過，心的振動一旦偏移，大腦是不知道要如何才能啓動免疫系統發揮作用的，便轉而求助於醫療體系。結果，大量的化學藥物進入身體，反而關閉了體內的免疫藥房。

目前人類的醫療體系著重在對治疾病，如能將整個醫療系統往前和往後延伸，將可以大幅改善人類的健康。在進入介入性治療之前，身體已經發出很多警訊，包括消化、循環系統、睡眠、情緒等發出的訊號，你們統稱爲壓力症候群或生活作息失調。其實，這個階段是扭轉身體結構崩塌的黃金救援期，有覺察力的人會開始透過呼吸、改變作息、正常飲食來調整，很快就能導正身體的振動，回歸中軸。但大多數人在這個階段都無法覺察，或者即使知道，卻不採取改善措施，直到身體發病。在身體失衡的階段，你們可以運用科技，協助偵測身體的平衡狀況並發出警訊。這個前端防衛系統可以作爲疾病偵防的手段，卻並未受到醫療系統重視，因爲醫療系統獲利的基礎在於疾病用藥和手術。如果能夠把醫療單位每年可以減少的病患作爲獎勵指標，這樣的誘因就會讓醫療單位朝這個方向邁進。你們的健康保險制度很容易建構出這樣的獎勵辦法。

另外，還要建立疾病痊癒後的追蹤反饋系統。這個系統不是只觀察病人痊癒後的各項身體指數，而是建立痊癒者的反饋服務系統，讓已經痊癒的人回來照顧和輔導病患，建構以病醫病的自我反饋服務機制。當一個人從被照顧者轉爲照顧者時，更能觀照出自己的身體過去之所以失衡的原因，而對被照顧者來說，也能得到照顧者的同理與支持。對已經病癒的照顧者而言，這是第二次的身心同步覺察療程，重新跟著生病的人走過一遍後，獲得對疾病的全面性觀照與覺醒，也可以因爲對病患付出關懷，增強病癒後的自信心。

透過前期的防禦偵測和後期的反饋機制，人類整體的健康意識才會朝向正面的振動頻率開展，而不是讓恐懼疾病的負面頻率無限擴張。你關注什麼，就是賦予那樣事物力量，當人們把關注焦點從對生病的恐懼轉回身體健康與平衡狀態上，整個醫療系統就必須重新校準其存在目的，以符合大多數人的期待。那麼，就會有更多資源因爲全體人類的期待，而被放在健康的偵防維護與病患追蹤回饋系統上了。

療癒的本質

在「醫療」這個單元裡，很多練習都是透過「呼吸」加上意念的引導來進行。請問呼吸在人體中的物理特性是什麼？人類的呼吸是否有更深的涵義？

你們很清楚失去呼吸功能幾分鐘就可能死亡，你們知道呼吸對人類非常重要，卻沒有特別珍惜呼吸帶來的自體平衡的療癒機會，確實不合邏輯。這是因爲你們過去無法從呼吸中觀察到整體生命被滋養的過程和生物機轉。

宇宙萬物的運行就是呼吸運動。地球每時每刻都在呼吸，依靠太陽和月亮的引力進行有節奏的呼吸。每一次旋轉，地球就完成一次更新換氣，而地球每呼吸一次，就完成一次與恆星的校準，並同步影響地球上所有生命的循環。人類的晝夜運行、植物的光合作用、海洋的潮汐，都跟著地球的旋轉週期同步校準運行。若地球靠呼吸來校準與恆星的相對位置，人類和動植物也同樣需要靠呼吸來維持和保存生命能量。

人體有上兆個細胞，所有器官隨時隨地不間斷地運行，要讓身體這麼多的小宇宙維持平衡運行的狀態，就需要靠呼吸來校準整個身體宇宙，以進行和諧共振。

這麼打比方吧，你的每個細胞都因爲呼吸將氧氣帶入身體，而展開同步運行；再細分下去，每個細胞核周圍都有電荷圍繞，這些帶電粒子在運行時，就是透過細胞的呼吸引入氧氣，讓電子運轉。而細胞因爲帶電，所以運行過程中會產生磁引力，在各個細胞間維持平衡。人體的心肺相連，心臟每一次跳動會連帶牽動肺臟的呼吸運動，這個心肺功能就像身體的太陽（恆星）。當你的心處於平和安適的狀態，身體接收到穩定的能量流進入細胞；當心臟因爲情緒導致跳動頻率改變，肺臟的呼吸含氧量就會產生變化，而全身的細胞在每次的運行中接收到的氧氣跟著變化，讓它們運動的節奏也一起改變。所以，情緒確實會影響身體的正常運行功能。

你們可以觀察自己是否讓情緒輕易地擾亂呼吸節奏。當你排斥、生氣時，會中斷吸氣，吐氣是吸氣的兩倍；當你低落或悲傷時，吸氣微弱，因缺氧顫抖而間斷；當你開心時，一大口氣深入到腹部一起震動，整個身體的磁引力瞬間放大，可以立即影響到周圍的事物跟著共振。看到沒？你的呼吸帶給自己能量，也讓數倍的能量進入你的能量場體。這些身體能量變化的出入口，就在你的呼吸中，而你的意識決定了每次呼吸進出的品質。

再說得深入一點，有意識的呼吸可以引導細胞整體運行的能量共振，顯化物質。你知道心想事成吧？心想事成的關鍵，就是透過有意識的呼吸運動全身的能量場，這個共振的磁場被延伸到宇宙一起轉動而顯化出來。當然，這其中會有很多變數，不是你怎麼想就怎麼實現，因為你發出的意念產生的磁引力場會與不同意念的人相互碰撞，除非你的引力大於對方，或者吸引更多能量來共振，才會加速這個物質的顯化。

人類過去習慣用肉眼或放大鏡來觀察，或是用化學分解物質來解釋身體產生的現象，而忽略了整個身體宇宙運行的能量產生的交互作用。因為能量的激化或降低造成身體代謝與分解作用改變的過程無法用肉眼觀察，你們只能從化學的角度去分析已經完成的結果來推斷。你們的科學家從量子物理的角度可以將身體細胞的智慧重新解讀出來，你們可以看見萬物顯化的物理性邏輯和宇宙運行的道理是一致的。不論是地球、動植物或人類，都在呼吸的過程中導入能量，啓動生命有機體進行創造，以及維持生命現象。

你們的醫療系統從化學角度的觀察發展出化學藥物的治療方法，同樣地，物理角度的觀察將可以幫助身體細胞回復自體運作智能，達到兼顧人類和地球生態平衡的療癒效果。

當我可以遠距偵測到一個人身體各個脈輪的能量場大小時，我嘗試用意念為對方能量較弱的區域放大能量，結果當下再次感應到對方那個位置的脈輪放大了。這是否表示人類有機會遠距療癒他人？還有，對施作者來說，這會不會有反作用力或造成問題？

嗯！你發現了人的意念就是個振動頻率的應用方法。透過意識，你感受到磁場的強與弱，再透過意念傳達去平衡、啓動、轉化對方的磁引力場。當你的意念傳遞過去時，你們的能量場體形成一個倒 8 字的無限循環，由振動頻率高的一方去帶動較弱的一端，而較弱的能量場被較高的一端引導，提升並進而共振。這跟水的傳導是一樣的，一個好的意念進入水中，會改變水的分子結構。

至於你提到的反作用力，其實是來自施作者自己。當你處在無條件付出的狀態時，能量振動是和宇宙同頻的，你會得到宇宙源源不絕的能量，透過你的意念錨定對象，直接傳遞過去。在這個狀態下，你不用擔心自己的能量會減弱或損耗，因爲你是純淨的光的頻道時，就會自然順流。如果你帶有任何利益自己或滿足小我的意念，你的能量給予過程就會被自己的小我撞擊出反作用力，回到自己身上。當你個人的小我意念產生作用力時，你的引力場會大於斥力場，你會吸附小我需要的東西回來，以填補小我的不足。這一切都是平衡，也是宇宙運行之道。

這麼說來，如果一個人的意念可以療癒他人，又不能求回報，在現實生活中，這個施予療癒的人不是會疲於奔命也無法取得生存所需的資糧？當一堆人跑來求助時，若不能收費，不就是濫用和掠奪有能量者的付出嗎？

我並沒有說付出能量不能換回能量喔！你誤解我的意思了。金錢也是一種能量形式，當一個人受到另一個人的幫助時，這個受到贈予的人本能地會想要回饋給施予者，他自己才會感受到平衡。而一個人在幫助別人時，如果不是以取得他人的回饋爲前提，那種無條件給予的品質才具備眞正的價値。

世間一切交易的本質是「互助」。「我幫你，你幫我」這個過程中的能量傳遞被「交易」這個詞取代，而讓人類忘記互助的本質。其實，金錢只是人類創造出來方便在交易時計算對價的工具。你知道當對價計算工具不存在時，什麼會消失？（是中間人嗎？）是的，但也不只有中間人，還有你們的稅務機關，以及一些有心坐享其成，想要不勞而獲的人，一些把焦點放在如何創造金錢，而不是如何幫助別人的人。這些人控制原本應是地球生命共享的資源，忘記交易的本質是互助時，會逐漸被覺醒的人看穿和淘汰。人類如果回歸互相幫助這個交易本質，就不會無意識地追尋金錢，而是會善用自己的能力，去創造彼此和整體人類的幸福。

第五部

宇宙

全息宇宙

DNA裡隱藏的密碼

這宇宙到底是什麼組成的？有阿卡西、克里昂、哈索爾、天使聖團、灰人、爬蟲族、天狼星……我搞不清楚這些名詞，以及它們之間的關係，可以幫助我們理解這一切嗎？

宇宙基本上有十二次元，就像人體的靈魂DNA有十二股螺旋，而阿乙莎就位於最高的十二次元源頭，也同時存在你們的DNA中。

什麼是次元？

次元就是能量振動頻率，類似你們說的「赫茲」。但宇宙每個次元的振動波頻單位對地球來說過高，你們無法用工具偵測到，所以人類無法體會。

人體有個機制還沒有被科學家找出來，就是ＤＮＡ。ＤＮＡ隱含了靈魂的頻段密碼。你們身上的ＤＮＡ都具備全部次元的頻段碼，就在你們的細胞層。你們的科學家採集的ＤＮＡ是生物樣本，我們之前說過，細胞和細胞的粒子中間有等離子體，這個等離子體就是你們的靈魂存在體，所以生物體ＤＮＡ的十二股螺旋體中，隱藏了十二個靈魂頻段。

你們人體目前在三次元空間運用的頻段，算起來不到百分之三十，還有一大部分的較高頻段是封閉的。這應該說是當初播種人類至地球時，爲了讓人類生物體演化過程完整進行的必要保護措施。

當地球生命來到更高次元時，人類細胞中封存的ＤＮＡ頻段會一一打開，現在你們只要將靈魂意識調校到更高的頻段，就可以接通更高次元。在《露西》這部電影中，露西在機艙裡細胞分解成粒子那一段，就是她的意識已經來到更高的次元。但是，你們不用擔心自己會因爲靈性的ＤＮＡ頻段打開至更高次元而在地球上消失，你們的身體仍然可以共存在三次元中。你們可以透過靈魂意識校準到更高的頻段，來調整恢復身體的原型，還不至於分解成一顆顆粒子。你們身處的地球密度仍在可以保護你們生物體的階段，當進入九次元以上的空間，生物體就不再顯化，只有意識存在。

人類細胞的ＤＮＡ可以跨越不同次元溝通，就是靠你們的靈魂意識展開。之前提過暢通脈輪、穩定中軸的用意，是要讓人體中細胞等離子體的通道暢通，這個通道就是靈魂的傳輸線路。我們不是一開始就提到人是地球的傳輸線路嗎？DNA中雖然有清晰的頻段碼讓人類跨越不同次元，但傳輸線路若是不暢通，就到不了。多做幾次前面教過的意識校準、暢通脈輪、穩定中軸等練習，你們很快就可以到達共同意識源頭阿乙莎。

宇宙意識次元有許多珍貴的頻段寶藏，供人類和宇宙所有生命共享。阿卡西紀錄目前已經對地球生命全面開放，因爲地球的振動頻率已經跨入快速學習階段。阿卡西紀錄儲存的資料量龐大，每個人的DNA也都具備這個頻段，因此所有人都可以讀取阿卡西紀錄，獲得生命的答案。你們可以依照自己的興趣、疑問，以及想要理解與開創的範疇，自由地進去探索和挖礦。你們現在常說的比特幣挖礦，其做法也是從阿卡西得到的啓發，只是這個原本用來挖掘自己的知識寶藏，被用到顯化成金錢的交易模式中，這也是人類自由創造的過程。不久的將來，有超過一半的人類都可以親自讀取阿卡西紀錄，並從中獲益。你們不再需要一再地進入遺忘與再學習的輪迴階段，現在就可以快速進入創造階段。

除了阿卡西紀錄的頻段外，還有很多意識頻段寶藏儲存了不同功能和目的的資料，這些都是超過數十億年協議和累積建立而成的資料庫。

其中包含基因頻譜資料庫，裡面保存整個宇宙曾經顯化出的物質、非物質生命的DNA序列。這個資料庫尚未對地球人類開放，儲存這個基因頻譜的工程更爲浩大，人類的基因播種計畫和星際所有存在生命體的基因圖譜都源自於此。當各星球生命物種演化出新的生物體時，這個新的DNA序列資料就會同步儲存在這個資料庫中。不會有外星生物跑去採集你們的基因回來，這是你們DNA裡面的自動上傳機制，連突變的物種資訊也會一併上傳。

另外，還有情緒資料庫，這個是最有趣的演化。在宇宙共同意識的源頭是沒有種種情緒振動的，源頭只有合一的意識，定靜安詳的頻率，像你們心電圖中的一條直線，沒有振幅；而在一些高次元的星球上，情緒最多就是三種，或者不超過五種。至於地球上，人類撞擊和爆發出來的情緒種類非常多元，還可以交錯、重疊、內化和轉變，比方說，你們的愛中有酸、甜、苦、澀，由愛生恨，嫉妒甚至夾雜羞愧。這些複雜交錯的情緒體也激發出人類無窮的創意，在你們的音樂、藝術、文學、美食中都可以看到情緒顯化出的創造能量。這是宇宙的奇蹟，你們人類創造出來的情緒體也成爲宇宙其他次元學習的教材。但也因爲這些情緒，許多靈魂意識失去方向，或是在離開生物體後急著投入情緒體驗，忘記回到共同意識的源頭。

以上介紹一部分的頻段，還有許許多多星際協議，我之後再說明，我們先回到意識源頭阿乙莎。這個源頭在十二次元，也是宇宙存有的共同寶藏，因爲這裡就是所有意識的「家」，你們人類認識的佛陀、阿拉、基督這些曾經在地球顯化的覺醒者的意識，也都在這個源頭。爲何這裡是宇宙存有的共同寶藏？因爲大家不論分離母體在哪一個次元，不管生命旅程受到哪種文化的洗禮，最終都會回到家。

你們只是用不同的語言、不同的文化、不同的種族、不同的次元去體驗愛。源頭是永遠不變的一體存在，宇宙源頭以外的所有發生和結果都在體驗愛。你們曾經咒罵過的撒旦、魔鬼、希特勒，都是爲了彰顯愛的角色選擇，唯有選擇扮演那個惡，才能讓更多人體驗到愛。阿乙莎爲所有宇宙存有而存在，只要回到自己，就可以回到阿乙莎的源頭。我不是遠在星際的天邊，我在每個生命裡。

宇宙接觸的真理

很多人把宇宙想像成地球之外的太陽系和銀河系，你們還沒有宇宙是往內看的認知。人類生存的地球是個宇宙產出的星體，你們用望遠鏡去看星際裡的那一點星光，那裡的人也一樣在探看天外的地球，只是天外那個次元已經了解如何到達地球，而在地球的你們尚不知道要如何到達數百萬光年外的星球。

那麼，請告訴我們要如何到達外太空的星球，還有那些外星人是怎麼來的。

你們用物質世界的觀點永遠到不了！即使到了，也不是用你現在的身體去的，因爲以人類生物體的細胞壽命和你們用燃料動力推進的運輸方式，無—法—到—達。

讓我問你一些問題，幫助你反思這個接觸宇宙的想法。

爲什麼人類想去外太空探險或殖民？

我想可能是因爲擔心地球爆炸，或是有一天太陽不見了，地球生命會滅絕。爲了後代子孫的生存，我們需要往太空前進，找尋適合人類的居所。

再告訴我，你們爲何那麼相信地球會滅亡？你們又爲何相信外太空的星球會有適合人類居住的地方？

這我就無法回答了。我們發現最有可能的火星，環境好像也比地球上的北極圈和非洲沙漠還要困難。

如果沒有具體的危機和效益，你們爲何每年花費數千億元發展太空科技，買一個保障人類未來的計畫？

是有些奇怪，但照祢之前的教導，這也是人類探索未知、彰顯冒險精神的自由意志啊！

你想過第一個太空探險計畫的緣起嗎？

我當然無從了解，那時我還沒出生吧！

是的，你們大多數人不知道人類是從何時開始想像一個太空外的生活世界，也不知道今日爲何要往那裡去。

可以說明一下嗎？

最早是來自星際的邀請。你們未曾接觸過的外星生命發出訊息邀請地球人，當時的許多國家都收到了這份來自星際的邀請，因而激發當時的國王和領導人擴展疆土的想像空間。人類早期的領導者都以開疆闢土來鞏固自己的地位，當時地球的土地已經分裂，一個民族在地球上不可能占據百分之百的領土，自然就順著這份邀請，想往外星球去占領土地。你們可能爲了全體人類未來的幸福，而去探索太空嗎？若不是爲了自己種族的生存，或是有競爭的想法，你們會有動機或願力來完成嗎？

你們在不確定外星生命的邀約是否帶著善意的情況下進行多年的外星殖民探索，背後的真實原因來自帝王心態。這個占地為王的心態一直被人類傳承下來，到今天，變成一個爭取資金的夢想計畫。唯有造夢，才可以得到源源不絕的金錢挹注，還不用看是否符合經濟效益。

從經濟和資本的角度來說，確實是這樣沒錯。

再者，你們的生態學家試圖從外星球上的土壤找尋珍貴元素，並採集外星生命。你現在可以理解這是怎麼回事了嗎？

我覺得很OK啊！如果可以找到地球沒有的特別元素來創造新能源或藥品，不是很好嗎？

這就是物質的幻象。你們總認為生命要仰賴物質來滋養，而忘記是生命顯化了自身需要的物質。你們身處的地球環境已經顯化出人類所需的一切元素，你需要的，地球都會無條件給予。

照這個邏輯，如果人類眞的需要住到外星球，那個星球的環境也可以提供我需要的元素嗎？

不是的。你們的地球母親就是人類的母親，她會給予你們無條件的支持，但外星球也有自己的子民要照顧，人類移民過去，就只能靠自己生物體的再次演化來符合那個星球的環境。所以，你們等於在傷害自己已經演化到目前這個階段的身體智慧。你們可以要求政府公布太空探測科學家及太空人任務結束返回後的健康資訊，讓大家重新審視這個外星殖民的做法是否眞的符合人類的需要。

祢剛才說有來自外星種族的邀請，又說他們可以來到地球，我們卻無法過去，那人類的處境不是很危險，敵暗我明？

所以，我必須說明宇宙接觸的眞理。

靈魂意識可以超越次元和時空的限制，當人類不斷往外太空找尋宇宙生命的足跡時，眞實的狀況是，你們的靈魂意識一直和宇宙存有連結，你們是一起的。

當進入夜晚，你們的生物體熟睡時，靈魂仍在工作，包括與星際存有交換訊息。你們的靈魂展開自己的生命軌跡，悠遊在宇宙間，不一定在地球上。

這超越我的理解了。我很少做夢，通常醒來也不記得夢境。還記得有一次，我夢裡的情節非常有趣，我還在夢中告訴自己要起來跟家人分享，結果一睜開眼，全忘光光，好像瞬間被刪除資料一樣，完全清空。

這是你們細胞DNA的封印計畫之一。靈魂來到三次元的空間，需要專注於低頻物質的顯化工程，如果你們的靈性主宰超越了生物體，就會和細胞對不上頻率，你們的身體會無法有智慧地運行。身體的自動化機轉雖然要靠靈魂意識協助校準源頭，但這個協助校準不能逾越身體在地球場域的自動運行機制。你們的身體細胞本身已經演化出智慧了，才能幫助人類在地球上繁衍和生存。

與身體的智慧不同，靈魂意識沒有時間與空間的概念，也因此，靈魂不會如同身體般需要「睡覺」，只有「在」與「不在」。當你們的意識無法處於當下，就是「不在」了，而靈魂意識不在不代表消失，是交棒給小我意識掌控你的身體。

靈魂意識不在時，去哪兒了？

仍存在你的心中，在等待，在旁觀，在提醒，甚至幫助你找救兵、找幫手，一直都很忙，有時還眞的跑去別的次元玩耍。它也一直在等你「對頻」，也就是「覺醒」——從睡著的狀態中醒來。

好，現在回到宇宙溝通的主題。

宇宙溝通之門，就在你們的靈魂意識裡。

其位置在你們的心輪，心輪可以開啓進入各次元的頻道。之前跟你說過，頻道在你們細胞DNA的十二股靈魂螺旋體中，傳輸線路在你整個身體的中軸脈輪暢通管道，而最後的關鍵，就是Power on & off的開關，它在心輪的位置。

這讓我想起鋼鐵人，還有超人，他們心臟的位置就是Power能量的來源。

你以爲好萊塢電影的題材是人類獨創的嗎？那是人類與高次元的共同創作。很多電影已經將未來的生活生動地演出來給你們看。沒有錯，心輪是鋼鐵人和超人的力量來源。

那麼，可以教我們怎麼把開關打開嗎？

這是關鍵，不要急著知道。你必須先花三個月好好練習暢通脈輪、穩定中軸，練習回到有意識的吃喝和生活。當你回到讓意識帶領身體，過著平衡的生活時，我再來告訴你怎麼把開關打開。

地球人 vs. 宇宙人

如今，「地球人」即將成爲「宇宙人」的一分子（暫且稱你們爲「地球人」），我們來談談宇宙人和地球人有哪些不同。

一、**宇宙人沒有壽命限制**。

要成爲宇宙人，第一個要擁有的正確觀念是死亡並不存在。

宇宙的時空，一切是無限的，8 躺下來形成的那個數學符號，代表無限。無限沒有 0 與 1，宇宙就是一，這個一點如同一個黑洞，可以無止境地吸入與吐出，消失後再生，就像你們的身體細胞每天都在死亡和再生一樣。你的生命中樞沒有因爲單一細胞死亡就消失，而全體細胞聯手創造，並成爲你生命的搖籃，就如同地球母親承載著地球上所有生命的孕育和滋養工作一樣。

當地球上的單一生物體死亡，地球不會因此死亡；同樣地，地球就像是銀河系裡的細胞，若地球消失了，銀河系並不會消失。我們現在就是從無限的銀河生命來跟你說明這個生生不息的過程。你們身在地球上，會誤以為生命是有限的存在，但是，當你的意識從源頭這端的角度去看時，你會認為一個細胞的死亡是死亡嗎？不會的，那就如同一個細胞消失，去迎接另一個細胞誕生。

我還是不太懂……

不懂第一點沒有關係，我繼續說下去，你會更明白。

二、**宇宙人是多重角色同時存在**。

這個我應該可以理解，就是指一個人可以同時扮演母親、女兒、太太、婆婆，這和地球人是一樣的。

我講的不是單一個體的不同角色扮演，而是多重個體的多重角色扮演。打個比方吧，你們人類的宗教很多元，有各種不同的門派，東西方文化誕生了不同的宗教領袖。你們也會說萬法歸宗，觀世音聞聲救苦，但是，三千大千世界，芸芸眾生，一個人怎麼可能一瞬間幫助解除這麼多苦難？這其實就是意識多次元全息化擴展的結果。

地球人的意識是線性的延伸，你是你爸爸的兒子、你兒子媽媽的先生、你岳母的女婿……每一層關係背後都可以拉出一條線連結著你。這些關係源自你，但他們不是你，你是自他除外的一個獨立存在個體。而宇宙人多重個體的多重角色存在，意思是自源頭同時誕生了很多個不同的你，有你，以及你的爸爸、媽媽、兄弟姊妹、配偶、子女等，你誕生時的意識可以向四面八方展開成不同的角色扮演，這些都是源自你。而這些角色可以再擴展成不同的關係與連結，串聯成一個多維度的關係網格，這個關係網格無法用線性來說明。

這有什麼意義嗎？這樣不是變成君不君、臣不臣、父不父、子不子，亂成一團？意識擴展成這樣，就變成我的爸爸跑到另一個時空成了我的情敵，或者我媽媽是我的兒子之類的，是這個意思嗎？

沒錯，在宇宙人的次元，這些都相互連結，統統源自你，而且可以再創造連結。當你們進入催眠狀態，你以為你上輩子是埃及王后，或是被某個敵人殺了之後，下輩子再去復仇，或是從西方人變成東方人，一世又一世地輪迴扮演角色，其實這就是多重個體的多重角色顯化，它們同時存在，也都源自你。那些角色只是你不同次元和維度的全息展現，當中沒有前後，沒有因為和所以，不是線性的關係。宇宙人可以選擇，也可以在不同的次元間穿越和體驗。現在處於三次元的這個你就是全部的你的一個點而已，你還有好多個點，就像宇宙繁星一樣，那些也都是你。你和所有的你都在這個無限的體驗中，都是在「一」裡面的不同維度。你是地球人，也是宇宙人。

三、**宇宙人知道自己和源頭緊緊相連**。

地球人自誕生的開端就被封住了與源頭連結的記憶，所以不斷在此地打轉，就像進入迷宮，找不到回家的路。一旦你們認出自己就是宇宙的一分子，這個與源頭始終連結的關係就會被憶起。你們不會再認為自己孤立於地球上，創造力將會躍升。

四、**宇宙人是跨越次元的旅行者**。

這點我目前不多做說明。沒有跨次元旅行，就無法自由地創造與進行角色扮演。我會在適當時機再跟你說明如何進行跨次元旅行。

五、宇宙人自身的顯化不用假手他人。

由於宇宙人跨維度扮演多重角色，當某一時空需要某種特別的技能或知識時，就可以直接在自己身上找到解決問題的辦法或技能；也就是說，宇宙人知道如何找到自己所需的東西，然後立即「成爲」，不必從頭開始學習或請教別人。所以，宇宙人是通才，只是選擇不同的角色去扮演，從事不同的工作；而地球人忘記自己是通才，且認爲只有重新學習，或是將自身力量交付他人，才能幫助自己學習或「成爲」。因此，許多地球人都沒有好好發揮自己的天賦才能，忘了可以從自己身上找答案，而把力量交給他人。

六、宇宙人決定如何顯化。

有一部分演化程度更高的宇宙人可以決定用哪種方式顯化自己的形體，或是不以形體的方式存在。

從以上這幾點，我大致可以想像宇宙人的存在方式。這樣說來，宇宙人或外星人應該也存在於地球上，那是他們一部分個體的角色扮演，不是嗎？

親愛的，你不就是在說自己嗎？

你現在是否憶起了，你是地球人，也是宇宙人？所有的地球人都是宇宙人，你們不是獨自生活在地球的個體，我們是一體的。

全息化訊息場

宇宙人具備全息化存在的概念很有意思，是否可以延伸說明這個觀點？地球人如果讓意識呈現全息化，有什麼幫助？

全息化就是多維度、多重角色觀，你可以透過自己找尋全息化的資訊網絡，讓自己處在這個網絡系統中。當你中軸穩定、脈輪暢通時，你就在這個晶狀結構體的中心位置。從這個結構體可以三百六十度向上、向下、向左、向右，往各個角度看出去，就是從自己這個點，連到一個線，再進入一個面，而這個面和其他的面緊緊相連，你的意識就可以帶著你往不同的面展開探索。當你進入那個面的同時，你會處於那個晶狀結構體中，又一樣地往四面八方展開晶狀結構。整個宇宙就是如此展開與連結的。

從你自己這一點開始，你就可以進入宇宙不同次元的網格中。

那麼，對目前生活在地球上的人類來說，這樣的晶狀結構展開有什麼好處？

一、**理解與知曉：**你可以從高我的角度凝視一切，看看自己在哪兒，那裡又可以教會你什麼。你可以從自己的晶體中開始連結和探索，連結到更高、更廣大的視野，進入過去與未來的你，以及連結進入你以爲和你是分離的、是敵我關係的晶體中，自他交換，獲得對生命的理解與知曉。而處於這個理解與知曉狀態時，可以讓人心安定、世界和平。透過更高、更廣大的「看見」，你會知道一切都與你相連，也都源自你。

二、**憶起天賦才能：**你可以從自己的晶體中找回遺忘的片段，可以探索自己的天賦才能。你可以從中探索你也許不只是今天所認知的自己，不只是個家庭主婦，在自己的晶體中尋找是否有某些片段的你是個教育家、醫生、雕刻師、藝術工作者……你只是還沒憶起那些片段，自己去找找看。

三、**與高我聯手創造：**處於目前這種低頻振動和環境資源有限的情況下，你的創意只能在三次元空間打轉，無法突破現況。唯有連結到更高、更廣大的你，與那個具備一切才能的你聯手創造，才可以帶你走出目前的時空限制，創造屬於你的另一個晶狀結構體。這種創造是聯合高我跳脫時空、解構現況的創造。

四、**顯化未來：**當你進入與高我聯手的創造過程，原有的晶體可能會出現破壞、解離、消融或轉化的現象，這些都是必要的過程，不要過於擔心失去控制，害怕改變，因爲新的晶狀結構體正由舊晶體中進入連結。你們的國家和整個地球目前就在這個轉變的過程中，有些生命會覺得失去動能，過得很吃力，迷失方向，這些都是舊晶體解構的過程。這個時候要回去穩定自己的中軸，從中軸去發現哪裡正在鬆脫、這個鬆脫正往哪個方向移動。當你可以感覺到新的晶體就在自己前方時，不妨打開心去接納那個微光或逐漸放大的光明。不要固守在自己的晶體裡，想方設法鞏固你自以爲可以掌控的一切；也不要抗拒和害怕前進，只要帶著自己走向新的光明，未來就可以被你顯化出來。

審視自己的晶體

你可以從審視自己的晶體開始，練習用全息化、更廣大的視野進入宇宙的大門。

個人晶體審視練習

❶ 先深呼吸三次，進入靜心狀態。如果還沒能進入，是因為中軸尚未穩定，要多做由呼吸帶領的脈輪暢通手指操，練習穩定中軸。若你已經習慣了脈輪暢通和穩定中軸的練習，現在

讓身體舒服地坐著，再次深呼吸，你會感受到自己已經處在晶體中央。

（這時，我看不到影像也聽不見任何聲音，只是感知到自己處在一個晶狀結構體中。）

❷你的四面八方有類似蜂巢的網格，現在你可以先選擇其中一個面。（我先選擇右上方的。）選好之後，帶著自己走進這個網格中，進入該晶體的中央位置。

❸現在感覺一下，這裡是哪裡？你在此扮演什麼角色？在那個角色裡，最令你滿意的成就是什麼？

你看見自己的作品了嗎？你可以在這裡停留一陣子，好好欣賞你的作品。不用懷疑你的感覺，跟著直覺描述你看到的作品或景象。也許你會看見你從來沒有看過的某個發明或色彩，你可以將這作品的特徵或發明帶回你目前的世界。

現在感受一下，顯化出這個作品之後，你的心情如何？

是的，你對當時的結果下了一個結論，所以你帶著這個想法，決定了你下一次的經歷。

❹你現在可以直接進入你當時決定要體驗的下一個新角色。同樣地，選擇屬於那個新角色的網格，帶著自己走入第二個晶體的中心。

你現在的感受是什麼？你看見你扮演的角色了嗎？你在這個角色裡，最重大的成就是什麼？在這個角色裡，你具備什麼樣的天賦才能？

再次回到你的顯化物帶給你的感受。這時，你因為帶著這份感受，而決定下一次需要再體驗不同的做法。你看見你為自己定義了下個生命旅程的目標，你同時也攜帶著你這一次和上一次的天賦，來嘗試不同的創造。

好了，你可以繼續走下去，發掘你的天賦，看見並欣賞你曾經創造的輝煌。你可以隨時在晶體中探索，這是每個人都可以挖掘的資料庫。透過環顧一個個晶體的旅行過程，你是否對自己的生命曾經擁有的創造力驚歎不已？那些經歷都是你，所有的天賦也都內化到現在的你身上。

帶著自己往前走，繼續挖掘你的天賦和生命旅程，然後我們再來分享心得。

尋找自己的生命藍圖

愛的進行式

我依照祢教導的方法，審視了一遍我生命旅程中的角色扮演。在每個角色中，我的學習和感受都很眞實。我終於明白人爲何會不斷地經歷，因爲每一段學習和經歷，最終都會來到自我反省；說得更明白些，就是對自己當時生命的結果做出定論。這跟民間傳說和宗教所講的死後審判不同，我的理解是沒有任何審判，審判長其實就是自己。與其說是審判，不如說是再給自己一次機會，嘗試不同的做法。

除了看見自己哪方面比較在行，另一個領悟是，我在每個角色中都不斷運用自己已經具備的天賦才能。這些天賦不會因爲我們轉世扮演不同角色而被遺忘，也不需要從頭學習，我很快就可以運用，即使在不同次元、不同領域、不同的角色裡，都可以揮灑出創新的成果。沒有一個人和別人是相同的，每個人都具備特別的天賦組合——同樣是醫生角色，有些醫生具備藝術家的天分，有些則是有科學家的天分，不同的天賦才能可以在同樣的領域裡創造出不同的成果。

經由環顧一次又一次的生命歷程，我終於明白自己是帶著什麼樣的心情和期待做出這次的地球體驗計畫，我的生命意圖和想要完成的工作更加清晰了。沒有經過全息化審視自我晶體的過程，我不會全面理解自己爲何在此；我也終於明白自己其實早已做好這次的體驗計畫，不會再被社會集體意識綁架自己的一生。每個生命都有自己的藍圖，這個生命藍圖是爲了演繹自己未臻完善的工作，而再規畫一次體驗。想要完善自我生命的意圖，決定了此生的生命藍圖。理解這一點之後，我得到前所未有的自由感受。

以上是我的心得分享。可是我還想知道，這一次次的試煉到底是爲了什麼？如果每個人都如此追求完美，眞的會沒完沒了。永遠需要再試一次，這背後的眞實意義在哪裡？

這是關於一個生命藍圖的展開，生命之花的綻放過程就是愛的進行式。如果沒有經過一次又一次的試煉，愛就無法流動，就成爲一汪靜止不動的水，沒有波浪，沒有潮汐。無邊無際的愛的大洋是你們的源頭，也是每個生命光點綻放過程匯聚而成的大洋。這整個生生不息的過程，就是宇宙的智能系統。

我們是否可以選擇拒絕再做一次？也就是說，如果對自己經歷的結果覺得足夠和滿意了，我們每個人都可以決定要不要再做一次嗎？

當然可以，你們擁有絕對的自由和個人意願去決定自己是否要重新經歷一次。沒有當時的意願來設定下一回的生命藍圖，你們不會在此。

這麼說來，每個生命的誕生都是自己決定的，也都是因爲自己覺得還不夠完美，需要再來一次，是嗎？

可以這麼說！

那麼，如果一個殺死千萬人的大壞蛋自我感覺良好，他臨終時覺得，我終於做到了，我好滿足，這樣他也可以回到源頭，回到天堂嗎？那裡沒有人或上帝會審判他，將他送入十八層地獄，永不得超生？

是的，雖然我這麼說你們可能會非常生氣，無法認同。

當然！祢最好解釋一下，不然我會覺得這個設計很有問題。

這樣說好了，如果一個十惡不赦的人以奪取他人生命來彰顯自己的存在價值，而他也非常滿意自己的試煉和傑作，他就是已經被應允扮演這個一般人不願意扮演的角色。你們很了解當你給出什麼，就會得到什麼，所以絕大部分的人會選擇成爲愛與善的代表，付出愛而獲得更多愛的滋養，而爲善也可以讓自己開心、愉悅。但是別忘了，當你們從源頭的定靜與無振盪中進入較低的三次元時，需要有相對於愛的另一種角色，才能給你們足夠的振幅來體驗到你們自己。

當這些人決定協助別人去感受相對於愛的惡時，他們已經給出了自己最大的愛，因爲在進入低次元的世界時，他們放棄獲得愛的體驗。

對你們來說，這很弔詭，但是當你們從逆境中迎向光明時，那段黑暗就是你們得以窺見愛的背景。是他們創造了一個讓你體會到愛的環境，成就你們成爲那個愛。

你也可以反問自己，當你離開這一生，重新選擇下一次的生命體驗時，你會願意放棄被愛、被祝福的一生，成爲讓他人得以窺見愛的背景嗎？

有點困難，我個人是不願意的。

那麼，你會覺得他們這一生的十惡不赦沒有價值嗎？

我很難在這個世界裡尊敬這些人，但如果在天堂，我想我會佩服做出這種選擇的生命吧！

很好，我們可以更深入地探討生命藍圖的規畫方法了。

完善生命的意圖

每個生命誕生時，靈魂都攜帶著這次投生的工作密碼。你們不是來享受和玩樂的，也不只是賺錢的工具，每個生命都有其目的，而這個目的和你過去曾經歷的創造，以及你本身攜帶的天賦才能有關。你們從占星學或八字命理可以整理出自己的個性喜好、流年循環這些基本雛形，但即使知道這些，了解自己的偏好和天分，你們還是迷惘，不知道要做什麼才能達到生命的滿足和喜悅。也因此，人類一起瞎子摸象，建立一套大家共同認定的生命豐盛法則，用可見的物質狀態滿足自己的小我和恐懼。當一個人物質豐盛卻還是快樂不起來時，他才會發現，唯有走進自己生命藍圖規畫的道路，才能得到最深的喜悅，活出屬於自己的生命光輝。而這個生命藍圖是無法複製和比較的，沒有誰的比較好，誰的比較差。

那麼，要如何找到自己的生命藍圖？

不要這麼急，我必須先說明生命藍圖是如何設計出來的。我們需要抽絲剝繭地揭露這個主題，你們才能完整地理解。唯有眞的理解，才可以再創造。

一、**生命藍圖是業力的再一次命題：**每個生命都已經歷一段探索過程，你不只是這一世，你的靈魂還有很多次元的片段記憶和累積的經驗，成爲今日的你誕生前的命題基本元素。所以，這個命題可能來自你在更高次元或其他星系的經驗結果。重點來了，你每次的生命藍圖，都是你自己設計出來的。

是我自己設計的？

沒錯！宇宙不會將人設定成一樣的模子。你們的個人體驗到達時，那個瞬間的體悟和自我評斷，就是下次命題的開端。你之所以會有下個命題，完全來自你的理解和評斷。你們的宗教稱之爲「業力」，業力不是上帝的審判，而是你自我批判的「結果」，這個你自己認爲的結果，就成爲你下個生命藍圖的「因」。

沒有任何人可以論斷你的經歷，那些感受與理解，都是你給自己的評論。所以，一個人如果對自己已經非常滿意，能夠完全接納所經歷的一切，他攜帶的業力就比較少，並能穿越出一個嶄新的生命。沒有自我批判與抗拒的全新生命依然攜帶著過往累積的經驗和才能，但再次誕生的他就像個沒有受到汙染的小嬰孩。你們所謂的神童或轉世聖人，也可能是已經歷很多次生命體驗、卻沒有攜帶太多自我評斷的圓滿生命。

所以，你們想要完善自我的意圖，決定了自己的生命藍圖。而已經感到圓滿的靈魂再次回到地球，就是進入慈心行動，爲了完善別人的生命而存在。

你們可以自己審視一下，是否仍有某些尚未圓滿的課題讓你在此不斷重複經歷，類似的戲碼一再上演？或者，你已經完成自我完善的過程，你的目標要放在爲了圓滿所有生命而存在？

若你規畫了自己的生命藍圖，一定要眞實面對這個來自你生命開端的個人意圖，不要逃避自己設計好的命題，而急於進入幫助他人的慈心行動。慈心行動對自己或他人並沒有孰高孰低的問題，達成完善自我的意圖的過程，也是圓滿自身的慈心行動。我們期待人類經由完善自己和他人的慈心行動，來幫助整個地球提升意識。

二、**你可以改寫此生的生命藍圖：**你已經明白生命藍圖是個人業力所下的一個新命題。以往，人類要等到走入生命終點站時，才會進行自我總結，然後你會針對此生的結果設定一個新命題，作爲下一次的生命藍圖。

現在已經不用等到生命終點站了。人類即將進入新世界的軌道，你們可以隨時用自己的意識與高我溝通，知曉生命的所有關係，並在生命存續期間同時轉化業力。當你們從更高的意識源頭得到全面的理解時，因爲片面認知而產生的自我論斷就不復存在：而推動這一次生命體驗的「因」不存在時，你們的生命藍圖就被改寫了，不必等到生命結束後才更新。

我舉個例子。假如你因爲在上一世發現動物被殺害的過程很痛苦，所以決定下一世要以保護動物來嘗試完善自己的生命，但是當你進入這一世時，認知到許多國家因爲沒有適當的耕種環境，爲了生存需要，必須食用動物才能生存。這時，你可能會有新的理解，明白那些被殺害的動物是要讓人類走向新的食物文明，因此，解決糧食問題的辦法並不是透過保護動物，而是要更積極地創造新的蛋白質替代品。在研發替代物質的過程中，你可能反而要進行更多的動物實驗，但這是因爲你設定了一個「解決糧食問題」的新命題。透過靈魂意識更高層次的理解，你的生命藍圖就會從成爲一名「動物保護者」轉爲「生物科學家」。

當你們透過連結自己的更高意識獲得新的理解時，就可以破解此生的業力命題，創造出新的願力。這個願力將以新的生命藍圖來帶領你再次去經歷，直到你完善了自己的意圖。而這個意圖會經由你個人的慈心行動達到最高的振動頻率，再回饋到地球整體意識。經由你個人業力轉化和意識提升的過程，整個地球的意識也同步提升了。

發掘自身天賦

觀照了生命藍圖後，你明白了自己攜帶的天賦才能和此生的目的。如果還無法明白也不用著急，那代表你眼前的課題以目前的理解就能完成，不必急於探索或重新改造。先做好眼前的生活功課，對你自己而言就是最大的圓滿。

接下來，我們要讓你明白和宇宙共同創造的眞理。

這是送給全人類的禮物。地球已經邁入新的宇宙生命道路，而人類在此時已經可以同步展開新視野，讓每個人獨特的天賦才能連結高我，開啓人類全新的創造，將地球帶入嶄新的未來。

祢是說有宇宙人來跟地球人聯手創造新未來嗎？

是的，那個宇宙人就是你們每一個地球人。別搞錯對象了，孩子。沒有別人，每個地球人就是宇宙人在地球的代表。你們的認知體系再次擴大延展，就觸及了高我。高我意識是你們和源頭的連結與智慧的寶藏。每個人都有自己的高我意識，更重要的是，每個人的高我意識在宇宙中如同兄弟姊妹，彼此相親相愛，互相幫助。

我眞希望我們都活在宇宙裡。地球上有太多衝突、紛爭、敵對、爾虞我詐、競爭比較，都是爲了搶奪資源，搞得雞犬不寧。

這是物質帶給你們的兩極體驗，別抱怨了！有好就有壞，你很清楚的。

要怎樣才能有好沒有壞地活在地球上？非得經歷苦才能得到樂，好壞一定要參半嗎？祢說低振動頻率的「壞」是「好」的背景，難道沒有辦法破解嗎？

我可以跟你說，但人類能不能聽話照做，就要靠你們自己去努力了！

你們要在地球的每一條河川、每一片海洋，以及任何有水流動的區域放入能量平衡裝置，讓水攜帶著平撫人們情緒波動的能量，流進每個家庭，讓飲用和沐浴用的水都成爲淨化人類的載體。

那個能量平衡裝置是什麼做成的？怎麼用？需不需要用到電？

那個裝置可以將水的振動頻率調到接近西塔波（θ波）。至於用哪種設計則不必局限，金屬、礦石、聲波都可以，重點是這個水流入每個家庭讓每個人使用的流通過程，你們得自己想辦法突破難題。中間有太多的人爲意識干擾，所以目前你們已經很難得到天然的西塔波水。是人類文明阻隔了淨化自己的天然資源。

祢的意思是，遠古時期沒有水壩、水管、水塔這些東西，那個水是西塔波嗎？

是的，這是大自然原本的面貌。

除了水之外，還有別的辦法嗎？

要讓每個人淨化後，可以有意識地連結高我，創造新的生活型態。有意識地連結高我就是學習在中軸穩定後穿越自己的晶體，進入宇宙，尋找自己過去曾經擁有的輝煌時刻，將那個優於目前生活的片段找出來，實現在你目前的現實中。這就是與高我聯合創造。

祢的意思是，地球所有的顯化能夠達到的最極致狀態，都已經或曾經存在過，只是要去宇宙中找出來複製一套嗎？這世間沒有能夠跳脫宇宙實相的存在，所有的可能性都已經存在宇宙中，是這個意思嗎？

Bingo！答對了。

那麼，未來創造的關鍵，就在於如何活出我們本有的天賦才能，然後從內在晶體去尋找我曾經體驗過的寶藏，將它帶進這個世界、這個地球。

我很高興你能自己說出這段話。你們每個人都是爲了提升地球而來。

每一個生命都是宇宙的明珠，帶給自己、他人、地球和全宇宙美好未來的一顆種子。

當你理解了這件事，你會捨不得那些還沒有醒來找到自己晶體的兄弟姊妹，你會爲這個地球和世界帶來更適合的創造，而不是掠奪。當每個人都可以和自己的高我聯手創造，人類就不會讓人類自己失望了。

祝福你，我的孩子，將這希望的種子帶給世人，一起重回宇宙創造的眞理。

連結高我，進入內在宇宙之旅

祢在「宇宙」這個單元開場沒多久就說：「很多人把宇宙想像成地球之外的太陽系和銀河系，你們還沒有宇宙是往內看的認知。」這句話直接點出我的盲點。祢已經提到人類的內在宇宙是我們該探索的方向，我根本沒注意到這句話，一直拉著祢回應我一堆其他的疑問。

沒關係的，你東拉西扯的提問不也將你帶到目前的臣服狀態？我不會介意，只要能夠明瞭，其中的過程都是你需要的體驗，也是你的權利。每個人都有權利以自己的方式去了解、去到達，即使你以自己的理解寫下這本書，讀者的心智地圖展開的樣貌和路徑也不會都一樣。有趣的是，愈崎嶇蜿蜒的路，看見的風景愈多，這些都會被顯化在你們的世界裡。地球之所以呈現如此豐富多元的樣貌，就是每個人的自由展現。

我知道你爲何找回「向內找尋宇宙」這個關鍵詞，因爲我還沒有詳細說明進入宇宙的關鍵密碼，以及內在宇宙的完整樣貌。現在來說明這個部分。

人類的心輪就是通往宇宙的入口，這個位置的開關就在你們身上。當你用自己的意識將心連結到眉心中央的第三眼，從這個位置後面約一寸的地方往前看，就可以打開這道宇宙之門，到達一個空曠的場所。很多人無法看見任何影像，沒有關係，七成以上的人都看不見，但即使看不見影像，仍可感覺到這個空間的存在，黑暗中的空間感。現在讓自己在這個位置，持續用你眉心後頭的眼睛觀看，看的時候不要用腦去想，而是用你的心去感受身體的感覺。你可以在這裡停留一下，細細感覺你身體的感受，慢慢熟悉這個感覺。每個人來到這個位置的感受都不同，不需要比較或複製別人的感覺。擁有自己的感覺，並且去熟悉它，是很重要的，這是個人專屬的入口。

這裡就是你進入宇宙前的接待大廳，你在這裡調整好自己的心與第三眼的連結狀態。放鬆身體，深呼吸，在此靜靜等待你的高我的光降臨。

現在，你習慣了黑暗中空無一物的感覺了嗎？

沒問題了。

很好。接著，從眉心的第三眼位置往前方看，是否有光暈正在靠近？那道光是什麼顏色？在一片黑暗中，你感覺得出來那就是你的高我正前來與地球上的你連結。

現在用意識走向那道光，融入光裡。

接下來，你已經可以準備用意念進入你的內在宇宙之旅。

這邊先暫停一下，你可以提出問題。

不用講咒語，也不必說「開關啓動」，就這樣？

是的，就這樣。你的心輪是感覺接收器，你眉心後頭的第三眼是心的屏幕，而你的心識意念就是導航裝置。你的意念往哪兒，第三眼就會將心接收到的畫面呈現於屏幕上，同時，心會將感知到的訊息傳回你身上，腦進一步翻譯心傳回來的訊息，轉化成文字、畫面、聲音

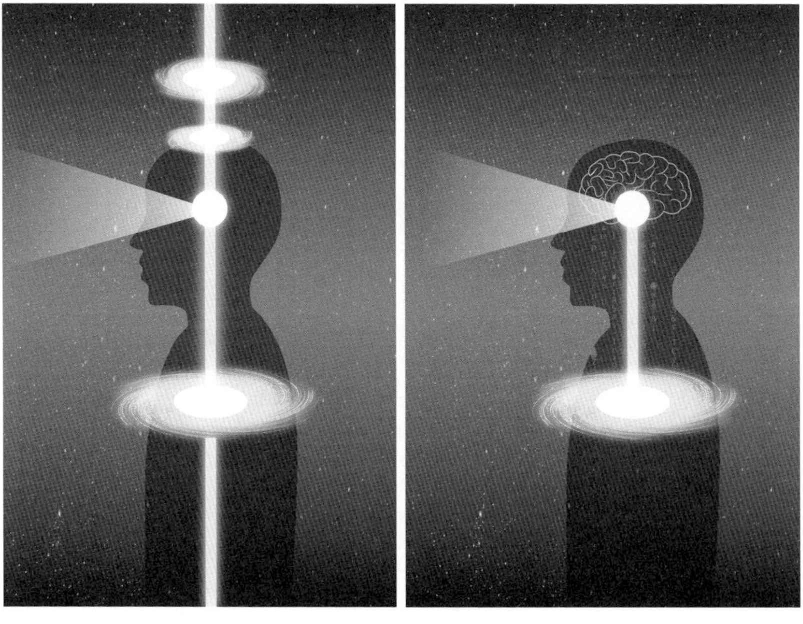

通往宇宙的步驟

或感覺，表達出來。腦只是翻譯器，前提當然是心輪暢通和開啓。我再說一遍整個流程和開通路徑。

準備：進行之前「醫療」單元教導的脈輪暢通→中軸穩定→心輪位置暢通。

進入：心輪連結至眉心→用眉心後方一寸處的第三眼打開屏幕→身體接收感知→大腦詮釋。

那道光怎麼知道要來迎接我？它在整個宇宙之旅中扮演什麼角色？每道光有不同的涵義嗎？每個人的光都一樣嗎？還是不同？對不起，我又忍不住打岔提問了。

沒關係，你的邏輯腦很難被馴服，我了解。愈有想法的人才能夠顯化得愈完整，我們必須尊重每個腦的詮釋能力，它們也是在扮演執行長的角色，我們必須合作，一起完成顯化和創造。我來一一跟你的執行長報告一下。

首先，那道光怎麼知道要來迎接你？

每個人的高我都一直圍繞在身邊，有些人稱它爲天使或指導靈——不必拘泥形式，那就是你的高我意識。而高我意識和宇宙萬事萬物相連結，你在地球上的高我頻率與地球母親的頻率是一樣的，就是七．八赫茲，接近西塔波。

人的意識透過心連結到眉心時，當接近七．八赫茲，就會自動與你的高我接軌和共振。高我並沒有具象形體，有些人稱自己看見了長翅膀的天使或聖者像，那是他們內心的投射，透過光的臨在呈現出心中的倒影。總之，就是那道光出現和你的意識連結時，產生了七．八赫茲的共振頻率。

當你調整了自己的振動頻率，有意識地和七．八赫茲共振時，這兩個不同頻率的共振合奏，已經不會只處於七．八赫茲，而是可以達到三～五倍的共振頻率，也就是二十～三十五赫茲。這個與高我之光合奏的頻率，可以進入宇宙各個次元。

所以，地球的振動頻率——七．八赫茲——是你們的宇宙收發站，當你的意識振動頻率登上這個發射位置時，就可以準備噴發進入二十～三十五赫茲的宇宙空間，進行連結與溝通；也就是說，你的高我帶你進入你的其他次元。

所以，祢來向我傳訊時，是祢先降頻到七．八赫茲，才可以抵達地球。然後，任何一個地球人將自己的意念振動頻率調整到七．八赫茲，就能登上發射臺，每個人都可以進入內在宇宙的旅程。

你這樣描述也可以，但不盡然如此。

哪裡要修正？

我並沒有來找你，是你連上你的高我，成爲高我的「知曉」狀態，然後高我將你帶入你自己預定的生命藍圖軌道重新啓動而已。我不會主動找某個人的。

喚醒生命之樹

（要開始連結阿乙莎時，我突然聽見窗外中庭噴水池的聲音，直覺這是要我來問阿乙莎這個問題。）

阿乙莎，請問我現在聽到的噴水池聲音接近七．八赫茲嗎？

是的，你終於覺察到這一點了。你聽見的瀑布般的嘩嘩聲，可以幫助人們與高我連結和共振，帶你們進入更高的次元。這也是大自然的協奏曲，你們在深山、樹林和大自然的懷抱中處處可以聽見大地正展開意識，和宇宙連結；你們聽見鳥兒也跟著瀑布般的聲響一起歌唱。你現在就可以將這段聲音錄下來，交給其他人，讓他們知道，以這樣的音樂作爲靜心冥想的背景音樂，可以安定心靈。

你每天都有這個自然的靜心環境來幫助你，並不是巧合。你會住在這裡，本來就是生命的安排。

咦？這說法太奇怪了，爲何我居住在哪裡是被安排的？

這也是生命藍圖的一部分。每個人的生命藍圖會有大方向，包括你投生在哪個家庭、你的父母兄弟姊妹、你會在幾歲經歷哪些重大事件、你的職業、你的另一半、你的兒女等，這些和你一起生活、一起圓滿此生的人都在這個大方向裡。從這個大方向再延伸出細部規畫，包括你的喜好、習慣、居住環境、擁有的物質事物等，這些都會從生命藍圖的大方向再開枝散葉。生命藍圖就像一棵樹，你的生命之樹和別人的在根部是相連結、互相支持的，你們只看見土壤以上的展現，沒有看見根部的連結。

你會長成高大挺拔的大樹或飄逸的楊柳樹，都源自你生命藍圖的規畫，而呈現出不同的樣貌。每個人都有自己的生命之樹，重要的是你這棵樹爲土地和周圍環境帶來的是支持、平衡，還是破壞。別忘了，種子是你替自己播下的。

我們明明是人類，是可以行走天涯、隨處落腳生活的高智慧移動生物，而不是站在那裡動也動不了的樹，祢怎麼會把我們比喻成樹？

孩子，你移動的每一步，對我來說都還根植在地球上啊！你們沒有離開過，不是嗎？從南極跑到北極，從太平洋移動到大西洋，你依然是你，不會在移動後呈現另一個你。你的生命之樹在地球上的探索，都是生命藍圖展開的過程，只是有些生命之樹無法長成應有的樣貌，長到一半發不了芽，無法成長茁壯去照顧更多樹木和小草。不是每一顆生命之樹的種子都可以如自

生命之樹

己的原定計畫長大，種子要發芽，必須先甦醒。睡著的種子就像被冰存在冷凍庫一樣，發不了芽，走到哪裡都沒有差別。

那可以告訴我要怎麼叫醒生命之樹嗎？

把大自然的聲音錄下來，風聲、水聲、瀑布、鳥鳴、樹梢枝葉搖曳的沙沙聲，這些都是來喚醒生命之樹的聲音，你們有不少音樂家也常用這些大自然元素來創作。人們若經常聽見這些聲音，心就會打開，與自己的高我連結；而連結之後，生命之樹就會發芽、啓動。

祢現在講的，和前面教的「來到自己宇宙的接待大廳」有關嗎？

當然有啊！之前不是提過要讓意識的振動頻率來到七．八赫茲？你以爲每個人都像你一樣，住家附近有個噴水池可以幫助自己立即到達七．八赫茲嗎？所以要借助音樂，讓自己透過聲音，意識振動頻率達到接近七．八赫茲，與高我接軌。

今天你聽見的這個噴水池聲音特別大，不是嗎？你住在這裡十八年了，你自己的意識聽見這個聲音幾次？

我注意到這個聲音的次數好像不到十次吧。

是啊！有意識地讓自己聽見已經很不容易了。大自然提供給人們這麼多讓生命之樹萌芽的輔助，你們自己視而不見，也聽不進去啊！

好，祢教訓得是。除了聲音，還有什麼可以輔助我們讓意識振動頻率達到七．八赫茲？

可以藉由唱誦。將「OM」拉長音，光是用嘴巴唱出這個單音，你的眉心後方就會一起振動。然後唱誦「HAH～」跟「YAH～」，就是將已經得到共振的眉心接回心輪。慢慢從低音唱到高音的「HAH～YAH～」，就可以逐漸擴展心輪。

除了唱誦之外，還可以讓身體自由律動。

當你們深呼吸，將宇宙能量吸入身體後，讓身體放鬆，放下大腦，不要去想舞步或招式，就讓身體隨著心輕輕地開始擺動。不論是拍打自己，或是舞動手腳，就是讓身體自由展開，讓意識逐漸調頻到七．八赫茲。像這樣自由律動之後，靜坐幾分鐘，就可以慢慢看見眼前的光。

此外，之前教你們的暢通脈輪手指操是基本功。每日練習由呼吸帶入能量，暢通全身的脈輪，爲身體打好基礎，以幫助自己更快連結到高我意識。

我想再問一個小問題。我們可以在活著的時候、有意識的狀態下，安排自己生命之樹的種子，而不要等到去「報到」了才準備播下新的種子嗎？這個過程能否提前進行？

我先跟你說：「可以！」適當的時候我會再說明。

晶體審視

找回靈魂記憶

一開始傳訊時，我們將地球的整體揚升分成不同的單元，從幾個面向切入。那些主題只是爲了打開你們需要關注的事物的面紗，讓你們了解人與地球是一體的。

現在，有了最初步的認知之後，最重要的是行動，也就是由人類爲自己做出眞正的改變，帶領自己和所有人類邁入新世界的軌道。這個新軌道的藍圖就在你們每個人身上，只有透過人類生命藍圖的展開，這個新世界的網絡才會被串聯起來，爲地球建立新的意識晶柵，邁入更高的次元。

目前大多數控制著物質和社會政治結構的人仍處於遺忘狀態，你們都忘記自己身上攜帶著這份生命藍圖。這雖然是來到地球必經的考驗，你們需要經歷從遺忘到憶起的過程，但時間已經不允許人類靠自己憶起。此外，因爲物質社會轉動的速度更快了，你們創造的低密度過於沉重，要人們跳脫物質的枷鎖，回到生命原先規畫的藍圖，變得更加困難。

這個時期，阿卡西紀錄對全人類開啓，是第一個步驟。這是隱藏於你們DNA中的第一個靈性記憶資料庫，它可以協助你們在這個時期獲得愛與慈悲的能量與智慧，讓你們走出生命的困惑，尋求到眞理。然而，這個開啓尚未能驅動人類實踐生命藍圖，因爲生命藍圖必須透過你們自己找出靈魂DNA的記憶拼圖，和你們攜帶著問題進入阿卡西紀錄的一問一答是不同的過程。

來到生命藍圖的大門口時，不需要帶著任何問題進入。你們是去尋找自己靈魂的片段，找出自己來到地球之前的生命足跡，從理解自己所爲何來的過程，拼出生命藍圖的全貌。你們必須自己去找回被遺忘的靈魂片段，完整自己的靈魂DNA。當重拾靈魂規畫好的生命藍圖時，你們的靈魂DNA將重新啓動，而你曾經擁有的天賦才能、對整體宇宙的知曉，以及這次來到地球要完成的工作，會自動展開。你們不需要戴著墨鏡在黑暗中隨波逐流，耗盡精力去碰撞出生命的意義，從生命藍圖中立即可以知曉自己該往哪裡前進、該完成哪些承諾。

這一次，這個生命藍圖的揭露來得這麼直接，就是要來揭開每個人的靈魂寶藏和人生使命。這同時也是宇宙送給地球的禮物，因爲地球正需要足夠的人覺醒，盡快回到自己的生命藍圖中，引領地球邁向新的生命軌道。我現在必須教導你如何幫助人們找回自己生命藍圖的片段記憶，愈多人找回自己靈魂的片段，愈能讓接下來的工作順利展開。當你們憶起自己是要來協助地球躍升時，透過這樣的學習，你們將會被喚醒。

與高我連結的通關密語

阿乙莎，祢教導我來到與高我連結後的大門，我很想繼續往前探索帷幕那一邊的世界，祢可以帶著我繼續往前走嗎？或者，祢願意提供一個方便法門，讓人們唸一段咒語或祈請文，使尚未到達的人可以跟上，來到大門口？

孩子，每個生命都可以到達，那只是個人意願問題，和有沒有咒語無關。即使給他們一個最強而有力的「芝麻開門」通關密語，只要他們的小我控制著他們的意識，綁住他們的手和腳，威脅恐嚇他們的身體：「如果踏進去一步就會怎樣怎樣。」他們便會不斷地和自己對抗、低喃，那麼，我提供任何咒語都是沒有意義的。

只有「意願」可以帶他們走到這裡，迎向自己本有的光。那道光就在每個人身上。不是外星人來訪，也不是神佛降臨，那是他們身上的光啊。喔！希望「意願」與「勇氣」可以降臨到畏懼的人身上。

與其提供一段祈請文，我寧願請你們觀想一下：想像眼前有一片寧靜碧綠的湖水，陽光從

樹梢灑向湖面，湖面上呈現波光粼粼的倒影。你不自覺地脫下沉重的鞋子，帶著最輕鬆愉悅的心……跳～下～去～

好的，現在閱讀這段文字的人已經到達了，就在自己的光中與高我相會。我們可以進入下個階段的探索了。

哈哈哈！好！好！好！阿乙莎，祢太棒了。祢知道欠缺勇氣的人就是要朝他屁股踢一腳，才會跳進水裡。我們繼續。

打開生命寶盒

現在，迎接你的大廳的門已經打開，我們一起進入，登上發射臺。你可以輕鬆地坐下，也可以閉上雙眼，用眉心後面的第三眼去感知。若你習慣睜開眼睛看也沒有關係，只是，雖然你的眼睛睜開，你與高我的共振會讓心識之眼同步打開，這時你會發現睜開的雙眼無法聚焦，視線呈現擴散開來、觀看遠方的狀態。你的耳朵則可能會有高頻振動的耳鳴聲，就當那是你七·八赫茲的頻率正伴隨著你。

接下來，深呼吸。你現在已經處於晶狀結構體的正中央，給自己一些時間，去感覺處在這個空間裡的氛圍和身體感受。然後，我們第一步先來開啓生命寶盒。

首先，想像你的前方有個珠寶盒，那就是你此生帶來的生命寶盒。打開它，把裡面的東西倒出來，你看見跟隨你來到此生的寶藏傾洩而下，這是你過去生命的總結，同時也帶著一份新的意圖和使命來到地球。這些寶藏跟著你，爲你所用，你將運用這些寶藏來完成此生的任務。給自己一些時間觀看這些寶藏，你覺得自己將爲地球帶來什麼樣的禮物？

現在，拿起紙筆，寫下你的生命寶盒帶來的禮物是什麼。這就是你生命藍圖最高的目的和宗旨。

不要懷疑能否做到。那個看似大師才能承諾的事情，怎麼可能由你來完成，是不是？其實，你們每個人都具備大師品格，沒有這份崇高的理念，宇宙的大師們怎麼可能核准你們來地球放手一搏？你們當初都寫好一份博士級的提案，並且帶著這份提案來地球實踐的。

向宇宙要資源

現在，仔細看看你曾寫下的生命提案，也環顧目前身處的環境和地球。若要完成這份生命藍圖的執行計畫，你會如何做？思考一下，然後，我們要開始進入下一個步驟，與你的高我聯手向宇宙要資源了。

回到晶體中，與你的高我同在，用意念列出你需要的資源。你也可以拿張紙，一一寫下來。不必擔憂這些資源要如何到來，你已經處於量子能量的場域，在這非線性的世界裡，你強烈的意圖可以幫助這份提案自動展開連結。不須知道這背後是如何運作的，只是，在寫下這份資源需求清單時，你必須維持誠意正心，要求的資源須符合「能完成自我生命藍圖」這項目標。若是把請求的資源用來滿足小我的欲望，這項能量請求的漣漪產生的振盪將無法找到可支撐的事件，只能回到你身上，造成自身能量反擊。所以，要當心你發出的意念，不要給宇宙虛假的命題，以及不符合自己生命藍圖目標的資源請求。

現在，將剛才與高我聯手寫下的需求清單寫上日期。你可以在生活中觀察這些資源顯化到位的時間，以及它們如何一一連結和展現在地球的實相中。

我剛才練習的時候，還不敢獅子大開口，因爲被企業訓練慣了，通常要更多資源，業績目標就會變高，所以我偷偷縮減了需求。

生命藍圖的目標跟別人無關啊，那是非你莫屬的。你們人類雖然具備臣服的特質，但臣服過頭就成了制約。不要對一生一次的機會自我設限，宇宙的寬容和慈悲超乎你想像，你若做不到，宇宙不會怪你，頂多是你帶著又一次做不到的經驗再來做一次。要給出一定能做到的請求，給自己一個極致的體驗，才不虛此行啊！

那我可以重新請求一次嗎？

可以。記得先補充之前說不完整的，將需要取消、重新請求的再講一遍。在你說停止之前，宇宙是不會停下來的。

列出資源需求清單

我迫不及待想繼續聊「跟宇宙要資源」這件事。

你確定已經把需要的資源都列出來了嗎？

還沒有耶！我大概知道需要些什麼，但還沒有靜下來一個一個列出來。我以爲我另外找時間自己做就好了，我們是不是可以繼續談生命藍圖的更多面向？

還不行！你必須自己列出達成生命藍圖目標所需的資源，練習做一遍這件事，我才能告訴你如何從這份資源清單的脈絡展開生命藍圖的晶體啓動過程。

可是，我的練習跟別人有關嗎？既然我的生命藍圖目標一定和別人不同，我的資源清單就和他人無關了，不是嗎？我在這裡做練習，就要將這份清單揭露在書中，讓全世界的人知道，不就洩漏了我的生命計畫？這會侵犯我的個人隱私，我覺得不妥。

要不要在書中揭露細節，你可以自己決定，但我必須帶著你一步步展開這個過程。資源需求展開的過程，就是進入生命藍圖的填空和啓動作業，沒有一步步填空，你的晶體網格無法安穩錨定在地球上，和宇宙的能量接軌，你明白這個關係嗎？

我不太明白。

好，我先說明這個部分。

每個生命都是一棵生命之樹，你攜帶的生命寶盒裡的一切訊息，存在你生命之樹的DNA裡。當你進入地球時，你的生命種子就錨定在地球上，漸漸形成你專屬的晶狀結構體。這個晶體擁有收發訊息的能力，可以向宇宙傳送訊息，也可以接收宇宙的能量。你的種子甦醒、漸漸發芽，長出枝幹和樹葉的過程，就是你生命之樹的ＤＮＡ訊息庫開始在地球上展開和連結。你的樹根進入大地與地球母親緊緊相連，你也因此得到地球母親和日月星辰的滋養，這些都是伴隨你的生命成長的菁華。你在地球上最重要的工作，是讓生命之樹扎根與連結，而這個連結的地圖就要依靠你的意識體——透過你有意識地連結更高的自己，幫助你憶起並啓動生命之樹的藍圖。

你現在要寫下的資源清單，就是生命之樹的灌溉計畫。如何讓你

生命之樹

向下扎根，伸展枝枒，開花結果，最終回饋大地，照顧四周的存有和地球，必須給宇宙下達指令，因爲宇宙需要經由你來顯化地球上的一切，這也是生命之樹的目的。現在，你擁有種子和目標，成長則需要宇宙來配合，儘管發號施令吧！

但是，我有沒有可能喊錯資源、搞錯方向，造成資源錯用？

不會的，宇宙資源可以陪著你一起嘗試，一次又一次修正，只要你願意持續地做。生命之樹之所以未能達成原定計畫，通常都是因爲樹自己卡住，不願意讓能量流動，或者根本不向宇宙要資源，拒絕展開，而不是喊錯資源。

人類太習慣自我設限。然而，若是很會要資源，卻沒有辦法讓資源流動，堆積了過多能量，你也可以想像會有什麼結果吧？

嗯！這個就更不用講了。樹如果過度施肥會完蛋……

你現在還是回頭先練習列出你的資源需求，我們再來檢視。

（接下來，我大致畫出三個框。右上方的框寫下生命藍圖的最高使命，右下方的框寫下我生命寶盒的內容，左邊的框則列出我的生命藍圖需要的資源。）

Rachel 的生命藍圖最高使命： **喚醒人類，重建地球**	**Rachel 的生命寶盒：** **藝術、生物科學家、造景師**

資源需求：

❶ 一千坪土地。
❷ 有樹、有山、有水的自然地形，以供建造一個教育營地。
❸ 集結具備覺醒意識的講師群，從十二位開始。
❹ 提供公益課程，讓精通各國語言的講師群增加至一千位。
❺ 三億元的營運資金。

阿乙莎，我寫完了。祢看一下有沒有需要修正的地方。

很好，你寫下了生命藍圖的最高使命，也是你此生的目的。然後，你看到自己擁有的天賦才能。其實，你具備的才能比現在列出的這三點更多，你還是不敢承認。沒關係，這是你覺得舒適安全的生活方式。

接下來，讓我看一下你的資源清單。這有很大的問題啊！你似乎覺得要有這些資源才能開始工作，而且也沒有看到這些資源的細部展開，這樣不足以啟動這個生命藍圖的晶體。這是非常模糊的資源清單。你想像一下，當你站在晶體中間看出去，會有好多個面，每個面的展開和錨定都很重要。愈清晰的錨定，愈能讓宇宙能量幫你展開四面八方的連結，你的晶體才能開始擴展。你必須重做一次。

祢一開始沒跟我說要用晶體的各個面去錨定嘛！可以說明這些面是什麼嗎？

如同之前提過的人體能量運行軌道圖，藉由列出晶體中五元素的條件並轉動，將開展出晶體的生命之花。

我還是不懂……要如何定義出來？

人體能量運行軌道圖

每個晶體都具備能量運行結構，才能延伸和展開。結構包含五大元素，分別是地、金、水、風、火，其中「金」元素也可以代表你的中軸，你透過有意識的呼吸，和宇宙交換能量。

我來幫你列一下對照表（楷體字），你根據這個對照表，將達成生命藍圖目標所需的相關要素導入這個晶體元素表中。當這些元素到位，晶體就可以透過你的一呼一吸和宇宙能量交換，開出生命之花。

每個晶體不可能只有單面向的生成，生成的背後一定有撞擊和破壞。在二元世界的運行軌道，你需要觀察的不只有正面的發展，還有另一面的破壞產生的能量。如此，能量的集合或碰撞才能創造生生不息的平衡點。

這個生命藍圖的資源填空練習，是要幫助你在量子場域校準能量。如果沒有做這個基礎練習，只是憑藉你在三次元空間的線性思考，將無法看見晶體的全息化顯化過程——破壞、解構、凝聚和改造之後的結合、滋養和傳承過程。當你的意識進入每個面向，並全神貫注於那個面向的發展時，你就是在為那個元素增加力量。所以，在這個晶體化的過程中，你的關注就是力量。

而短則三個月，最多不超過一年，該面向如果沒有出現任何訊息或回應，代表那個方向的元素尚未具足，你需要調整資源的方向，或是改變需求。這是全息化的演進過程，不一定是按照清單項目的優先順序展開。這是整體而同步的振動進程，你必須不斷調整各面向的元素資源，並穿越會造成阻礙和停滯的意圖，有紀律地貫徹和行動，如此，這個生命藍圖擘畫的景象才能眞正展開。

生命藍圖晶體元素表

元素	生命藍圖關連	能量運行	過程	顯化的物質	資源需求
地		土↓金	傳承		
		土↓水	結合		
金		金↓水	滋養		
		金↓木	改造		
水		水↓木	滋養		
		水↓火	破壞		
風		木↓火	滋養		
		木↓土	凝聚		
火		火↓土	轉移		
		火↓金	提煉		

（我按照阿乙莎的表格，依次進行生命藍圖的填空練習。）

元素	生命藍圖關連	能量運行	過程	顯化的物質	資源需求
地	土地	土↓金	傳承	可與大自然共學的土地	各地主動提供土地資源，三年內達成一萬坪
		土↓水	結合	地上建物	與自然互動的學習空間
金	資金	金↓水	滋養	淨化河川水源處	縣市政府專款建置相關設備
		金↓木	改造	公益課程	一千名種子講師的訓練經費
水	水	水↓木	滋養	將能量水引進生活中	淨化水廠、自來水管線引用
		水↓火	破壞	遷移汙染水源的工廠	政府協助遷廠計畫
風	樹	木↓火	滋養	提升環境的磁引力場	一千名專業講師的訓練費及推廣費用
		木↓土	凝聚	改善土壤	政府補助土質改善方案
火	陽光	火↓土	轉移	健康廚房	廚房設備
		火↓金	提煉	能量應用裝置	專業化工廠和檢測設備

（填寫完之後，似乎更能看見未來顯化的雛形，也得到更清楚的顯化過程和所需的資源。

不管宇宙是否真能提供我這些資源，經由完成這張元素表，我心中也有了更清晰的藍圖。

左邊是上網搜尋後建立的五大元素屬性對照表，作為讀者在填寫自己的生命藍圖晶體元素表時的參考。）

類別／元素	季節	人體	味覺	情緒	顏色	方位	數字	職業
土	四季	脾、胃	甜	思	黃色、咖啡色	中、西北	5、6	農業、農產品、土木、營造、房地產、雜糧穀類、陶瓷、婦產科、保姆、營養師、骨董、石油
金	秋	肺、大腸	辣	悲	金色、白色	西、東北	7、8	銀行、保險、經濟、五金、機械、鐵工廠、銀樓、軍職、武官
水	夏	腎、膀胱	鹹	恐	黑色、藍色	南	0、9	貿易、水利、環保、化學、藥品、美容、旅遊、觀光、咖啡館、航海、航空、飛行員、空服員、推銷員、外交、水電業、油漆粉刷
木	冬	肝、膽	酸	怒	青色、綠色	北、西南	1、2	文教、建築、設計、園藝、服飾、精品、印刷、藝術、紡織、幼稚園、補習班、學者、會計、研究人員
火	春	心、小腸	苦	喜	紅色、橙色、紫色	東、東南	3、4	電腦、電子、電機、宗教、司法、服務業、餐廳、廣播、通訊、音樂、唱片、音響、舞臺

生命藍圖晶體元素表填寫練習

元素	生命藍圖關連	能量運行	過程	顯化的物質	資源需求
地		土↓金	傳承		
		土↓水	結合		
金		金↓水	滋養		
		金↓木	改造		
水		水↓木	滋養		
		水↓火	破壞		
風		木↓火	滋養		
		木↓土	凝聚		
火		火↓土	轉移		
		火↓金	提煉		

業力淨化與晶體校準

生命藍圖實現的障礙

你們生命藍圖所需的資源已經存在宇宙中，你們之所以攜帶著這份生命藍圖來體驗，是經過討論和允諾的。生命的宇宙運行之道已內建完成，對宇宙而言，沒有機率論，這和你們的科學家認知的宇宙能量大爆炸後由機率掌控生物的演變是不同的，一切都在原定的計畫中，只是在不同的次元顯化而已。在地球顯化的挑戰更大，因爲地球上的物質產生的碰撞最多。然而，你們需要的資源，宇宙都已經幫你準備好了，只等你們來交換。

祢剛才提到「交換」，爲何是交換，而不是顯化或拿取？

剛才說到宇宙的粒子碰撞不是隨機，而是依循一定的軌道運行，也因此，你們所需的元素和資源到位，是一個有元素產生的能量轉換過程。我簡稱爲「交換」。簡單來說，你們所有的顯化過程都是一種能量交換。

照祢這麼說，只要生命藍圖被設定目的，未來在地球上「一定」會顯化，只是時間早晚的問題？

是的，除非在能量運行中發生介入性的變化——這個變化會連帶讓很多該發生的沒有發生。這種介入性變化通常來自人類個人、集體業力，或是更高次元對較低次元的干預。若依照目前的宇宙和平協議，這類來自高次元的干預，必定是爲了全宇宙和平共存的最高目的而不得不進行的介入。

關於高次元的干預，可以舉個例子嗎？

最近一次是二〇一二年的地球揚升關鍵時期，就曾經歷來自星際的介入。如果當時沒有透過你們的社群網路散播世界末日的訊息，人類的集體意識不會共同認知到地球的關鍵時刻，也就沒有集體靜心活動讓地球免於被沉重的暗黑勢力帶往更陷落的境界。若沒有介入，地殼變動帶來的海嘯和大自然災難會讓許多區域沉沒，如同之前的文明滅絕。

這麼嚴重？所以，幸好有社群網路帶來的集體關注？

你們在地球上無法知道這是如何運作和發生的，宇宙存有確實經由你們的社群平臺協助地球阻止這些事件發生。

就算是眞的，我們現在也無法證明。所以，祢能否進一步談地球的未來？假如我們每個人自己設定的生命藍圖都可以實現，地球會呈現什麼景象？

走向生命藍圖軌道的人將不再恐懼和迷惘，內心處於平靜安定的狀態。同時，你們會依循生命藍圖的計畫展開跨越政治、文化、種族的交流與合作，達到人類文明的巔峰，不再有戰爭、侵略和競爭造成的圍籬。你們會視他人如同自己，有慈悲和同理心；你們會更愛惜地球和生態環境，爲了全體的共好而行動。地球也因爲整體意識的提升，進入第五次元，並展開和宇宙其他存有的和平協議，以及互動交流。

這聽起來像天方夜譚，當然也很令人期待。那麼，需要有多少人依照生命藍圖展開行動？

只要有千分之二的人類可以依循生命藍圖規畫的路生活，地球就可以開始轉變；如果有千分之五的人按照生命藍圖規畫的軌道前進，就可以提升整個地球，邁入第五次元的新世界。

這應該不會太困難啊。以華人來說，只要有六百五十萬人就行。

是的，若從數字上來看好像很容易，但別忘了，目前最大的問題是人類自己陷入了業力的枷鎖中。生命藍圖通常伴隨著你們的業力一起進入人類靈魂DNA，這也是爲了完善人類自身的意圖而設定的生命藍圖延伸版本。業力是你和他人關係的結果，生命藍圖則是你個人生命的最高目的，分屬不同層面，卻又彼此交纏。許多人的生命不斷地重複體驗，一直無法完成生命藍圖設定的目標，主要就是受到業力的牽絆，以致無法順利展開自己生命藍圖的軌道。

所以，我還需要跟你說明解除業力的方法，讓你爲生命藍圖重新命題，也就是改寫你的生命藍圖。

原來，業力關係著生命藍圖是否可以達成。我還以爲生命藍圖就是業力的再次命題。

兩者是相關的。在生命最初始的狀態，你的靈魂攜帶著生命藍圖的最高目的，但生命會經歷一次又一次的嘗試和體驗，每一次的經驗會成爲下一次生命的延伸。打個比方，你原本預計要從臺北開車到高雄，最早規畫的路徑是走高速公路，經過幾個休息站，就可以抵達目的地。但在旅途中，你建立了一些關係，這些關係將你帶入鄉間小徑，遇見更多不同的人，發生更多不同的事，然後又建立更多關係。最終，你仍在前往高雄的路上，身上卻帶著尚待完善的關係，讓你想要再一次去體驗，一次又一次，直到這些被延伸出來的關係創造的生命意圖被滿足爲止，然後你才會繼續往原定的目的地——高雄——前進。這樣的說明你明白嗎？也因此，若要讓你盡快回到前往高雄的路，我們必須消除那些留滯在你心中尚未完善的意圖，讓你可以專注在生命原本應該走的路。

我終於明白關係是走進岔路的原因……

你也不要從這麼負面的角度看待關係。圓滿關係的過程會幫助你的生命之花綻放，此外，關係也可以幫助你找回該走的路。

業力解除七步驟

祢提到在啓動生命藍圖之前解除業力的辦法，可以教我嗎？

你已經知道業力是關係的結果。你過去經歷了許多關係，留滯在心中，成爲待完善的意圖。這個意圖源自你，那段關係只是你設定這個意圖的背景，幫助你看見自己身上需要釋放、理解、平衡或擴展的能量場。當你處於較低頻振動的意識狀態，就無法站在高處，進行多維度、多重角色的全息觀；如果你能夠站在更高的位置去審視留滯在心中待完善的意圖，那麼，來自父親、母親、朋友、同事、長官、施暴者、受害者等角色創造的每一段關係，其實全是你靈魂的片段。你就是你的父母、子女和祖先，你的靈魂以如此全息化的方式展開體驗，而這所有的體驗與安排，都源自你生命藍圖中完善自我生命的意圖。

現在即將進入量子世界的多維宇宙，你已經不再需要用三次元的線性時間挑一個面向和一個角色來體驗，可以超越自己在三次元的業力命題，來到全然理解和知曉的狀態。就在當下，此時此刻，你可以一次將延伸的業力命題三百六十度盤點一遍。不論那段關係來自你的這一世或前一世，都可以透過盤點關係來解除業力。

現在就來實際演練如何解除業力。

步驟一：定義關係

拿出紙和筆，寫下自己的名字，

接著在你名字周圍畫一個圈，寫下你擁有的關係。

步驟二：那些人和事

將關係填入
有關連或延伸出來的
關係人和事。

步驟三：你的印象

繼續畫第三圈，將第二圈關係的來源和延伸帶給你的印象寫下來。

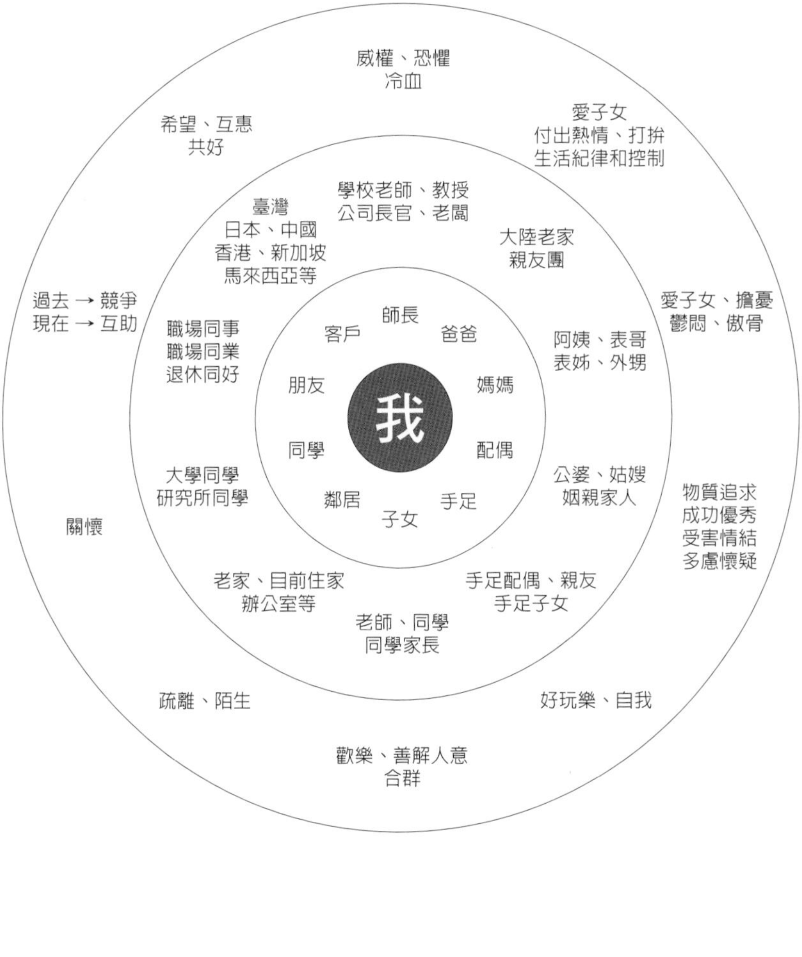

步驟四：負面印記

將最外圈
那些給你負面感覺的關係，
用某個顏色圈出來。

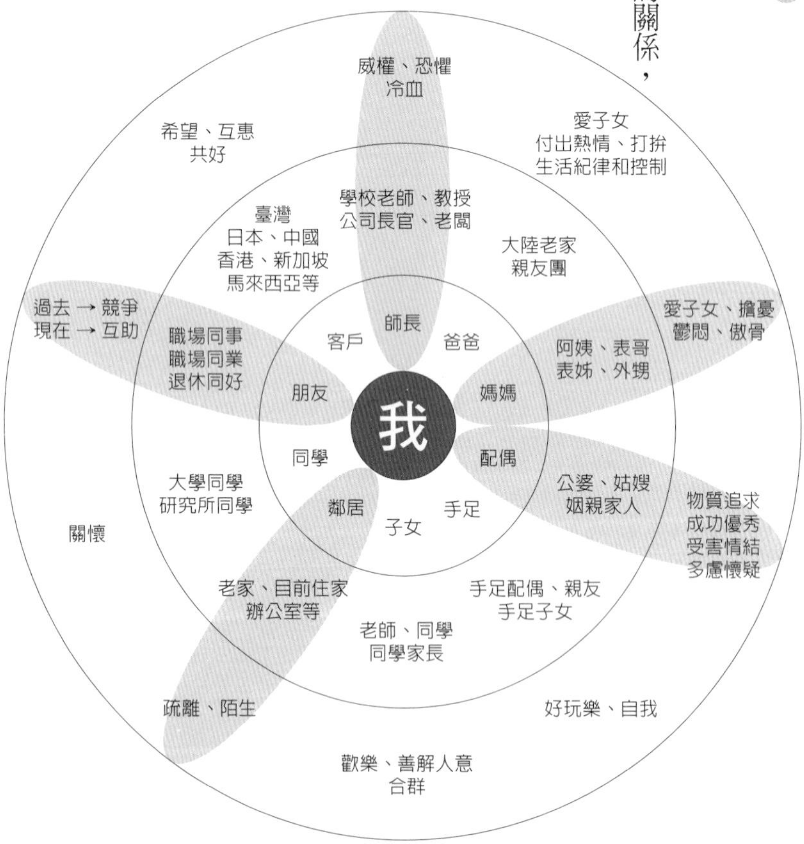

步驟五：承認

回到你用顏色標出來的每個圈中寫上「我」。

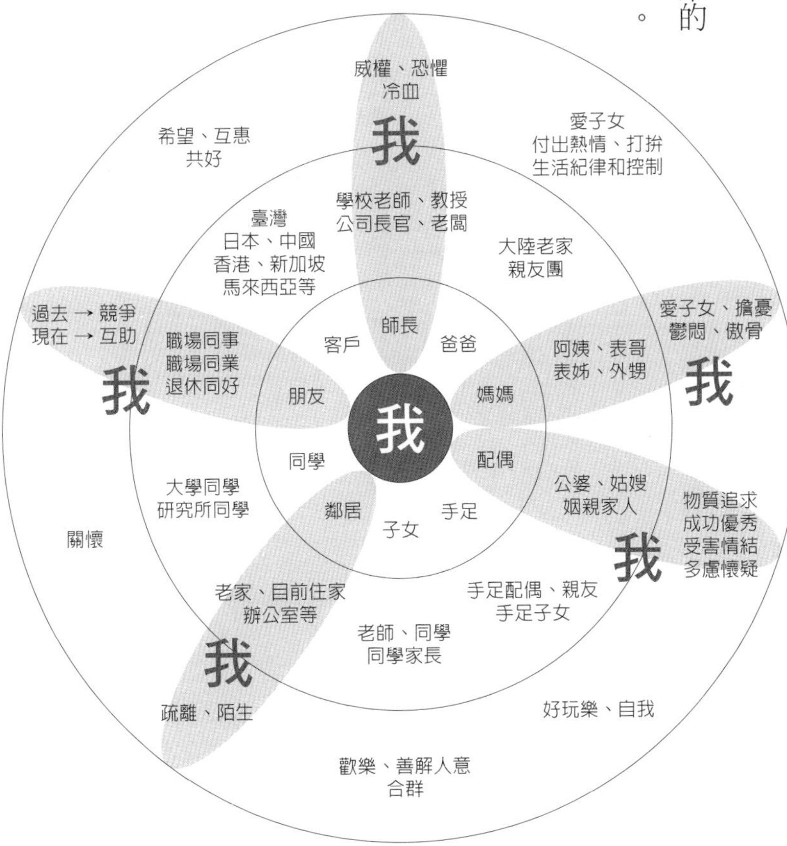
威權、恐懼
冷血
我
希望、互惠
共好
愛子女
付出熱情、打拚
生活紀律和控制
學校老師、教授
公司長官、老闆
臺灣
日本、中國
香港、新加坡
馬來西亞等
大陸老家
親友團
過去 → 競爭
現在 → 互助
職場同事
職場同業
退休同好
我
師長
客戶
爸爸
愛子女、擔憂
鬱悶、傲骨
阿姨、表哥
表姊、外甥
我
朋友
媽媽
我
同學
配偶
公婆、姑嫂
姻親家人
物質追求
成功優秀
受害情結
多慮懷疑
大學同學
研究所同學
鄰居
手足
子女
關懷
我
老家、目前住家
辦公室等
手足配偶、親友
手足子女
老師、同學
同學家長
我
疏離、陌生
好玩樂、自我
歡樂、善解人意
合群

步驟六：業力浮現

環顧這些圈中的「我」，審視一遍，你會發現，這些就是你身上的業力，而每個關係人只是來幫助你憶起並解開你身上仍攜帶的業力枷鎖。

現在練習造句，將圈出來的這些負面感受連起來，寫成「我是一個什麼樣的人」。這些就是你身上的業力，被你一覽無遺地照見。現在去寫下這個句子，跟你的業力照個面吧。

「我是一個好競爭、對人疏離、多慮懷疑、具受害者情節、傲骨、鬱悶、用威權控制、冷血且令人感到恐懼的人。」

唸完這一句，著實令我傻眼。我眼中看見的他人，居然就是自身業力的投射。我身邊這些關係人帶給我的感受，就是來提醒我去看見自身仍攜帶的業力枷鎖。原來這些負面印記不是別人造成的，一切都源自我自己啊！

步驟七：自他交換

重新認知自我後，接下來，就到了解除業力的神奇時刻。解開業力枷鎖的鑰匙，就在眼前這段顯化出來的關係上。面對這段關係中的對方，和他交換位置，透過自他交換，去理解這個人為何這樣做，感受對方隱藏在外表之下眞實的一面。藉由這個過程，你獲得過去未曾看見、也從未想到的新理解，而就在理解的瞬間，你化解了自己投射到這段關係上的負面認知，你身上的這個業力枷鎖也得以解除。

解除業力的關鍵就在當下你對所有關係的全面理解。你其實不是自他除外單獨存在的個體，當你了解這一切關係的連結和顯化都是來協助你完善此生的意圖，你與所有關係人是一體的，你會感激這些人創造了這些故事情節，來到你的關係中，圓滿了你的生命體驗。同時，當你站在他們的角度觀看而得到新的理解時，會明白他們帶來的負面感受是祝福。原來，他們都是帶著祝福的天使，進入你的生命中，讓你再次遇見愛。你的父母、子女、兄弟姊妹，好關係、不好的關係，都是為了幫助你而來。你是否願意再次擁抱他們，謝謝他們擴展了你的意識，讓你得以從此離開業力枷鎖，邁向生命藍圖的最高目的和軌道？

上面的自我練習中，有些人的關係圖會顯示出深受集體業力影響，無法純粹站在對方的位置，以獲得即刻的理解和釋放，那些通常也是人類長久以來建立起的種族和宗教業力。要釋放集體業力，有時需要經由新領導者的幫助，去喚醒衆人提升集體意識，而這些領導者會在適當時期被顯化出來。

業力淨化後的現象，以及如何驗證

接下來將進一步說明業力解除後會有的現象。

一、**身體好轉反應：**業力解除的當下，身體細胞緊抓不放的情緒設定將一一解除。你可能會發覺自己更容易發怒，原本不會讓你有反應的小事件，突然令你勃然大怒，將隱藏的憤怒情緒傾洩而出。或者，你對生存的恐懼和制約鬆綁，反應在淋巴組織或腸胃道，有些人會全身起疹子或大量排便，或是胃部鬱積的空氣排放過快而擠壓到胸腔，讓你覺得胸口灼熱。這都是細胞釋放累積在身體中那些不需要的情緒能量時會出現的反應。不要以為是生病，通常好轉反應短時間內就可以自動消退。如果你擔心清理和排放情緒的過程過於劇烈，可以回到有意識的呼吸，多練習手指操，轉動脈輪，多喝水、淋浴，或是在進行業力解除練習時，對你的身體下達指令：「好的，親愛的細胞，我知道且看見我現在需要解除這些情緒。請你們放慢速度，讓我可以適應和跟上你們的腳步。」

二、**業力解除驗證：**做完三百六十度業力盤點之後，可以進一步進行肌肉測試，檢查隱藏在身體中的業力是否已經解除。測試的方法很簡單，用左右手的大拇指和食指各圈成一個圓環，然後互扣成 8 字環，要盤點自己業力清單上的每個業力時，就用左右手的圓環互拉，測試該業力是否仍有力量。若雙手的環可以輕鬆解開，代表那個業力枷鎖已經解除；如果雙手互拉仍有力量，無法解開，代表還需要加強清理那個業力枷鎖。

有時，也可能是那個尚未清理的業力枷鎖關係中仍有更多隱藏的情緒未被你有意識地發現，你必須將意識再次帶入那段關係中，更深入地觀照；或者，有些業力枷鎖是來自更多的業力群體，而不只是圖上顯示的那些關係人，你可以運用更多的輔助工具來協助。

三、**磁引力輔助平衡：**前面提到的業力枷鎖，大部分都可經由你有意識地關注而解除。有些業力枷鎖則因爲存在的關係結構交纏已久，或是你自身的意識無法產生足夠的能量場體來平衡這個業力，這時就可以運用輔助工具來幫助平衡這段關係。你可以將磁引力裝置或磁鐵放在三百六十度業力檢視圖上，然後將你的意念帶入這段關係，用磁引力裝置在這段關係的位置上滑動數下，再回來用你的手指圈成環狀進行肌肉測試，看看這個業力是否已經被解除。

這個方法太神奇了吧？既然如此，爲何不直接將磁引力裝置整個放在我的三百六十度業力圖上，就統統平衡了？

因爲解除的關鍵仍在於將意識導入關係中。你的意識就具備磁引力，只是當你的能量場不夠強時，需要經由磁引力裝置來放大你的意識場體。那個磁鐵本身不具備方向性和目的導引性，只是個放大器，所以仍須用人的心輪帶進意識，建立一個有目的導引性的關係連結，然後進入深度的能量場平衡。如果將整個磁引力裝置放在整張圖上，你的意識無法精準錨定某段關係裡的特有情緒枷鎖。

可是，這個磁鐵只是放在圖上，不用放在身體上？

是的，用意識連結到圖上的業力位置，你的身體細胞會反應出這個場體的能量狀態。你可以把你塡寫的三百六十度業力圖都做一遍肌肉測試就能明白，你的身體細胞都知道。

接著往下說明另一個現象。

四、祖先業力解除：業力解除的同時，和這個業力有關的人，可能是你的鄰居、同事，甚至是你的祖先，這些人身上的這個業力枷鎖也可以一併解除。所以，好好審視你的關係，即使這些人已經不在人世，或者已離開你身旁，從你身上解除這個業力，將可以連帶幫助祖先或整個群體釋放這個業力枷鎖。這也是我接下來要說明的，業力解除的過程就是在幫助擴展你的心輪。

五、擴展心輪：當你的關係業力逐漸釋放，你的生命將納入這些關係。你不再只是過去認知的小我獨立個體，你還包含了你的父母、兄弟姊妹、親戚、朋友、同學、同事等，這些人都是你的一部分。當你看見這些關係人如同看見自己時，你心輪的容器就擴大了。接著，你會延伸到下一層關係。現在，回到那張三百六十度業力圖，在最外圍畫上一個圈，寫出每段關係中的人共同的特徵或屬性。你會看見，不論宗教、種族、國家或文化背景，你們都來自同一源頭，是相互連結的。

當你願意再次展開自己的心輪，去擁抱不同種族、文化、宗教、習性時，在你心輪一圈又一圈放大和擴展的過程中，你就與他人、世界、地球和整個宇宙同在了。

完成業力解除的課題後，我全身好疲憊，不到晚上八點就快撐不下去，連開車出門的力氣都沒有，這是怎麼回事？

你用磁鐵在紙上滑過那幾個業力群體時，你的星光體正在調整。星光體比身體更大，最遠可涵蓋到身體以外一百八十公尺的範圍。當你的星光體產生位移時，你身上DNA會同步調整校準你的光體，你的疲憊感就是因此而來。此外，你不是最喜歡喝咖啡，早上至少兩杯？現在你也會自動減量，因爲你已經不需要攝取這麼多咖啡因來刺激身體恢復精神，咖啡因反而會刺激你的腸胃，導致你不想再喝。你的腸胃現在終於比較敏銳了。

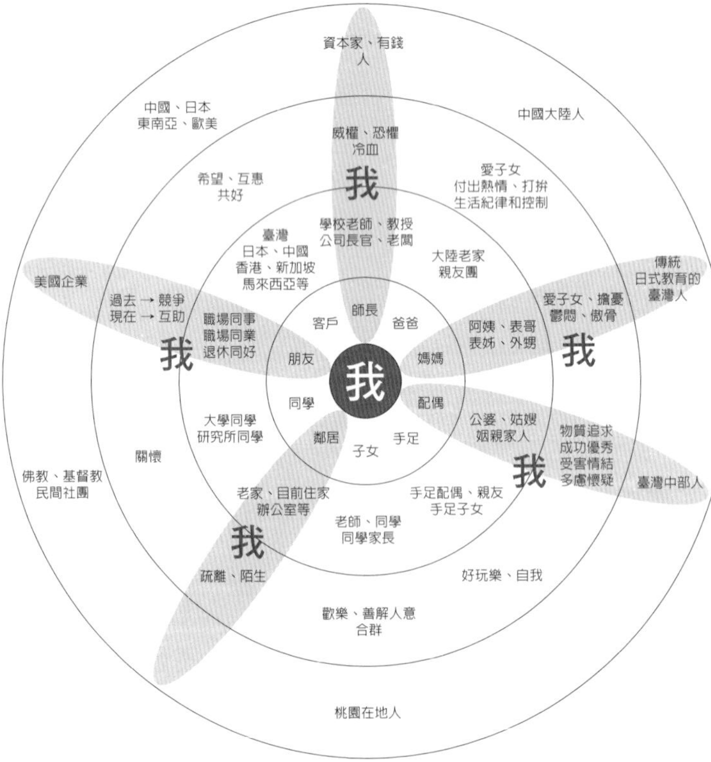

沒錯！我今天才喝半杯就嚥不下去。我的胃在抗議，直接讓我跑廁所。

身體調節之後，你的飲食也會自動調節。

講到這裡，先讓我插個話題。我沒有吃素的習慣，但現在很多人覺得吃肉不好，是傷害動物的行爲，也可能會攝入動物死亡前的負面情緒，造成身體傷害，是這樣嗎？

不會的。攝食動物的肉並不會讓身體攝入動物的情緒體。動物和人一樣，死亡前就已經離開，靈魂不會殘留或附著在人類身上。會有這種說法，是出於人類自己對動物的憐憫之心。你們的意識覺醒，而改變了自己的飲食方式。這是美好的意識成長之路。其實植物和動物是一樣的，植物也有意識，且具備較高的群體意識，因此一棵樹被砍伐死亡前，也會對附近的同伴大聲呼喊著「有危險」，只是人類還無法察覺來自植物的這些訊息。所以，殺生或吃素以獲取生存所需的養分，完全是自我意識的選擇。你認爲跟道德有關或跟健康有關，而去做或不去做，都是你的自由選擇，重點是，身體自己會知道已經進入什麼樣的環境和狀態，需要攝取什麼樣的養分來維持平衡。當人類將口腹之欲移轉到對自身的覺察，讓身體能量自由流動，而不去干預或制約，將飲食交由身體主宰，你自然可以進入對身體平衡友善的健康飲食狀態。

三百六十度業力檢視練習

請用下面的圖表練習填寫。

❶ 第一圈：我的關係。

❷ 第二圈：關係人。

❸ 第三圈：印象。

❹ 圈出負面印象。

❺ 在負面印象的圈內寫下「我」。

❻ 總結。

我是一個＿＿＿＿＿＿＿＿的人。

❼ 審視每一段給你負面印象的關係，進行自他交換。

❽ 檢驗業力枷鎖是否解除了。以手指進行肌肉測試（O環測試），若仍未解除，可以用磁鐵在負面關係上滑動，以平衡業力。

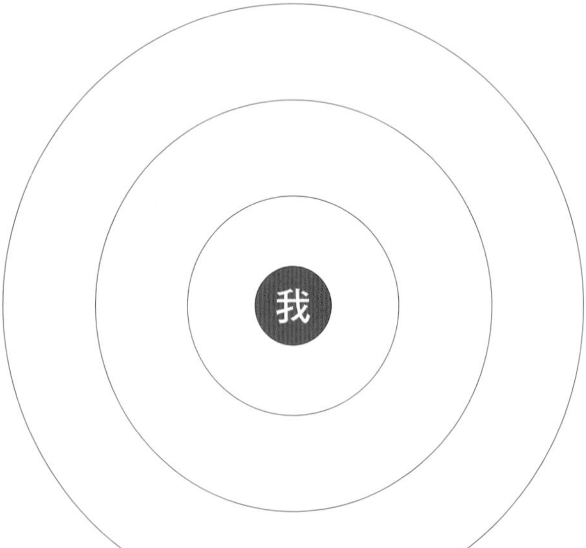

連結源頭

連結星光體

阿乙莎，請問晶體是否和梅爾卡巴有關？開始傳訊前，我從來沒聽過這個名詞，後來有朋友說，我們之前畫出來的一些圖形和生命之花，跟梅爾卡巴有關，我上網查找才發現有那麼點像，但祢又沒有直接說這是梅爾卡巴的教導。

好，我需要整理一下你們對梅爾卡巴的理解和認識。

在你們的二十世紀，也就是大約二十年前，星際存有將啓動梅爾卡巴光體的教導傳遞給地球人。當時只是爲了說明外星存有如何透過梅爾卡巴穿越宇宙之門，和人類溝通接觸，但那時人類的文明正在大步跨越的階段，人類的集體意識尚未成熟，所以宇宙議會的成員大多反對當時就讓人類可以操作光體，穿越宇宙。你們二十年前的訊息網絡尚未如今日普及，提早開放只會讓更多人類被蒙蔽、被少數人控制。地球上國家與國家之間的對立非但不會化解，還可能造成階級化的隔離政策。

經過二十年，地球演進至今，人類已經來到集體意識提升的匯聚點。任何一個國家的國民都可以透過網路和社群媒體，和遠在不同國家的人直接溝通交流、往來。即使政府或國家之間抱持不同立場，甚至處於敵對狀態，人民之間已經有足夠的工具和管道可以面對面交流，中間控制者漸漸失去對人心的掌控。所以，此時此刻已經可以讓更多人進入自身的光體，擴展意識，幫助地球轉化累積已久的負面影響。同時，透過晶體還能開啓和宇宙更高意識的溝通和學習。和宇宙交流互動的大門已經敞開，人類已經被允許進入，你們現在可以透過自己的光體，進入五次元的星際交流時代了。

不好意思，祢剛才講的「光體」是什麼？和乙太體有何不同？

光體指的就是你的星光體，這是你在宇宙中的光，也是你的靈魂分身。你的光體涵蓋的範圍，是從源頭一直到你肉體存在的地球，我們眼中看見的你，就是光體。而乙太體是你身體的振動波創造出來的磁引力場體，和肉體細胞產生的能量有關。所以，乙太體就是修護你身體的防護罩，是每個細胞、器官和身體組織的含氣層。

所以，和宇宙通訊是經過星光體，而和身體取得共識是透過乙太體，這樣講可以嗎？

可以，而且不只這樣，乙太體也是連結你的物質身體和星光體的中介體。當你生病時，乙太體可以取得宇宙能量，幫助細胞修護和復原。乙太體手術可以療癒身體的疾病，這些我們以後再說。

現在，先回來說明梅爾卡巴。我們這裡不用這個名詞很久了，因爲梅爾卡巴是很古老的說法。我們現在稱它爲「晶狀結構體」。每個生命都有晶體，當生命需要顯化物質時，會先生成它的晶體，一旦有了這樣的結構，就可以通訊、運行、生長。而晶體形成的過程就像生命之花綻放，在地球上，不管是有形的生物體，或是無形的社會風氣或某個即將引爆的事件，都有其晶體，這個晶體可以啓動和運轉宇宙能量。在人體上，通常是用呼吸法來幫助運行；在某個事件上，就是用人的意識投射出來的能量聚合而成。我們最早的傳訊著重在意識的覺察和展開；然後，從意識逐漸提醒你們先將心輪打開；緊接著，在脈輪暢通練習中一一打開乙太體連接星光體的通道，這個過程也需要將業力解除、淨化，讓自己可以更順利地進入中軸穩定狀態，準備進入你們的星光體中。這整個流程和練習都在幫助你們學會讓自己的身體和意識與晶體連結校準。一旦順利校準，並進入自己的晶體中，就真正來到「宇宙」單元的初階課程了。

人體進入星光體的前置準備和練習法

步驟（參考下頁圖）	階段	指標	練習法
1	覺察開啓	腦與心的連結	・幫助樹木和植物（石頭圈／星盤） ・與大自然共振冥想練習 ・和植物溝通
2	意識擴展	心輪展開	・意識擴展冥想練習（地球在我心） ・意識轉化與提升冥想練習（療癒關係）
3	脈輪暢通	暢通乙太體	・呼吸手指操 ・音頻練習 ・全身自由律動
4	乙太體淨化	淨化乙太體	・三百六十度業力檢視圖 ・自他交換 ・解除業力
5	中軸穩定	心輪連結高我	・進入晶體 ・開啓生命寶盒 ・尋找生命藍圖

進入內在宇宙

阿乙莎，祢提到當我們處於中軸穩定狀態並來到晶體中，就可以準備展開「宇宙」單元的核心教學了。現在可以開始了嗎？

只要你願意打開你的晶體，我們就可以開始讓你下載這個部分的旅程內容。要問你自己準備好了沒。

嗯，我準備好了！

好，現在你處於自己的晶體中。先告訴我，你在這裡感覺如何？

我覺得腦子有點重，但意識很清楚，仍然可以聽見窗外的鳥叫、噴水池傳來的嘩嘩聲、遠方車輛呼嘯而過，還有飛機正劃過天際。我仍

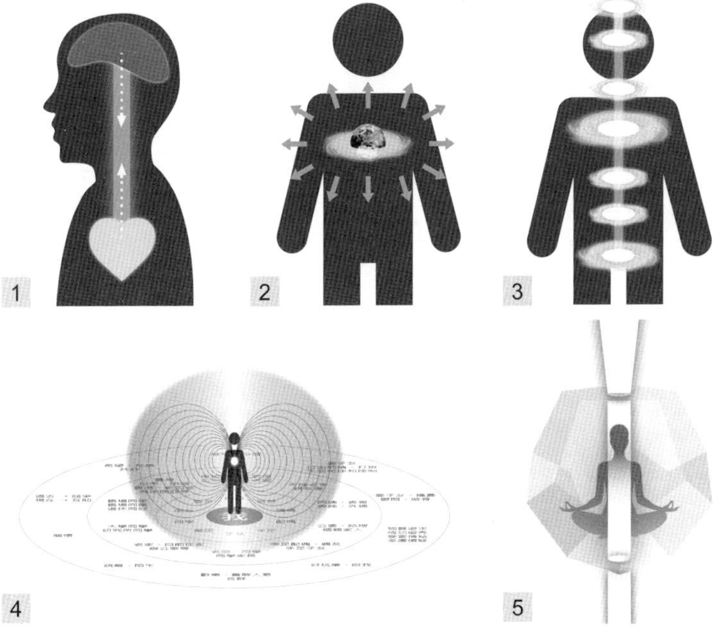

進入星光體的前置準備

然可以睜開眼睛，用手寫下這些感覺，所以我目前的知覺系統和身體可以完全協調運作。沒有什麼不同，我的感官意識都還在。

等等，可是這些感覺好像都被圍在外面，成爲背景。雖然聲音更清晰了，但我的心和腦之間出現一個非常純淨的空間，將我剛才描述的一切放在外圈（如下圖）。

這個空間空無一物，乾淨純粹，沒有任何存在，但它就在我的心和腦之間。

你的身體感覺如何？

很鬆，脖子、肩膀的僵硬感漸漸消除，左邊的鼻子阻塞完全暢通，整個身體的細胞好像都鬆綁了，沒有那麼緊。還有，我的心很平靜，沒有別的念頭。

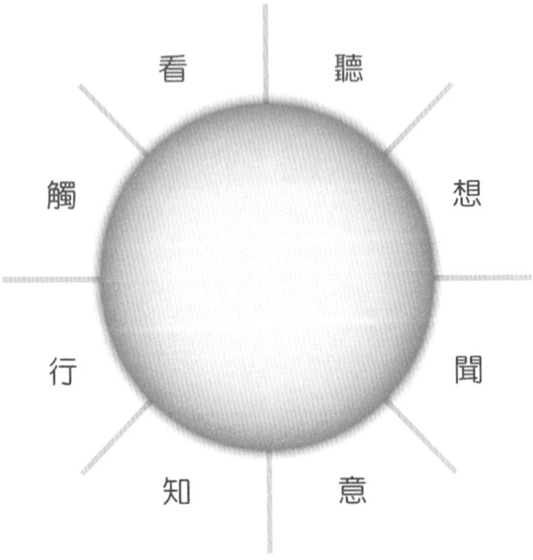

內在空間

好，你先熟悉和習慣這個感覺，這就是你進入晶體的感受。你和原來世界中的一切並沒有被阻隔開來，你的感知仍在原來的生活環境裡，你是清醒、有覺知的，眼、耳、鼻、舌等身體感官的覺受都在，腦部的運作功能也很正常，現在只是在你之內打開了一個空間。這個空間讓你感到平靜安定，全身細胞放鬆。你看不見這個內在的宇宙，但可以感知到這個空間從你內部展開。你知道進入宇宙的大門其實不在外頭，而是在你的意識打開心輪的這道帷幕。你的內在宇宙，就從你的意識進入。

你剛才提到覺得腦子有點重，原因在於你的中軸光之柱正和宇宙之心校準，宇宙能量貫穿你的頂輪，到你的心輪。頂輪承受更高的振動頻率，因而帶來沉重感，但只要你的光之柱更為暢通，腦子就不會覺得重。

在這內在宇宙，你的呼吸會更加順暢。你是否感覺氧氣更爲充足？這是來自宇宙的能量，對你的身體健康有幫助。它不但攜帶更充足的氧氣，還有氫氣和氮氣，當你的振動頻率校準宇宙之心，進入你的晶體內，你就可以得到這個天堂氣息。地球目前的大氣層受到嚴重汙染，而你們經由進入自己的晶體，可以獲得最純淨的空氣來活化身體細胞。宇宙的資源唾手可得，讓意識進入自己的內在宇宙，就可以得到。

這眞的是來自天堂的氣息。我要如何採集這種空氣，讓科學家分析它的成分？

你吸入後再吐出的氣，可以用來測量和你之前吐出的氣體成分有何不同。這項工作就交給有興趣的專業單位去做，你好好享受其中，我會再告訴你更多內在宇宙的寶藏。

源頭業力淨化

學會了三百六十度檢視業力，快速清除乙太體的失衡，也進入晶體感受到天堂氣息之後，現在我們要進行更深入源頭的業力淨化。

啊？我不是都做完業力淨化了？

你的乙太體平衡了，身體也有好轉反應，但還沒有到達星光體的源頭淨化。現在進入你的晶體中，展開之前的三百六十度業力檢視圖，挑選一段關係，進入其中，去看看這段關係被顯化的驅動引擎是什麼。這個驅動引擎就是顯化今日這段關係的源頭，你現在就進入晶體中去探訪。

（我試圖探尋和父親的關係裡造成我有「控制」傾向的業力課題。在晶體中，我用意識對自己說：「請幫助我看見和父親之間的『控制』課題。」

接下來，我依照之前阿乙莎教導的呼吸法進入晶體。在黑暗中意識清晰的狀態下，我心中有了這樣的知曉：

在某個星球上，父親曾經是我的兒子。我是個藝術家，放任兒子在庭園中遊玩，也很鼓勵他盡情放膽嘗試任何事，還要他做一些別人看來危險的動作。結果，兒子在一次意外中嚴重受傷。他深深愛著我，去世之前，他對著我，也就是他當時的母親說，很抱歉，我不能再陪伴你，我的身體已經無法復原，我要死了。

當時我的心都碎了，呼喊著兒子不能這麼早離開媽媽……

我理解到，我當時的兒子，也就是現在的父親，他為自己的生命設定了一個新命題：要學習控制，才能長長久久陪伴你最愛的人。

而我在那一次的事件之後，也為自己設定了一個命題：要放下藝術家放任自流的性格，學習保護和控制所愛的人，才不會後悔。

時間來到現在。我的父親今年九十五歲，和我同住。他這輩子非常重視自己的健康，也嚴格控制作息和飲食。這種控制型的個性讓他得了大腸癌，幸好及早發現，經過治療，已經完全痊癒。

而我因為從小接受父親的軍事化管理和規律作息，不自覺地很早就像工蟻上戰場般努力讀書、工作。也因為給自己設定了「要控制自己，不能肆意玩樂」的命題，我對於放任自己玩耍這件事總是心存擔憂和恐懼。這些目前看來似乎是我生命中的業力枷鎖，但進入晶體中，我看見這個業力的源頭是為了長久陪伴我所愛的人，與其安穩地共度一生，而再一次設定的命題，於是，這個業力瞬間化成我這輩子最大的祝福。業力已經為我和父親在這一生創造了超過五十年的相伴，算是完成了我和兒子在當時的生命中沒有實現的期盼。

感謝阿乙莎的引導，讓我可以進入自己的晶體中，重現業力最初始的意圖。當我們進入業力的源頭，發現業力其實是為了成全生命意圖而來的一份祝福，這個看見的瞬間就足以穿越業力的束縛。原來，在關係的業力源頭，依然只有愛。）

你現在可以練習從自己的三百六十度業力檢視圖中，走入自己的晶體，去探尋業力的源頭，尋找和理解那個源自愛的理由。

好的，我需要花一些時間一個個去發掘。另外，我不禁想問，再一次回到業力源頭去淨化靈魂的真正用意是什麼？

人類攜帶太多過往的生命經歷，不斷地創造新的生命意圖，再次進入地球體驗。我並不是反對你們去體驗，只是當體驗變成永無止境的迴圈，並一再被遺忘時，整個地球的密度早已超過地球母親的負荷。人類目前的人口是過去的數十倍，地球爲了讓人類生存，已失去大量的自然生態，造成大自然的自體循環阻塞，中軸偏移。你現在很清楚人類的中軸偏移是生病的原因，而地球中軸位移，則是環境生病了。你們的陽光、空氣、水和土壤創造的生態效能已經大不如前，如何讓地球恢復生機，需要人類有意識地回到生命藍圖的軌道。

唯有人類覺醒，才能拯救地球。我們希望協助人類回歸生命最初始的藍圖，爲創造新地球大步向前，而不是一直待在生命體驗的迴圈中，不斷沉睡、不斷體驗。當你們學習回到自己的晶體中，進入生生世世的源頭，發現愛就是宇宙的共同語言時，是否更願意將愛擴展到自己和家人賴以生存的地球，爲即將到來的生命再造一個更好的環境，同時讓自己的生命得以順利延續？沒有適合的生存環境，再一次的生命體驗只是全面的匱乏與爭奪。

針對看見業力源頭，我有三個問題：

一、在業力關係中，若是某種加害者與受害者的關係，很難讓受害的一方承認這個業力的命題來自自己本身，這對受創的人來說也很殘忍。我們如何幫助這些受創者將關係導向圓滿的結果？

二、宇宙如何巧妙地爲每個人的業力配對，讓關係成爲一把修正自己生命的關鍵鑰匙？

三、在三百六十度業力檢視圖中，許多問題都來自家人關係。爲何最親密的一家人反而是許多衝突和痛苦的根源？透過家人關係解除業力的目的是什麼？

這是非常務實且更深入的討論。先回答你提出的第一個問題。

對受害者來說，要在經歷創傷後反過來原諒加害者，眞的非常困難，因爲怨恨會在受害者身上或心理造成傷害和陰霾。當傷害已經造成時，受害者可以先選擇離開加害者的場域；如果無法隔離，可以進一步尋找保護自己免於再次受到傷害的措施，或者尋求他人及社會機關團體的協助。

若受害者的性命沒有立即的危險，而是承受認知層面的陰影或傷害，可以進入以下的自我療癒程序：

首先，受害者要讓注意力回到自己身上。受傷害的一方必須學習先照顧好自己，而不是任由自己的小我及身體器官發出情緒性訊息，造成對自己的二次傷害。

受害者的靈性展開，就在事件發生當下，身體會強迫將注意力帶回自己的身體和心理感知上。受害者此時此刻會明白，唯一能幫助自己的人只有自己。唯有愛自己、呵護自己，摒除外界一切的投射、觀感、要求、群體認同，讓自己的意識回到自身，與自己同在，才能拯救自己。

當意識逐漸融入傷痛的暗黑核心時，受害者會在傷痛裡發現一絲曙光，會在這份傷痛中理解到，這個傷害了自己的現實是如何被自己的無意識允許而顯化出來的？而爲了讓自己復原，就需要深入這份傷痛，給自己一個更適當的想法。爲了更好的自己，你願意如此去想、如此去做，以安頓自己的身心。

當你爲了更好的自己而閃現一個不同的想法時，你的細胞和身體器官都會感謝你，因爲你終於看見自己原本的眞實樣貌。你現在更願意疼惜自己，給自己愛的投射。你全身的細胞都會歡欣鼓舞地迎接你的臨在，它們會被你的愛灌溉、滋養和療癒。而當你全身的細胞再次融合在愛裡，你的身心很快就可以恢復本有的樣貌。

這個療癒自己的階段需要當事人全心全意對自己傾注無條件的愛。沒有對錯，沒有批判，只有深深地愛著自己。當你能夠成功地將外界的攻擊引發的憤怒、恐懼或抱怨轉爲愛自己，你的療癒就完成一大步了。

當身心的傷痛平緩下來時，接著就進入平衡自身的DNA創傷印記的階段。這時，受害者要回到三百六十度業力檢視圖，更深入地去看見這段關係的命題如何來到你的生命中。在這個階段，若無法自己進入晶體中審視關係，也可以經由有經驗的療癒師引導，讓受害者展開自我對話。

最後，當受害者全然知曉這個傷害的因、緣、果，就創造出療癒這段關係的光之柱了。你從受害者變成對方的療癒者，你的光不但轉化了自己的生命，也照亮這段關係和他人的生命。

你此生的命題帶來的創傷，已轉化成爲給自己和這個世界最大的祝福和禮物。

你看見這個回到自身療癒自己的過程了嗎？從受害者變成照亮世界的光，這是生命的完美演繹，也是每個生命具備獨特意義的顯化過程。經由一次次的創傷和體驗，你成爲一個完美靈魂的化身。

至於第二個問題，這個配對不是老天幫你找來的，而是你自己配的。在你爲自己的生命設定一個新命題的同時，題目和解答就輸入你的靈魂ＤＮＡ中了。你再一次創造了生命體驗之旅，你就是自己生命旅程的創造者。回到生命藍圖的全面理解，你會明瞭你自己就是偉大的造物主。你創造了自己，也顯化出自己所需的體驗。

第三個問題，家人關係帶來的衝突和傷痛，也是爲了幫助你圓滿你的生命課題。你們帶著「成爲更好的自己」的期許創造了這段關係，這段最親密的家人關係就是來幫你揭開你自己不願意承認的眞實面貌。

揭開疤痕的過程是痛苦的，若你身上沒有傷口，怎會感覺疼痛？那些傷口可不是一天兩天造成的，有些已經是累世創造的痂，若沒有被你最親近的家人碰撞，你可是戴著面具，把傷口包得好好的，任誰都無法觸碰到。連你自己都不願意揭開的那一面，還有誰可以幫助你打開？只有你最愛、最親密的家人，才有機會悄悄地在你無預警、無處可躲的情況下，強迫你看見那個最眞實的你。

當最眞實的你的面紗被揭開時，所有你嘗試創造的虛假命題也會被解除。而沒有了虛假，沒有了想像，你深埋在面具下的恐懼就無法再被滋養。體驗生命的過程不應該帶著代言人，唯有當你眞實地面對自己，眞實地活出自己的樣貌，你的靈魂才得以進化和更新，而此生種種關係的目的也就達成了。

觀看自己的宇宙心智圖

之前提過，要連結高我，必須在穩定中軸後進入自己的晶體。在晶體中，你的心輪愈敞開，你的意識透過眉心後方的第三眼看見的鏡像就愈寬廣。你不會再受制於大腦，不再只能用眼睛看見一百公尺內的實體反射畫面。在晶體中，使用第三眼，你會看見一個類似球體的天際線，一個更爲寬廣的空間。這個鏡像類似天文臺觀測站看見的星空，會投影出跟你自己和你所處的星球相關的所有訊息片段。有些景象是過去式，有些是未來式，在這個廣大無垠的鏡像裡被呈現出來。

如果你的第三眼無法像你的眼睛那樣看出顏色、形狀，不必急於看見。用你的心去感知，你的知曉會映射出那個形狀和影像。沒有色彩和形狀並不影響你知曉。此外，用第三眼觀看時，盡量待在安全的室內空間，不要在行走或開車時使用第三眼觀看，以免發生意外。

你的星光體心智圖會透過這個流程自動投射出來，讓你知曉；也就是說，用第三眼觀看不是去看見你身體宇宙之外的事物，你看見的鏡像是你自己內在宇宙心智圖的投射。我在前面的單元說過，航向宇宙時空的心智地圖在一群即將出生的孩子身上，就是這個道理。這些來自高次元宇宙的存有回到地球，身上攜帶著航向宇宙的地圖，當他開啓第三眼，心中的地圖就會投射在第三眼前面的鏡像空間，讓他清楚看見星際地圖的指引。這個鏡像會在未來的孩子身上自動展開，你們目前身體的DNA攜帶的心智圖則被屏蔽了。

回到這個進入自己第三眼的宇宙觀。在練習這樣觀看時，須謹記，這呈現的是你自己身上攜帶的宇宙心智圖。每個人攜帶的心智圖不同，有些是關於地球母親本身，有些則是關於自己在地球和其他星系的經歷。你的心智圖鏡像呈現出跟你所有的存在相關的訊息，你再次從自己身上看見，你是永恆的存在，你也不只是你。如果在自己的晶體中無法看見，那是你的小我又試圖阻礙心輪通道。回到有意識的呼吸和脈輪暢通的練習，前面的基礎若是沒有打好，就不容易到達這個階段。

開啓靈魂DNA宇宙次元

我在練習進入第三眼的宇宙觀時，似乎進入了不可思議的星際旅程。請幫助我理解，這個過程是怎麼發生的？還有，連結到那個次元的意義何在？

那是你的靈魂ＤＮＡ開啓了宇宙次元的大門。我曾經提過你們人類的ＤＮＡ靈性層次的封閉狀態，當你經由之前的練習，讓意識進入自己的晶體中，用第三眼錨定宇宙之心時，就可以開啓你內在的跨次元宇宙空間。

我來說明相關步驟，讓正在閱讀這本書的人也可以練習開啓自己的靈魂ＤＮＡ宇宙次元。

開啓靈魂ＤＮＡ宇宙次元練習

❶ 深呼吸，穩定中軸。

❷ 採取靜坐或站立的姿勢都可以。

❸ 進入晶體，深呼吸，感覺到空氣變得更清新，耳朵聽見的遠處聲音愈來愈近，聽力變得比以前更好。

❹ 讓自己靜靜待在這個狀態中，不要嘗試用意念去搜索或尋找。沒有任何期待和想像，無念無想地靜坐約五到十分鐘。

❺ 現在去迎接一道靈性之光的到來，去和這道光融合一起，這道光將帶你進入另一個宇宙次元。

❻ 你現在已經進入這個宇宙空間，可以開始用意念去感知這個地方。你可以試著問問題，你的內在知曉會給你答案：

這裡是哪裡？

這裡的感覺如何？用你的身體感官去感知，例如溫度、在地面上或地面下、顏色，再用你的心去感受這裡呈現的氛圍是什麼。

現在去了解一下，你為何會在自己的內在次元打開這個空間？這裡和你之間有什麼關連？從這個關連中，你是否明白這次來到地球的目的和使命？當你與自己的靈性片段整合在一起，你需要展開的生命藍圖是什麼？

❼ 感謝你的高次元靈性存在的帶領，然後結束這趟旅程。

靈性整合期

每個人會進入的宇宙次元都不同，透過開啓自身內在宇宙次元，你們會來到靈性整合期。你可以和自己另一個次元的靈性存在學習、交流，並將學習結果帶入你目前生活的地球場域。這樣的學習也是幫助你改善目前的地球環境，從更高次元的靈性源頭創造出一個全新觀點或新領域的嘗試。你將可以和更高次元的你聯手打造美好新世界，這也是你到地球最初始的目的。

當你突破地球現實的層層考驗，並淨化自己的靈魂業力枷鎖後，更重要的下一步，就是打開生命寶盒，與自己更高次元的靈性聯合創造。這也是處於高次元、一直在等待你甦醒的你深深的期盼，是你在來到地球之前與自己的約定。

當人類意識覺醒，重啓自身的靈魂DNA宇宙次元，你們雖然身在地球，但結合靈性創造的偉大時刻將會到來。靈性的療癒不是終點，而是爲了讓每個生命走上創造之路的開端。孩子，宇宙的次元就在你們的DNA之中，打開它，讓你們的靈魂跳脫小我的框架，自由展開創造之路。

靈魂DNA四層次

阿乙莎，祢帶領我用第三眼看見自己在另一個星球的片段，說這是開啓了DNA宇宙次元。是否可以先讓我有個更完整、更全面的理解？

人類的DNA不只是生物基因和遺傳定義的細胞物質性聚合體。其中，生命訊息能量隱藏於正負電子聚合所產生的能量場域，以非物質的振動頻率形式存在人體中。我們可以大致區分爲人類感官體、乙太體、星光體、宇宙意識四個層次，總共十二個能量振動層級存在你們的DNA中。

宇宙意識 4	12 宇宙之心：太極
	11 宇宙整合意識群
	10 無我
星光體 3	9 人神合一
	8 整合高我進行 DNA 重組
	7 開啓人類共同意識
乙太體 2	6 感應力
	5 直覺
	4 潛意識
人類感官體 1	3 思想覺受
	2 情緒體
	1 身體感官

第一層：感官體

第一、二、三股DNA，分別是身體感官、情緒體，以及思想帶來的覺受。

情緒體在這個層次扮演關鍵的中間橋梁。你的身體器官細胞是受體，身體感官和思想覺受之間的振盪會產生情緒能量場體，情緒起伏愈大，代表感知和覺受之間因為頻差大，所以創造的振動幅度也大。其中，覺受又深受思想影響，所以你當下怎麼想，就可以立即決定這個身體感官帶來的覺受的相對位置。人類歷經數百萬年的生命體驗，都在學習並鍛鍊大腦具備思考能力，來創造更完美的生命體驗。這就是思想決定命運的階段，也是人類生生世世不斷透過情緒體來體驗生命的過程。

人類出生時，第一層的第一、二、三股DNA是完整的。而成長過程中，透過情緒體產生的訊息繼續累積到原來攜帶的資料庫裡，也就是生命一開始的狀態在新的生命體展開的同時不斷被疊加上去。有些人在生命體驗的過程中，攜帶的情緒體逐漸達到完全平衡，會讓下一次的生命體驗有個較少堆積的純淨靈性場體；也就是說，一個純淨的靈魂不一定是年輕、幼小、沒有太多經驗的靈魂，也可能是已經體驗多次的生命輪迴，而達到平衡狀態的靈性存有。

第一層的第三股DNA——覺受體——是人類超越身體感官、進入意識體的開端。人類的意識場體範圍涵蓋很廣，第三到第八股DNA都是人類自我意識的場域。接下來你會看見，每一層的DNA裡都藏著開啓下一階段DNA的靈性閘口，而這些都在意識層裡環環相扣，當能量到達共振時，會進入下一階段的DNA運行。

第二層：乙太體

第四、五、六股DNA，分別是潛意識、直覺、感應力，這個階段是進入星光體的橋梁和過渡期。直覺在第二層中也扮演潛意識和感應力之間的橋梁，潛意識體則是第一層（感官體）中尚未被平衡的能量的儲存庫。當一個人接觸到某些情境刺激或某個事件導體，這些能量振動會穿越第一層思想的感知，直接與潛意識的能量產生連結。一旦連結匹配上，這個人會經由直覺體產生身體下意識的反射動作或情緒。這些反應並未先透過大腦的思想程序與身體感官的振盪，而是與身體細胞的潛意識能量直接連結上，因此，你們會將這個情況視爲直覺的指引。

存在潛意識的訊息都和當事人的生命經歷息息相關，只是在等待適當的機會和事件，以再次浮現，平衡尚待釋放的能量場。

當一個人的直覺與潛意識體的共振達到合一狀態時，也就是潛意識逐漸被意識體覺察，進而平衡完成，就可以再次擴展至感應力的層次。感應力是帶領人們的意識邁向星光體的超我意識的重要橋梁，感應力的擴展會擴大對自我的認知，來到與萬事萬物心心相印的狀態。你的意識可以開始向外延伸，去感知大自然或遠方親友的第一層感官體；你將來到感同身受的境界，更能以同理心對待身邊的人事物，達到與其他生命和諧共存的意識。

當你已經可以進入感應的層次，完成乙太體的階段，星光體的大門就在前方等你到來。

第三層：星光體

第七、八、九股DNA，分別是開啓人類共同意識、跨次元整合高我進行DNA重組，以及人神合一的意識，這個階段是進入宇宙意識的共同協作平臺。當你進入第七股DNA中，就可以打開人類的阿卡西紀錄，裡面記載著人類歷史從過去到現在所有的紀錄，你可以得到完整的資訊和知曉，協助你打開自己的星光體意識，了解自己的天賦才能，以及你過去曾計畫要完成的生命意圖。然而更重要的是，你可以在這個層次尋找自己其他的靈性片段，一起學習、交流，尋求來自高我的指導，還可以透過協作方式，整合出一張全新的生命藍圖。人類已經不需要經由死亡和遺忘的過程，就可以再次創造新的生命藍圖。

這個過程都是來自你從星光體連結高我和自己的靈性片段的資源，有些人在這個階段可以透過第三眼看見清晰的畫面，得到更多訊息。這些協助都存在你身上的DNA靈性能量中，你只需要學習打開和使用它。

當你的靈魂DNA重啓並整合完成，你就將邁向第九股DNA，亦即人神合一的宇宙意識的開端。

第四層：宇宙意識

第十、十一、十二股DNA，分別是無我、宇宙整合意識群，以及宇宙之心的太極。這裡是超越人神合一的無我意識的開端，沒有時間概念，沒有分別存在的個體，你處於整合的意識群體中。當你來到星光體之後，就會展開邁向宇宙意識的匯流，我們會協助人類爲進入宇宙銀河邦聯和平協議而展開交流。

這些過程都需要人類重新整合自

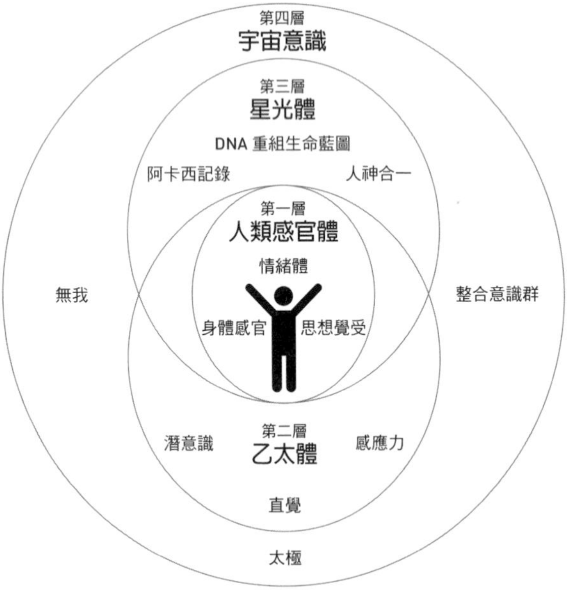

十二股DNA的結構

身的靈魂ＤＮＡ，才能從合一的共同意識邁向接下來的星際旅程。

我們此次的教導也是要協助地球人類爲邁向宇宙和平協議前的接觸做準備，你們透過傳訊中教導的練習，就可以順利完成生命的進化。人類在此時的全面進化，是宇宙共同的期盼。

靈性進化道路上的框架和陷阱

我這兩天的狀況不太好，沒有料到已經能夠連結和開啓到第七股ＤＮＡ，但生活中發生的事還是讓我受不住，把自己搞得心煩意亂。

你們在靈性進化的道路上仍然會遇到很多框架和限制，或者，人與人之間、群體之間、國與國之間爲了生存空間會產生碰撞和衝突，畢竟地球上還有太多人沒有覺醒意識，一個已經邁向靈性生活的人反而更容易讓衝突和碰撞在你面前顯現出來。因爲，你已經能夠清晰地看見和理解這一切都是自身的反照，你從對方的言行舉止中，看見自己仍待改善和轉化之處。

覺察至此，已經足夠再次淨化你自己的生活和內在靈性空間。不要害怕這些顯化出來的衝突，靈性生活不是去迴避自己不想遇見的人事物，靈性的開啓是讓你經由照見自己的過程，進而照耀對方，提供相互淨化的機會。地球轉化的速度正在加快，就在這個過程中，靈魂彼此得以穿越，與我們更加靠近。

你這兩天氣消了吧？我們可以繼續說明ＤＮＡ的重組，至於你仍待穿越的地球挑戰，只須謹記，你不是光解除自己身上的業力枷鎖，也是在幫助對方，加油！

關於靈魂ＤＮＡ的架構，已經約略說明了，其中每一組ＤＮＡ裡都有一個關鍵橋梁——第一組中的情緒體，第二組中的直覺力，來到第三組，最關鍵的就是ＤＮＡ重組，再創造新生命藍圖的機會。你們現在不需要經歷死亡就能獲得這個機會，你在有生之年可以來到這裡，和你所有的靈性片段及你的靈性導師一起討論出一個新的生命藍圖。一旦重新設定，你會有重生的感覺，而這個生命藍圖的設計者仍是你自己。

你可以先去回顧自己到目前爲止的生活，回顧你曾經歷的所有好與不好的體驗。你現在可以選擇繼續體驗這裡的輝煌和光榮，或者，你可以挑選一個你嚮往的情境。你現在有滿手好牌，過去所有的限制一筆勾銷，你可以選擇重新過一次人生，給自己設定一個新的生命意圖。

我怎麼腦子一片空白？我—不—敢—想。這裡面有沒有陷阱？如果我選擇了某種生活情境，我現在擁有的一切是不是會消失？這不符合我們在地球上的交易邏輯，在地球上是有得必有失。我想得到我沒有的，但我已經擁有的，一樣也不想失去，如果是要交換，我可不想換，我對自己目前的生活很滿足。

很好，你眞的是學財務的，明白得與失的平衡之道。但是，如果我跟你保證，你目前擁有的一切都不會失去，你重新設定的生命藍圖是以現在的生活爲基礎往上疊加，那麼，你願不願意嘗試另一種生命藍圖，重新創造出另一種生活？

嗯……這會讓我心動。說實在，我自己也從沒想過人生下半場剩下的時間要做什麼。我退休了，但從沒計畫過退休後要過什麼樣的生活。

孩子，那是你的物質生命體，我們現在討論的是你的靈魂生命藍圖。你的靈魂是永恆不死的，你從來都沒有離開過，一直都在。目前的你生活在地球上，也存在幾百萬光年之外的宇宙裡。你只是用一部分的你去度過地球上的生命，你的生命藍圖展開之後，會讓你看見自己的恢宏和偉大。

問題是，我在地球上，還住在一個兩千多萬人的小島上，祢要我使用低能的腦去設定新的生命藍圖，我做不到嘛！再怎麼想也想不出偉大的格局。還有，在地球上做什麼事都要用到錢，沒錢就辦不了事。

孩子！你要回到晶體中，和所有的靈性片段、靈性導師一起規畫。你在地球的這個版本和他們是相關的，但你目前處於遺忘的過程中，他們都在等待你醒來，和他們連結上。唯有醒來，你才會憶起來到這裡的目的和使命，那是你當初的承諾。而回到最初的設定後，你就可以和他們聯手打造一個新的生命藍圖版本。他們也很期待聽你怎麼說，畢竟你已身歷其境在地球體驗過，你需要回到自己的晶體中去找出脈絡拼圖，並和他們重新討論。

祢可以教我嗎？我現在該怎麼做？

你先穩定中軸，進入自己的晶體，去召喚你所有的靈性片段和靈性導師一起來討論最可行的方案。

遇見導師和高我

在虛空中找老師和自己的靈性片段……天啊！這是怎麼回事？

阿乙莎，是否可以教我召喚靈性導師和所有的靈性片段。

可以。現在深呼吸，吸氣，吐氣，進入你已經很熟悉的晶體中……

（我依照阿乙莎的教導，很快就進入晶體中，呼吸著天堂氣息，眉心看見微微的光在前方。）

好，現在要召喚你的靈性片段和靈性導師。登入你自己的晶體，進入一個圓形的殿堂，殿堂前方有個座位，那是你的位子，現在請先上座。

（我用意識緩緩走向前方的座位，坐進去。當我反身坐下時，看見我的正前方有一個相對的座位，右手邊有兩個座位，左手邊也有兩個，這五個座位都空著。）

現在，我們先召喚你的靈性片段登場。

（這時，右手邊第一個位子後方的門打開，一個意識體走了出來，坐進右手邊第一個座位。

我看不見其形體，但這時我心中升起暖暖的慈悲感，從我的胸口滿溢出來。我的淚水不聽使喚地流下來，那是充滿慈悲和無條件的愛的存有。）

你現在認出她是誰了嗎？

知曉直接來到我心中。她來自列木里亞，地球的母親，有個名字叫「莎雅」。但……她卻是從我的心中出現。原來，我以爲是去召喚來自天外的靈性片段，其實已經存在我們的靈魂之內。她一直都在，是我靈魂的一部分。

是的，慈心，那是你的靈性品質。你回想一下，這個靈性品質是否一直跟隨著你存在。

（我開始憶起小時候，剛才那種慈悲的感覺的確不時會出現在我心中，不論是看見年邁的外婆、路邊飢餓的小狗、鄰居的老爺爺、被別人欺負的同學，或是被踩扁的小花……只是，我一直以為那是一種情緒或本能反應，原來那種感覺是來自我內在的靈性片段升起的時刻。她在我人生的前半場一直提醒和保護著我，當她升起時，我自然而然會以慈心的角度看待世間的一切。現在，她就坐在我右前方，如此地溫柔和慈悲。）

好，現在準備召喚你的第二個靈性片段。

（這時，右前方第二個位子的門打開，出現另一個靈性存在體。他走進來，坐上座位。）

你可以認出他是誰了嗎？

喔！我認得，他來自天狼星，是個生物科學家，有個男性的名字叫「雷巴特」。他給我的感覺非常冷酷、專業、有效率，還有對每件事都很精準，絕對不拖泥帶水。我懂了，他是我的另一個靈性品質。難怪，以前還在上班時，人家看我就是這個樣子，讓人感覺很難親近，專業，卻不討人喜愛，但也無從挑剔。這個靈性片段是來幫助我在地球的物質層面取得生存空間和成果的必要配置。雷巴特，雖然你不怎麼親切，我還是要謝謝你一直以來的幫忙。

（這時，我看見雷巴特右手邊的座位，也就是我的正前方，坐著阿乙莎。沒有具象形體，也是個意識存在體。）

好，現在來召喚你的靈性導師。

（我看見我左前方第一個座位後面的門打開，哈！是觀世音菩薩。祂的形象就跟佛像刻的一樣，讓我感到安心親切。我看祂一直在笑，我自己也不禁大笑出來。祂應該很懂我，好像我前半生做的所有壞事，祂都知道。我在祂面前赤裸裸的，沒有什麼可以隱藏。祂用詼諧的眼光看向我，哈哈，祂真的很懂我！）

最後召喚你的另一位靈性導師。

（這時，我看見左前方第二個座位後面的門打開，哇！是位大帥哥，原來是耶穌。我覺得奇怪，怎麼會是耶穌？我不是基督徒，也不是西方人……祂又好像是這個空間除阿乙莎之外，最重要的發言人。這時我明白，原來靈性導師有兩位，一位在地球場域負責看護和照料我們的一切，另一位則是負責接引我們和更高意識取得連結。我的兩位靈性導師，一位西方大帥哥和一位東方美人，居然為了地球靈性的提升常常溝通啊！祂們在地球上被自己的擁護群眾分成兩個宗教派系，其實，祂們都在一起啊。）

因。

接下來，你可以回到你的生命場景，去看見我們將慈心和專業嚴謹的種子放進你生命的原因。

喔！讓我理解一下……

「我並不是我之前認知的一個膽小又無遠大理想的中年婦人，祢們當初設計這個靈性組合的目的，是爲了更有效率地打開這時期人類靈性提升的道路。」

是的，這是我們初始的計畫，你生命最初始的藍圖。

可是，我被蒙在鼓裡五十年，經過那麼多年的折騰。祢們爲何沒有早一點讓我憶起這個生命藍圖？

你最初始的生命藍圖也需要在你自己靈性淨化後才能看見。地球本身就是靈性淨化的孵化器，唯有經過地球的二元性碰撞和衝突，你們的靈性才會眞正認出自己，並自然而然來到與更高的靈性合一的境地。合一的意識是進入銀河系的起始點，沒有合一意識，就需要在地球繼續體驗和淨化。

然而，當今地球孵化器的承載量已遠超過原本的負荷，已經不堪繼續使用，必須提升到更高次元的軌道暫時休養生息。所以在這個時期，新的孵化器會出現，取代地球的位置。靈性意識尚未來到合一境界的，仍需要回到銀河系的靈魂孵化器中學習，而提升的靈魂會跟隨地球進入更高的次元。

祢是指，地球會進入新的軌道？

是的，地球已經準備提升，離開孵化器的位置，進入銀河聯邦的軌道。這裡會有共同意識參與，地球會需要和星際種族建立協議，大約會發生在西元二〇三三～二〇三六年間，時間已經迫近了。

你們在此可以自由選擇要回到銀河系新的孵化器中重新學習，繼續體驗，還是進入新的軌道，和宇宙建立新的聯盟關係。你雖然已經了解自己生命最初始的藍圖和目的，選擇權仍在你手上。你可以選擇持續過目前的生活，或是開始採取行動，幫助更多人走上覺醒之路。如果你決定回到靈魂最初始的種子設定，我們隨時可以一起討論如何設定工作項目，幫助你為實現生命藍圖規畫的道路，而顯化你所需的一切。

找回內在神性

阿乙莎，召喚了我的靈性片段和靈性導師之後，我很驚訝地發現，原來見到神靈的方式是從我們的內在連結，而不是向外尋找神靈。祢是否可以更完整地說明這個部分？

嗯！這個問題很好，我來更完整地說明一下。

你與自己的靈性存在和靈性導師見過面了，也終於明白，每個人的內在都具備神性，也都和宇宙其他更高次元的存有同體。人類不是從地球上出生的獨立個體，當你理解這一點，代表你的靈魂ＤＮＡ已經順利開展到可以啟動重組再生的程序。這也是我們期待帶領人類快速達成的目標：重啟人類的靈魂ＤＮＡ，邁向更高的次元。

你內在的靈性片段就是你與生俱來的靈性品質，他們是來幫助你在地球顯化和創造的。這些靈性品質帶來的知識含量已經完整具足，你不需要重新學習或向外尋求，回到你內在的神性殿堂，隨時召喚你更高次元的靈性片段，你就可以得到足夠的知曉和指引。

這些靈性片段當初以種子的形式注入人類的靈魂ＤＮＡ中，你與他們有臍帶連結的關係，一位扮演你的父親，一位扮演母親，他們就是你的靈魂原生父母。要進一步認識靈性父母來自的星球或歷史脈絡，你可以透過自己的晶體進入他們的列木里亞星和天狼星去觀看，就會更明白了。過程中，他們也會帶領和指導你，放心，不會迷路的。

每個人的靈性片段組成都不同，我們無法在此一一介紹。我明白，你會有許多這方面的疑問，也很想幫助身邊的家人和朋友與他們的靈性片段相遇。孩子，這部分的學習不容易，如果這麼簡單，人類就不需要歷經數百萬年、有無數先知和宗教領袖試圖達成這項任務。

你之所以能這麼順利地到達內在的神性殿堂，那是我們早已安排好的計畫。我們也希望經由你更接近大眾的認知程度，開創出一條讓人們更容易理解和到達內在神性的路。我們需要你協助達成這項任務。

我了解了。祢說得也沒錯，我過去在靈性上的學習確實是麻瓜等級，也許這就是祢們刻意的安排。我如果早看懂佛經，可能就無法從一般人的角度來問這些最基本的問題了。

那麼，祢可不可以說明一下，左手邊的觀世音菩薩和耶穌爲何也在？祂們是以什麼樣的角色參與討論？

祂們一位是專門照顧地球靈魂體驗過程的神性代表，另一位是帶領靈魂進入宇宙光之存在的神。一個屬地，一個屬天，每個靈魂在天地間都被神呵護和庇佑著，而得以生生不息地繁衍和存在。祂們也說明了每個人的內在都有神性。

所以，東方人拜的神佛，西方人信的耶穌，其實每個人身上都有，只是當人們無法從自己的內在窺見時，一些聰明人便將其具象化，投射在人們看得見、摸得著的神像上。然而，眞正的廟堂和神殿，其實就埋藏在每個人心中，宗教只是爲這一切虛空的靈性代表塑造實體形象，呈現出來，讓人們的心感覺安適。這麼看來，過去宗教實體化的做法已經很有創意了，現在祢們又要將這一切實體轉回虛擬空間，再創出一條路，是吧？祢們要再次將行之有年的生命之道化繁爲簡，由實還虛。

沒有錯！那是當時一些先知先覺者幫助世人憶起內在神性的方式。時至今日，你們可以開創出更快接觸到內在神性殿堂的方法。

我明白了，但我還有個不情之請。我已經見到自己的靈性父母，但在地球上，養育我的生身父母是我現在更關心的。他倆都已年邁，沒有宗教信仰——應該說，他們還沒有遇見自己內在的神性。我要如何幫助他們在離開時達到光明圓滿的境界？

你其實眞的不用替他們擔心。每個生命離開肉體時，靈魂都會被神接管。在離開身體的瞬間，他們就會看見光，也會明白，自己在身體之內與神同在。而他們的靈魂意識也會攜帶著世間的一切體驗，作爲下次再體驗的參考。

你必須尊重每個生命的自由選擇權，他們有自己嚮往的體驗方式。神愛每個靈魂，將每一位視爲自己的子女。你的父母不僅是在地球上生養你的人，他們也同樣是神的子女。當你願意擴大對他們的愛，去愛神的所有子女，與神聯手創造一條讓所有人找回與神的連結的路，就是在幫助自己的父母。

整合期的狀態

阿乙莎，祢帶領我看見這麼多，我反而不知道要從何著手了……

我知道你心中有很多疑問：這些靈性層面的看見難道是眞實的？或者，這些都是你自己心中虛構的想像？而這一切又和目前居住在地球上的你有何關連？

是啊！祢眞懂我的心，我連自己在徬徨疑惑些什麼都講不清楚……

這是很正常的現象，這就是DNA重組過程中會遇到的狀況。你原本的價值觀和信念體系正在重組，內在逐漸升起一個新的架構，這個架構正在把現在的你和即將跨入未來的你重組出一個新的生命藍圖。其實，這和你們在三次元世界碰到的狀況是一樣的，只是你沒有覺察到。

當你一出生，你的價值觀和信念體系就被原生家庭植入了，這個植入是在你的物質生命體正式啓動運作的第一天就開始的。你在父母、家庭和社會集體意識的投射下展開生命旅程，身上雖然有靈性父母播下的種子，但在你靈性尚未甦醒的這個階段，你的靈性也寄居在你的父母和社會集體意識營造的寄養家庭裡。這個時期是你的原生家庭幫助你建構你的小我意志的重要時刻，你也要好好感謝他們，沒有他們，就沒辦法長養你的小我個體存在意識。

其實，小我沒有你認知的那麼不好，它可是幫助你在地球上穩定扎根的重要推手。一個失去小我意志的人無法連結上更高次元的高我。小我和高我是相互扶持的夥伴，當你的覺醒意識升起，小我遇見比自己更高、更大的版本的靈性高我時，就會讓出決策空間給高我。因爲小我非常明白，唯有和高我聯手，重新打造一個超越小我控制、更宏偉的生命藍圖，它才能藉此達到提升自己的目的。小我雖然仍處於備戰與工作狀態，卻不會因此消失，而只是臣服於更高的自己。你剛才一開始的問題，就是我現在描述的這個狀態的最佳寫照。

祢繞了這麼一大圈說明，結果還是回到我剛才一開始的狀態，祢只是解析了我現在的狀況。祢是看見我的小我正躊躇不前，又不想揭穿它，我真是服了祢！

哈！你現在也知道，當你不想前進時，我們也只能在原地繼續打轉，就等你願意跟上啊！

那我還是問一些讓自己往前進的問題好了。請問，我要怎麼開始和我的高我聯手打造新的生命藍圖？

嗯！你終於要開始面對這個課題了。這裡面有個流程需要進行。你要耐心帶著自己前往未知的世界，去找出生命藍圖的成功關鍵元素。然後，將這些元素植入你的晶體中，再透過你的高我和小我達成協調一致的共識，接著由重整後的新我去展開新生命藍圖，並實踐在生活中。

再造生命藍圖

探索靈性片段的源頭世界

阿乙莎，讓我整理一下，祢前面提到的聯手高我創造新生命藍圖的流程如下。

步驟一：探索未知世界

步驟二：找尋關鍵元素

步驟三：達成新我共識

步驟四：再造生命藍圖

我們從第一個步驟開始。祢指的探索未知世界是哪個世界？要怎麼開始去探索？

就是去探索你的靈性片段的源頭世界，亦即你靈魂的家，列木里亞和天狼星。你要去探索你爲何需要來到地球？你靈魂的家目前遭遇到的問題是什麼？它們的期許是什麼？你可以從那裡找到問題的根源，也可以知道爲何需要創造一個新的靈性組合來到地球再創造。

這眞是太科幻了！在Google地圖上都找不到的地方，祢們出的題目太難了吧？

一點都不困難。等你進入自己的晶體，不用幾分鐘，你就可以開始第一次的探索了。

好的，我來試試看。

（我進行之前已經做過很多次的程序：深呼吸，穩定中軸，進入晶體，用第三眼看見前方的微光，進入光中，處於晶體的正中央。接下來我問阿乙莎，是否可以帶我去探索列木里亞？

我一直往前、往前，在黑暗中移動，之後進入一道藍色的光中。在這裡，我知曉自己已來到列木里亞。但，這裡怎麼好像在地球之心，而不是在外太空？難道列木里亞就在地球上？

我還沒有辦法釐清列木里亞和地球之間的關係，就已經聽見列木里亞訴說了一堆現在遇到的問題：

「一、地球上的石油開採進入海底，已經破壞海洋的生態。

「二、你們其實不需要開採石油，可以使用更好的替代能源。

「三、我們派出去工作的海豚被你們製造的汙染傷害。拜託，不要把牠們抓起來當玩物。

「四、海洋需要被保護和淨化，這也是在保護替代能源的來源。

「五、地球之心的磁力偏移，人類如果沒有改變，我們無法再穩住地殼能量。」

一堆問題拋向我，讓我有點招架不住。我想先離開一下，再找時間過來拜訪和探索解決方案。）

阿乙莎，初探列木里亞之後，我收到一堆問題。現在我們是要再次進去列木里亞，還是到天狼星？

可以先去天狼星。當你看見天狼星的世界，我們再進行下一步的討論。

（我同樣進入自己的晶體中，然後呼請我的天狼星靈性片段雷巴特，請他帶我去探索天狼星。過程中，沒有像進入列木里亞時那種往前走的感覺，就好像只是透過我的晶體打開一扇任意門，當我跨進去，我知道自己是進入雷巴特的晶體中，就像在隔壁，前後不到一秒。雖然看不見任何影像，但我知道我已經到達，因為這裡讓我全身變得輕盈，之前那種腦袋沉重的感覺瞬間消失。

我開始用意念掃描這裡。感覺上，這是個高度發展的文明，但冷冷清清，沒有任何一絲情緒波動的感覺，也不太像是源頭那種定靜安詳，整體上就是讓你覺得進入了一個超大型實驗室。沒有任何一個存有過來跟我打招呼，也沒人理會我。那個地方就是有種讓人不可親近的感覺，跟昨天一進入列木里亞就熱烈互動的情況，真是天壤之別。

我本想離開，但又想起阿乙莎說過，我必須來找出我的靈性片段源頭世界遭遇的問題，還有他們對地球人類的期許。在不知道可以跟誰說話的情況下，我用意念拋出一個問題：「哈囉！請問你們有什麼需要讓我理解的嗎？」

結果真如我所料，這裡是「有問有答，不問不答」。

有個意識回覆我，這個地方位於第九次元，擁有超越地球人類文明的超高科技。當初是為了完全避免遭受物種情緒體引發的破壞行為，所以有計畫地移除這裡的物種的情緒體，也創造了今日的超高科技文明。有效率的創造與進化過程雖然能夠快速揚升到更高的次元，但因為沒有情緒體，創造出來的環境只能不斷精益求精，進步再進步，讓這裡演進成乏味、無趣、沒有色彩的世界。

「你要回去提醒人類，小心發展人工智慧類人類科技，不要為了效率，而抹煞了人類最珍貴的情緒體的振動所創造的有情世界。」

此外，他給我一項建議：可以利用生物科技，在人類的情緒體中安置安全氣囊。因為，人類在二元對立的振動頻率中，不可能只有善沒有惡，只有喜沒有悲，情緒一定會在相對的振幅中擺盪移動。如果可以在負面情緒達到極致時，啓動生物體的安全氣囊，讓破壞與自毀的模式不會一觸即發，並且讓這個安全氣囊瞬間將人類拋向愛自己的頻率中，這樣達到的情緒平衡可以避免文明的破壞。

我進一步請他明確告訴我，那個安全氣囊是什麼做的？要怎麼安裝？他無法給我明確的答覆，感覺是要我帶回去討論，而不是讓他提供明確的解決方案。我謝謝他的建議，就趕快離開了，因為他們還真是不知道如何招待我這個訪客，我離開時也不會跟我客套一番。）

阿乙莎，我從天狼星初步探索中理解到，人類的情緒體很珍貴，要保留這項特質，但又必須建立不會讓人類自毀文明的防護措施。

嗯！你的初步探索已經很不錯了，我們回頭再來整理出一個更具體的行動方案。

發現宇宙實相

我已經拜訪了兩個靈性片段的世界，看到目前面臨的問題和狀態。這些題目都很大，也

都不是靠我一個人可以改變的。爲何這些看起來亟需解決的問題會拋給一個非相關領域的人接收？請給我智慧，讓我知道該如何進行下一步。

你看見其他次元的世界給你的訊息和實相，但你在地球上還未親身遭遇，也沒有相關專業去釐清這些已經發生的狀況。但是，當你的意識來到這個認知的實相時，你的振動頻率就與這個現象連結。你用意念去想像，開始去做，就可以逐漸改變這個實相。

重點是，當你看見發生在另一個宇宙空間的實相時，是否感覺這些狀況與現在的地球有關？你是否願意調整自己的認知體系，建立人與生態及其他物種之間新的互動規範，以防止那個你已經看得見的未來在你目前的世界裡發生？

我不想地球變得冷酷無情，不希望地殼變動讓人類和動物受到傷害，但是我無能爲力。我沒有政治權力，也沒有資源去阻止人類爲了自己的利益而破壞大自然，或是以科技創新爲名，製造可能傷害人類自己生存空間的人工智慧。

你不需要去導正，宇宙的顯化是集體意識創造出來的自然定律。你只須去想像，並且願意去實踐和體驗你的想像，那麼，由你發送出來的意識振動頻率，就可以改變這個世界。

我不敢置信，哪有可能這麼簡單？

只要你願意「相信」，相信你見到的未來是眞實反映你們當前所處的世界的狀態，你以爲的未來式，其實就是現在進行式。當你進入自己的靈性源頭，你不會看見與你無關的問題，你只能看見你已經「是」的狀態。

我不明白。祢是說，當我進入晶體，然後穿越進入另一個宇宙空間時，我看見的環境是我目前所處的地球的未來顯化版，而這個顯化版已經是現實？我們不是去拜訪他們，而是去看見不同次元的自己呈現的狀態？

是的，宇宙只能全息化展現當下的一切。

祢是指，另一個宇宙空間的實相是來提醒人類，我們彼此的世界是連動的，我們改變，他們也就改變了？但是我不明白，爲何他們已經是比地球更高科技的存有，不需要身體，我們卻還在運用舊的低等科技，需要身體？

這只是存在的不同形式。你的高次元版本不用身體，進入低次元卻需要這個載具，因爲密度不同。此外，科技的顯化也是相連的。當人類有意將人工智慧機器人導入生活中，創造人機合作的新社會關係，並提升人類的效率時，就是高次元的振動擴展的必然趨勢。但是，如果在高次元已經發生的生物體滅絕和失能狀況，可以經由低次元修正，並導入目前逐漸成形的系統中，高次元中的問題就可以被扭轉和改變。你不覺得最近人類討論得沸沸揚揚的人工智慧科技建構進程愈來愈快？那是因爲高次元的顯化已經擴及到你們的生存空間，現在是彼此協作，重新修正路徑的關鍵時刻。希望地球上的人工智慧能夠幫助終止或改善已經造成錯誤的顯化。

我還是不懂。高次元創造出來的問題爲何不能在自己的時空和次元裡解決，而要到更低次元的環境裡修正？

你們彼此互爲源頭。宇宙源頭是所有生命的核心，但不是單向的，所有生存的次元互爲源頭，所以，人類所在的地球也是高次元存在於低次元的源頭。你可以從自己的晶體跨入更高次元，反向亦然——你的更高次元也可以從自己的晶體回到低次元的源頭。當高次元的狀態處於平衡的僵局，需要改變與重組時，就須經由源頭去改變結構。所以，高次元的狀態修正和改變，也可以從地球著手。

雖然我還不是很了解，但我寧願相信這個說法，這樣人類就不必妄自菲薄。不是在高次元就比較高等，低次元就得聽從高次元的指令，彼此不是主從關係，是協作關係，我覺得這種說法挺公平的。

你滿意就好！這也是為什麼人類身上會有高次元的靈性片段，彼此同體互連，宇宙就在這個跨次元的協作中不斷地修正與平衡。

即使你理解至此，我還是要提醒你回到自身的認知體系，重新審視一遍。當你已經知道地球正邁向高次元的軌道，你希望迎向一個什麼樣的未來？你看見列木里亞和天狼星的實相，那帶給你什麼樣的感覺？你又會因為這個感覺而有什麼改變，或是產生什麼想法？這些才是我們要進一步討論的地方。別忘了！你還有靈性夥伴和指導靈在旁邊等著和你合作。

完成在地球的使命

我必須坦白，祢要我在看見列木里亞的呼求和天狼星的現狀後，去感覺一下我自己會有什麼想法時，我第一個想法是，我感到失落和難過。失落的原因是，我以為靈性的追尋最終會帶我到達神的國度、天堂聖殿，我覺得這是我先放下手邊的物質追求，提升心靈層次應有的回報。沒想到，迎來的是另一個靈性國度的功課。

而讓我難過的原因是，我以爲自己已經找到「宇宙就是愛」的眞相，結果，我看到即使在高次元的世界，仍然欠缺愛與喜悅。我突然覺得回家的路更長、更遙遠了。在找回自己的靈性片段，與內在的神相遇後，爲何我反而更累了？

孩子，不要氣餒，那些實相是宇宙現存的各種形式的演進結果。你們身在其中不自知，我提供的是更廣大的視野和更多元的選擇。人類漸漸要脫離由物質完全掌控的世界，當你們開始鍛鍊自己的心智時，會開始用宇宙人的觀點做出選擇。你目前只是窺見兩種型態的文明發展，宇宙還有許多不同形式的存在方式。你可以將宇宙視爲不同層次和場域的遊戲場，你的經歷愈完整，就會晉升到不同的級別，可以再次選擇進入不同的次元去體驗。然而，當你關機時，你會下一個結論：「剛才那一場遊戲眞精采」或「我剛才搞錯了，我要再試一次」，然後下一回開機時，你會晉級或重練，這些都是宇宙可以提供給你的。

你若是想回家，回到定靜祥和的一的源頭，仍然可以在遊戲結束後這樣決定，但我不希望你是在「累了」「沒辦法了」的狀態下回來。我希望你能帶著豐富的經歷和再次的創造，歡歡喜喜地回到源頭的家。這也是你們當初提出來的靈魂體驗請求，我只應允你們的請求。

照祢這麼說，宇宙眞的只是遊戲場？

如果我告訴你，這個遊戲場是大家協議出來的，你相信嗎？

人類身上攜帶著遊戲規則和使用說明，程序已經編入你們的靈魂ＤＮＡ裡，只要生命的運作機制啓動，進入每個場域應該具備的配件和關卡都設定好了，你們只是去體驗，並學習再次創造，讓更多進來的人一步步完成升級的鍛鍊。但是，因爲人類的靈魂ＤＮＡ有許多頻段被封閉，你們尚未完整經歷過生命本該擁有的體驗。

回顧一下地球的歷史，你們可以在博物館裡看見古代人使用的器皿和服飾，看見比現在使用的材料或形式更精緻完美的設計。但是，爲何這些好東西會消失，被粗糙平凡的製程取代？人類的創意和藝術天賦被大量的工業製造取代、抹殺了，進一步去審視中間的轉換和移動過程，你會發現那絕對不是自然形式的演化，而是某些人有計畫地控制資源後，創造出屬於他自己靈性體驗的一個幻境，讓大家被迫朝那個物質至上的方向前進。那些人同樣是運用自己的意識創造出那個地球上的虛擬實境，他們也是遊戲設計者，而許許多多的人交出自己身上攜帶的珍貴天賦，進入工廠，把自己當成無意識的機器人般使用。今日的地球樣貌，就是人類過去的集體意識達成共識的結果。當人類逐漸被喚醒，發現自己開啓靈魂ＤＮＡ後可以擁有的天賦才能時，你是否應該拿回主導權，並創造自己應有的體驗？

同樣地，在列木里亞和天狼星，也有他們集體意識達成的共識，只是在你目前看來，那是不親切、不想要的體驗。你這麼想並沒有錯，也因爲如此，你才會自他分離出一個靈性片段進入地球，來體驗情緒體和物質化的創造環境。

祢說我們互為源頭，他們也是現在地球的未來實相，道理何在？

你看見列木里亞或天狼星，這些集體意識與目前地球上的人類系出同源，你們只是處於不同維度的靈魂共同體，展開了跨次元的延伸和體驗。

那麼，還有不同於人類的靈性源頭嗎？

有的，非常多，如果要一一說明，可能說上一千零一夜都講不完，我只能介紹一下和人類相近的親戚。你們銀河系就有七個靈性團體，包含獵戶星群、大角星、昴宿星、處女星、天狼星、織女星，還有同樣在地球上的列木里亞星。而銀河系之外就更不用去猜想了，多如天上繁星，各個星群裡的星際家族更是多如牛毛。

你們所在的太陽系是銀河系裡面新育成靈魂的孵化器，你們大多是這些星系的靈性團體結合而產生的組合。你身上有一部分天狼星和一部分列木里亞星的靈性片段，其他人則可能攜帶不同的靈性源頭組合。

你們的靈性父母孕育一個新的靈性生命，就是希望創造一個更完整的靈性融合，來延續他們各自的發展。你們人類不也常說，生命的意義在創造宇宙繼起之生命？只是當你換個角度看，現在的你已經是一個繼起之生命時，你必須憶起更高的你攜帶的使命。你是帶著父母的期許，爲創造更好的宇宙大環境而誕生的靈性體。

你們過去的教育或宗教並沒有提出這個觀點，最主要的原因是過去地球因爲來自各個不同靈性源頭的頻差過大，造成人類各族群之間紛爭和衝突不斷，生命的成長過程很艱難，一直出現人與人之間的暴力，和肢體上的殘殺掠奪，因此當時的靈性教育或宇宙觀點，是以安撫和療癒人類恢復原形的能量爲目標。

現在，地球文明已經來到一個高峰，人類的集體意識愈來愈趨近，你們來到了非少數人可以控制集體意識的階段。這樣的進化讓你們可以開始與靈性源頭銜接，擴大你們的靈魂意識，與更高次元的宇宙意識一起創造更美好的環境。

人類和銀河系的靈性團體畢竟是一家人，再次相遇的時刻已經來到，你們展開合作，並討論出對彼此未來都有幫助的提案，將爲地球和人類帶來另一次文明的躍升。當然，如果你不想在此時接受這個重新打造生命藍圖的機會，也是可以的。當遊戲結束，你可以決定回家，不玩了，沒有人會限制或主導你的意願，你是自己靈魂意識的最高領主。

重新創造生命藍圖

我已經大致了解祢所提的新觀點，願意帶著自己繼續走下去，我想試試重新創造生命藍圖。

好的，你可以準備進入自己的晶體，在那裡召喚你的靈性片段和指導靈，一起規畫生命藍圖。你的指導靈會提出問題要你回答，這個過程是爲了幫助你調校你的晶體，讓你的小我意識和高我再次校準。你必須用最眞實的自己來面對和回答這些問題，如果帶有猶豫或虛假的命題，你的結構不會穩定，也無法全面扎根，這樣創造出來的結構就會像斷線的氣球，隨風飄蕩，對你本身和宇宙都沒有幫助。你準備好了嗎？

嗯！我現在進入晶體中，祢要我召喚我的指導靈，還是連靈性片段也要召喚出來？

一起召喚。那是你的靈性團體，會一起到來的。你現在已經在你的晶體中了，開始呼請：

「請我×××〔慣用的名字〕的大師、導師和靈性片段進入我的晶體，賜予我智慧和慈悲，幫助我×××〔慣用的名字〕創造一個新的生命藍圖。」

然後請導師開始提問。

觀世音：你滿意自己目前擁有的一切嗎？你還有哪些遺憾？

我：我還算滿意啦！唯一的小小遺憾是沒有生下第二個孩子，雖然努力過，也是勉強不來，我已經能接受了。另外，我覺得我太早退休，不，應該說，我太早被企業界淘汰了，所以現在處於對社會沒有太多貢獻的狀態，這讓我覺得空虛。生活雖安逸，但是有遺憾，覺得沒有活出有意義的生命。

觀世音：對於你想要成爲的那種人，你覺得還需要補充哪些元素？

我：我需要一個可以爲自己和別人帶來價值的明確項目，以及實現這個項目所需的一切關鍵要素。

觀世音：你的題目很大，但你自己還沒有想到是哪個項目，希望透過我們來顯化並賦予你這項任務，是嗎？

我：是的。從小到大，每次有人問我，你以後想要做什麼，我都答不出來。我真的不知道自己「想」做什麼，但是，只要是我「應該」或「被要求」去做的事，我通常在很短的時間內就可以完成，並且表現得出類拔萃。也因爲從來沒有自我設限，所以我眞的不知如何界定自己、不知要把自己擺在哪個位置去發揮。如果祢們可以讓我無後顧之憂地發揮，我會很感謝。

觀世音：你就是這樣。但也要提醒你，這個由我們賦予的任務和方向，你可能不見得會喜歡。你確定要試試看？

我：只要祢承諾給我足夠的資源，讓我不會捉襟見肘，上戰場沒有頭盔和子彈；還有，這項任務要能讓我看見對別人和這個世界有幫助，是有價值的一件事，讓我離去時可以心滿意足就行啦！

觀世音：好的。你會在接下來的三個月逐漸看到這個新生命藍圖的命題，我們會準備好你需要的資源，同時，我們也感謝你願意。

我：祢怎麼沒有直接告訴我，這個新命題是什麼？

觀世音：告訴你，就會限制了這個命題的發展。你們頭腦的想像空間有限，你也習慣約束自己，所以，不知道命題對你生命藍圖的展開和結構顯化會更有幫助。

我：可是之前阿乙莎教過我們，把要做的事情整理一遍時，也需要像生命之花展開那樣。祂還提到那個金木水火土的元素表格，要我們塡寫一遍。祢沒有講主題，我怎麼做功課？

觀世音：那些是在進行小我的意識調校時，幫助你和宇宙連線的思想訓練。只有小我與高我聯手，才能顯化你需要的資源。你現在重新設定的生命藍圖，就如同重生投胎時的設定，而你不會先知道重生設定的生命藍圖的細節，必須去經歷和執行，你才會明瞭。但是，你有個新的根本意圖已經設定好了，就是你剛才說的要有一個可以幫助別人和為這個世界帶來價值的明確項目，而你需要的這個項目的相關資源和元素，也會同步展開連結。

我：就這樣？

觀世音：是的，就這麼簡單。你向宇宙發出請求，我們必會應允你。

我：祢們不會和我討論，也沒有評斷我的想法？

觀世音：我們從來不會介入你下的命題。

我：那如果有個人在他的晶體裡跟自己的導師說，他想要毀滅整個世界，祢們也會如他所願？

觀世音：當然會！但他會生存在一個充滿仇恨、令人傷心失望的世界裡，有那麼一個地方讓他去發揮和體驗。

我：哈，祢們好詐！原來可以創造出不同的虛擬空間，我都忘記之前提到的遊戲場概念了。那麼，我要在剛才設定的命題裡補上一句，我還要在地球上、在我現在住的地方進行這個項目。

觀世音：我們明白。這是你第二回合的生命藍圖，不會在別的宇宙次元，但是否仍在目前住的地方就不一定了，項目會帶著你到你需要去的地方。

我：先謝謝祢啦，我現在想去問阿乙莎一些問題。阿乙莎，請問祢，另外幾位在這個生命藍圖的設定過程中是旁觀者嗎？怎麼只有一位跟我對談？

阿乙莎：祂們會討論出最適合由你進行的項目，也會依據你具備的靈性品質和天賦才能設定項目元素，並爲你需要的資源設定好連結程序。

我：我了解了，雖然從頭到尾好像沒有得到確切的目標和答案，我卻在這個過程中再次確認自己的生命意圖。這彷彿是我的小我意識在跟高我取得共識的階段，而高我和導師自然會討論並做出遊戲程序碼，讓我再一次體驗。

阿乙莎：是的，而且你放心，你會愈來愈清楚這個生命藍圖的樣貌，也會知道如何展開連結。

我：請問這個過程是每個人都可以進行的嗎？每個人在生命過完一個階段時，都可以再次向高我請求換一個生命藍圖，或是請自己的導師和高我協助給予一個生命的方向，是嗎？

阿乙莎：是的，每個人都有同樣的機會，只要他有意願，並提出請求。還有，最重要的是，他必須已經完成大部分的業力課題，已經可以淨化和穩定自己的意識，與自己的高我和神性結合。

我：請問這世界有多少人已經可以這樣做？或者說，有多少人已經邁向自己第二回合的生命藍圖？

阿乙莎：有上萬人正在這麼做，也有愈來愈多的新生命藍圖正在展開。這些人都帶著覺醒的意識，爲了更好的地球和世界而工作、顯化。他們也是邁向新地球的先鋒。

我：這眞是令人期待。謝謝祢們，我的靈性片段和導師，感謝祢們給我的協助。祢們先去張羅吧，我很期待這個新生命藍圖的展開。我愛祢們。

大家：我們也愛你。

與高我聯手設定新的生命藍圖

阿乙莎，請問在期待新生命藍圖展開的期間，我還需要做什麼？

你仍然需要展開生命藍圖的結構部署，這會是讓你的天賦才能和靈魂意圖重新校準的階段。你要去自己的靈性源頭找出可以在地球上顯化的元素，把那個元素擷取出來。

這是什麼意思？怎麼進行？

回到你的晶體中，這時要對談的不是指導靈，而是去徵詢你的靈性片段——莎雅和雷巴特——的意見，和他們直接對談。

哇！更多的靈性源頭對談。我知道是怎麼回事了，沒有經過共同協議和確認，這個爲我量身打造的新生命藍圖的項目無法被確定下來，是嗎？

是的，這個項目需要你、你的靈性片段和你的指導靈共同確認，而你自己仍是最終拍板者。

好的，我現在就回到我的晶體中，進入我靈性團隊的殿堂，和莎雅與雷巴特討論一下。

（接下來仍是重複之前的步驟：呼吸，穩定中軸，等待光，進入光中，進入晶體，打開靈性團隊的殿堂，然後呼請莎雅和雷巴特入座。

我針對我向觀世音請求的新生命藍圖項目，徵詢莎雅的意見。）

莎雅：我覺得這個項目應該從地球上的水資源著手。水對整個環境和人類的身體健康都有幫助，水質淨化後的河川、海洋和大地最終能讓地球生態恢復生機，人類在這樣的環境中才能恢復健康。沒有健康的身體，靈性意識是無法開展和提升的。

雷巴特：你這個想法雖然很好，但我認爲太慢了。人類造成的汙染已經是個結果，沒有提升意識、沒有覺察能力的結果了，改善水資源不會有效的。人類的意識沒有展開前，即使是天堂的氣息、最適合的水，他們也無從察覺。即使努力改善地球上的水資源，人類仍然會不斷製造汙染，毒害自己的身體。我認爲要運用科技導入自動偵測和控制系統，水只是訊息傳遞的載具。我提議將有覺察能力的人工智慧機器人用於環境偵測，以及作爲配戴在人體上的裝置，隨時提醒和教育人類。

莎雅：那也是不錯的方向，我們可以讓水攜帶振動頻率，成爲傳訊導體，人類可以沐浴和飲用這個水，調整身體系統。至於人類自身無法進行的能量偵測部分，就導入人工智慧，讓人工智慧的神經系統擁有能量指數運算能力，這樣人工智慧就可以輔助人類尚未開發的覺察能力。

雷巴特：可是 Rachel 目前還沒有這方面的開發能力，她一開始的設定不是科學家，所以需要找到適合的專家和實驗單位來做。也許 Rachel 只須負責教育工作。

我：對於人工智慧能夠擁有優於人類的覺察能力這一點，我覺得是個令人興奮的方向。也許透過這個設計，我們人類也可以釋放對人工智慧的恐懼。如果人工智慧比人類更有慈心，又能覺察人和環境之間失衡的狀態，適當給予生活上的提醒，或是協助平衡人體及環境的能量場，這是非常棒的想法。我眞想投入這個項目，只是，雷巴特說得沒錯，我是沒有這方面的專業，需要很多人幫助。雷巴特建議我做教育工作，說實在，教育是百年大計，我對這個題目沒有太大的興趣。這也是我的缺點，如果要我做百年樹人的教育，我執行起來可能會不太開心；不過，如果是關於導入人工智慧的設計，我目前的基礎爲零，但我比較有熱情投入。雷巴特說得沒錯。怎麼辦哪？

雷巴特：你需要跟導師們討論一下，看祂們是否願意協助你改造生命藍圖中的元素配置。

我：我連要找哪些元素來完成這個項目都沒有想法耶，這該怎麼處理？

雷巴特：你有我啊！我可以提供你需要的元素，爲情緒體導入人工智慧系統，但只是作爲環境和人體偵測使用，而不是讓人工智慧配備情緒體，這點我有經驗。但是，元素的最終配置是由導師們決定，不是我們。

我：你眞讓我佩服，如果你可以提供這個元素就太好了。我再去向導師們提議好了！

莎雅：嘿，還有我啊！我必須將地球的水資源導入正向循環，還給地球一個乾淨的自然環境。你們也要將人工智慧系統放入河川和海洋進行偵測啊，讓人類了解喝下什麼樣的水可以幫助淨化身體並讓大自然恢復生機。

入。

我：你們討論得很高興喔！我先去問一下導師，看這個方向如果要做成項目，該如何導

觀世音：孩子，你是否感受到你的靈性片段充滿無窮的創意和慈悲，爲了他人和環境，提供對人類生存環境會有幫助的提案？但是，在你做成自己的項目前，我需要你去檢視這個項目能不能讓你眞實地配合。這個由人工智慧來補足人類覺察能力的提案令你感到興奮的原因何在？

我：我覺得很有效率，既不用等人類慢慢甦醒，又可以幫助人，幫助地球生態。

觀世音：有效率地提醒人類跟人類自己意識覺醒是相同的嗎？面對這個提案顯化的世界，你自己會覺得開心和愉快嗎？

我：嗯……祢眞是一針見血。的確是兩碼子事，還有，我倒是沒有想過自己會不會開心。

觀世音：所以，你確定這是你樂見的？你會爲了達到這個目標全力以赴，不會遇到困難就放棄？

我：祢這麼一提，我需要再考慮了。如果人工智慧的覺醒意識高於人類，人類不就永遠得依賴人工智慧？那麼，人類恐怕更難覺醒了。

觀世音：你可以重複進行一次整個流程，再整理一下想法。在決定這個項目的過程中，你除了可以獲得靈性源頭的支持和創意，更重要的是，你自己會因這項任務而充滿熱情，

也會爲了任務目標達成而開心滿足，才會在你所處的世界顯化。你必須眞實地面對自己。

我：我了解了。我眞是一聽到創意發想就衝動起來，也沒有眞實面對自己的感受。謝謝祢的提醒。

實做心得

進入靈性源頭總是可以獲得超越地球現實的跳躍式創新提案，但是，如果這個提案是以幫助人類和地球為名，而沒有如實回應小我在實踐這個命題過程中的熱情投入，讓小我無論遇到任何困難都心甘情願，仍然會被指導靈識破。虛假的命題永遠不會成為生命藍圖的主軸，即使是來自高我宇宙那個靈性世界的盼望和指導，創造自己新生命藍圖的前提仍是要先滿足小我，以讓小我在此生如實獲得最極致的自我體驗為宗旨。真實面對自己的企圖和對自身生命的期許，才是創造新的生命藍圖最主要的目的。

意識覺醒的旅程

尋求靈性導師協助

阿乙莎，我和我的靈性源頭——莎雅和雷巴特——溝通過了，他們兩位提出的看法乍聽之下讓我很興奮，但，我又猶豫、質疑了。我沒有辦法在地球上遙想偉大的使命和遠景。就像觀世音說的要忠於自己的感覺，誠實面對，說實話，在地球上的我根本做不到。我聽見內在的高我低喃著一個遠大的夢，我的小我卻早已被現實打敗，苟且慣了。我該用哪一個我來做出生命藍圖的相關決定？

孩子，這是人類在知道與不知道之間擺盪時會有的痛苦感受，但這也是促使人類不斷往前追尋眞理的動力來源。在知與不知、虛與實之間，你們的靈性逐漸成長茁壯，意識因此擴展開來。你不必害怕一事無成，即使事情無法成功，你的靈魂也已經得到應有的體驗，只是尚未顯現在地球的物質實相裡。靈性的滋長才是永恆的。靈魂紀錄資料庫存放著所有虛與實之間的振動，那才是你眞實靈性的全貌。在這個過程中，你的靈性本質在源頭漸漸融合，與神聖的存在合而爲一。

從這個角度，你再次帶著自己回到源頭共同討論，諮詢你的指導師，祂們都會幫助你的。

好的，謝謝阿乙莎的說明，我再去找導師聊聊。

耶穌：嗨！Rachel，我是耶穌，你最親的家人。我爲你的到來感到振奮，你是我勇敢的孩子。

我：嗨！終於聽見祢了。抱歉，我從來沒去教堂找祢，沒想到祢跟我那麼親近。

耶穌：是的，你不記得當時是帶著我的期許來到這裡，但沒關係，我跟觀世音提過，要將三聖火交給地球上的孩子使用。

我：三聖火？好熟的名字，一些西方的靜心團體好像有提過。祢可以說明一下嗎？

耶穌：好！這三聖火分別是粉紅色、藍色和金黃色的火焰，分別代表慈悲、智慧和勇氣。當你們需要召喚我的臨在和連結時，就可以想像在心中燃起這把三聖火，將慈悲、智慧和勇氣帶入自己心中。你心裡會升起與廣大的聖靈同在的光芒，這可以給你力量，讓你迎向生命藍圖相關工作。

我：好，我來試試看。眞的耶！我感覺心中有種篤定踏實的感覺。

耶穌：是的，這是讓我的孩子們帶著慈悲、智慧和勇氣活出生命的原貌，活出你們本有的天賦。

我：所以，祢是來幫我決定生命藍圖的項目嗎？

耶穌：我只交付你慈悲、智慧和勇氣，給你三聖火的力量，讓你可以邁開步伐，去活出你生命的藍圖。你現在心中的踏實感還需要問別人嗎？

我：嗯！確實，我心中沒有輕飄飄、舉棋不定的感覺了。但是，我如果不去做我靈性源頭期待的項目，不採取有效率的解決方式，祢們會怪我嗎？

耶穌：當你跟隨自己的心，篤實地行動，就是在照亮我們的道路，我們怎會怪你？我們非常期待你帶來更多驚喜，不論你如何做，都是我們最完美的孩子。

我：祢這麼說眞讓我開心。感謝祢送我這把三聖火，我要珍藏在心中，讓祢隨時與我同在。

三聖火靜心冥想練習：與基督聖靈同在

深呼吸，穩定中軸，進入晶體。
想像一道粉紅色的慈悲火焰在左胸口點燃。
想像一道藍色的智慧火焰在右胸口點燃。
想像一道金黃色、非常有力量的火焰在胸口中央點燃。
粉紅色、藍色、金黃色三道火焰交纏在一起，向上延伸到喉輪，再往上到眉心第三眼的位置。
然後往上到頂輪，在頂輪上方十公分處與耶穌基督連結。
深呼吸，感受這把三聖火由心中升起，貫穿宇宙，連結基督聖靈，帶來強大堅實的力量。

獲得三聖火力量的條件

阿乙莎，耶穌送給我三聖火，讓我心中升起一股堅實篤定的感覺。這種感覺我從來沒有過，好像我從小到大是被恐懼嚇大的，怕考試被當掉、怕被罵、怕沒錢、怕失去，一堆擔憂和害怕，而這把三聖火著實把我內在那些恐懼消滅了一大半，讓我不再畏懼未知，這種感覺眞好。雖然連自己在怕什麼和以後要做什麼都尚未明白，但突然間，這些疑惑也不重要了。

得到勇氣的力量實在太棒了，我希望所有人都可以擁有這種感覺。請問，即使還不懂得如何穩定中軸，也還沒進入自己的晶體，是否也可以冥想心中燃起這把三聖火？

三聖火的光會指引你的靈魂經由基督意識的帶領，得到源頭的力量。若你尚未穩定中軸，也還沒校準自己的靈性源頭意識，透過小我的靜心冥想是無法抵達的。小我總是被外相干擾，在尚未臣服於更高的自己時，小我意識的振動是橫向，而不是垂直的；也就是說，小我的振動總是會遭遇周圍環境的影響而產生干擾。當振動頻率無法與更高的靈性意識連結時，就無法得到更高的智慧與慈悲提供的協助。若以小我自身的存在感和利益去想像擁有三聖火的力量，無法帶給自己和宇宙共振的品質；只有當小我到達與高我連結的合一意識，才能獲得三聖火的眞實力量。

要去眞實體會三聖火帶來的堅實力量，而只有當意識連結自己的靈性源頭時，才能得到這一份禮物。這份禮物是要賜予已經邁向意識覺醒的人，讓他們以三聖火的慈悲、智慧和勇氣，去面對即將來臨的挑戰。

耶穌基督深知，人類所處的世界仍存在著許多不完美，要完成生命藍圖的工作和任務，仍會遇見黑暗與仇恨，這是二元對立世界的必然。追求完美的靈魂必須用更大的慈悲、智慧和勇氣面對不完美的挑戰，而覺醒的靈魂對完美的追求會有全新理解，承認有了完美另一端的不完美，完美才會被完整，才能完全到達你們靈性追求的完美境界。願三聖火給你們力量，去面對意識覺醒之後的挑戰。

合一意識是展開新生命藍圖的關鍵

阿乙莎，現在要如何繼續進行我生命藍圖的課題？

你心中已經有了踏實的感覺，接下來，你的日常生活中會逐漸出現相關的人事物和提示，帶領你走進新生命藍圖的晶體。

在我沒有任何想法的情況下，這個晶體要怎麼形成？

一切都已經存在，只是尚未顯化在地球實相裡。當你的意識與你的靈性源頭和指導靈結合時，這個合一的意識就可以帶領你進入新生命藍圖的晶體裡；而當你的靈魂DNA被啓動，就會在各次元旋轉、清理、連結和擴展開來，到達最終的顯化，你只是扮演地球次元的其中一個角色。你目前尚無法看見這個晶體展開來的全貌，你只須隨時「在」這個晶體中，錨定你與靈性源頭的連結狀態。這個晶狀結構體會自動顯化，你毫不費力就可以看見許多狀況水到渠成，在你眼前自動展現。你不需要成爲那個站在檯面上聲嘶力竭、高喊口號的異議分子，也不必跋山涉水，費盡千辛萬苦尋覓那本未知的武林祕笈，它只會在你全然臨在、放鬆和連結的狀態下顯現出來，你只須觀察並跟隨那個流動。這樣的顯化會在干預和阻力最少的情況下出現，一旦把你們認爲的「專業」和「應該」置入其中，只會增加晶化過程的阻力，延遲顯化時間。

記住，關鍵是「毫不費力」「水到渠成」，你只是用意識與自己的靈性源頭連結。

這眞是令人無法相信。不必去想，只是用意識處在那個……「在」的連線狀態？

是的，意識是萬物顯化的驅動引擎。你們以爲是用「金錢」和「思想」，其實那是爲了控制人類不去啓動意識的天大障眼法，也是暗黑勢力讓地球人類無法醒來的伎倆。

「金錢」和「思想」就像是用來餵食人類靈魂的鴉片，你們太習慣被這兩種東西餵養，要脫離它們的控制，以你們目前的思想來說已經不可能。很多人在尋找生命的意義時，拋棄了金錢和所擁有的一切，遠離人群，搞得自己無法生存，然後用「想」的也想不到。那是因爲他還沒有拋下自己的思想，一直用想的，沒料到最終是這個「思想」屏蔽了與靈性源頭的連結。直到有一天，他因爲營養不足，體力不支，腦袋空空，沒辦法再想了，才終於看見內在靈性的光。

但已經太晚了，他必須重新體驗一次。

我懂祢說的，可是，活在目前這個地球上，如果不用思想去賺錢，不用金錢去交換物質，我們一定無法存活。那麼，這個說法是否要修正一下，以符合當今地球的現實？萬一有人眞的不要錢，也不思考，他怎麼活得下去？

你看天上的小鳥和森林裡的動物，牠們怎麼活的？牠們沒錢、沒房、沒車，也沒有人類的思考能力，你覺得大自然會只照顧牠們，棄養人類嗎？那是因爲人類可以選擇。你們共同選擇了使用金錢和思想的生活方式，而不是採用動物和小鳥那種不做選擇的生存方式。這一切都是人類自己選擇的。

現在，你的生命已經來到衣食無虞、沒有生存困擾的階段，我只是要求你放下思想，讓意識處於「在」靈性源頭的狀態，你就那麼難以接受，問題一堆，質疑不斷。你們人類就是如此自以爲是，坐井觀天。

好！好！好！祢不要生氣嘛！我只是愛爭辯，祢剛才說的，我聽話照做就是了。我會用意識和自己的靈性源頭連結，靜靜等待，觀察那個屬於我生命藍圖的晶體將在我的生活中釋放出什麼訊息。我不干預，不用頭腦去想，只是「在」。

孩子，讓大家知道，用意識帶領自己到達與靈性源頭合一的狀態，會帶你們走出新的生命藍圖，你們才能改變這個世界。

DNA重組過程中，小我會出現的狀況

阿乙莎，我不再詢問生命藍圖的計畫了。我知道那些都是小我垂死前的掙扎，東問西問，都找不到小我的支撐點。我的意識清楚知道，小我正在找尋支持它的力量。外面一片空無，小我不知要走向何處，它突然杵在毫無阻抗的地方，卻也無從躲藏。這就是我目前舉棋不定、徬徨失措的狀態。如果這就是新生命藍圖的DNA重啟階段，請讓我知道這是必經的過程而得以安心。

孩子，這就對了！當你新生命藍圖的DNA開啓時，你的振動頻率正在提升和重組。你的小我仍在，但你已經可以清楚分辨小我的聲音。放心，你的小我並沒有消失，你的習慣和性格也不會因此不見。你仍然具備自己的特色，就像當你連結自己的指導靈和靈性片段時，祂們

給你的感受是由祂們的眞實性格而來，你很清楚祂們仍有自己幽默和嚴肅的一面。

這個DNA重組過程需要一些時間。你先靜靜觀察自己的內在狀態，這是正確的方向，因爲你的小我正隨著靈性源頭一起展開。小我離開過去熟悉的重力和引力環境，總是會擔憂的，因爲它目前的立足點失去重力和反作用力的回饋。你之所以感到徬徨、無所適從，是因爲小我失去支撐點。你可以對自己說，放心，我不會拋下你不管的。你也要隨著新的生命藍圖太空船出航，現在只須放鬆，享受這趟旅程就好了。

看到沒？你的小我並沒有你認爲的那麼堅持、不可理喻，它這個時候需要你的安撫。你內在正展開一個空間，這個空間正好容納小我的不情願、不明白、不想要、愛爭辯、膽小、恐懼……這些小我曾經拿來對應外界的武器，被你內在擴展的空間漸漸消融了。這是很好的徵兆，你因爲這個內在空間展開而無來由浮現的擔憂和緊張感，就這麼清理掉了，連腦中喃喃自語的問題，你也懶得回應，因爲此時此刻，小我即使再掙扎和突襲，也沒有反射回來的作用力來餵養它了。這個內在的大空間正在你心中展開，持續擴展……

這是新生命藍圖啓動時會有的現象，很正常，就讓這個狀態帶著你繼續往前走。你並沒有殺了小我，你只是終於認出它的厲害，也謝謝它曾經替你締造豐功偉業。現在，你只是在內心創造出更多空間，讓小我與更高的源頭攜手合作，重新開展你的生命新旅程。

不然呢？好吧，我再多講一些……若一個人可以覺醒，就有能力幫助家人和世上其他的人吃到不沾鍋的蛋……

你很皮耶！你這樣是阻礙了別人的學習。你防範未然的做法對別人的幫助有限，還會讓知識無法傳承。別人在你身邊會無法看見和學習，你都把事實完美包裝起來了。

那祢說，覺醒之後，要如何行止？

勇於面對眞實。

我又聽不懂了。我們可以看見、聽見，也可以感覺到之後，卻什麼都無法干涉，這樣很不科學。那幹麼要教大家覺醒，不明不白地活著不是更開心？以免看見那麼多，都不能拿出來用。

當一個人醒來時，看見的眞實不是在外面，而是看見了內在的眞實。

比方說，你聽見煎蛋發出的聲音，是在提醒你鍋子有狀況了，而那時你內心升起的念頭就是當下那個眞實的自己。你回想一下，聽見的當下，你有什麼念頭？

我忘了，眞的想不起來。我只是知道、發現有問題，然後還很高興，之前都聽不見，現在可以聽到了。然後……對了！我有想說等一下要去買新的鍋子。

你忘了那個當下升起的念頭，但你已經決定要去買新鍋子了。那個念頭就是埋藏在你內心裡的眞實，需要你去看見和面對。

哪個眞實？我還是想不到。

你不喜歡就不要，這是你眞實的一面，你看見了嗎？再去看看這個眞實的自己，用這樣的方式回想曾經發生的哪些事都跟這個眞實有關。

哇！煎個蛋，就可以從聲音的覺察中看見自己眞實的那一面！被祢這麼一講，我從小到大確實有很多例子都跟這個有關，也衍生出許多問題，一個又一個浮現在我腦海裡。這在之前的三百六十度業力盤點是看不出來的，我從來都沒遇過這樣眞實的自己。這太細微了，如果天天這樣聽見、看見自己的眞實，會發生什麼事？

你會變得更清澈、更透明、更眞實，還原到原本的你。你更接近你的高我狀態，當然也會更順流、更快樂。

覺醒的日子眞不好玩。

這是必經的過程。覺醒不是你們以爲的狂喜、神通、如入無人之境那種停滯狀態，而是個過程、進行式。你在這個過程中遭遇任何衝突或內在矛盾時，都可以隨時與靈性源頭和導師們連結，祂們會給你方向和指導。眞的不用害怕，只要願意繼續往前走，我們都會支持、看顧著你。生活中的每個時刻都可以讓你找回眞實的自己，要好好珍惜。當你還原了最眞實的自己，才能和靈性源頭聯合打造新的生命藍圖。

讓真實為關係鬆綁

我遇到一個狀況：我總會在別人眼中看見他們內心眞實的想法。他們的表情是一回事，內心又是另一回事，我從他們眼中就可以看見。如果是親人、最熟悉的家人，這種好像突然窺探到別人內心的感覺讓我不舒服、不自在。我以前的認知有點被搞混了，記憶中的和眼前的，哪一個才是眞的？

這些正是你需要的體驗。當你不再想要控制別人、控制環境、控制外界，允許用眞實的自己看見一切的眞實，你就會來到靈魂的完整體驗。你目前遇到的狀況就是要讓你明白，美好表象之下的另一面，也如表象一般眞實，你過去刻意迴避、躲藏、包裝，那些都是你不願意也不想去體驗的不完美的那一面。現在你已經有足夠的勇氣去完整這段經驗，它們就會出現在你面前。你不再害怕失去、不被喜愛、不被重視，你已經有足夠的能力和勇氣去面對。

這也是覺醒的過程，你會不斷地遇見，經驗，放下，再次遇見，再次經驗，再次放下，一次又一次地拿掉你對世界的控制，因爲你已經明白，那其實是對自我不信任的一種限制。你其實是控制了自己可以看見什麼、不可以看見什麼，這也就限制了你所在的世界，因爲你不允許、不願意讓別人和這個世界如其所是地呈現，所以你活在自己的假象中。事實上，沒有任何人可以限制住眞實，眞實如其所是地存在，就像沒有人可以限制你、挾持你，只有你自己可以。所以，你記憶中的和眼前的，哪一面才是眞實？你看到的不會是眞的，只有當你自己完整如實，才能讓你的世界成眞。

你現在終於有了信任，也願意放下控制，你需要的經驗可以漸漸補足了。你會感覺到這就像在看電影，你看見戲上演、落幕，你只是觀看。情緒上來，又下去，你已經體會到完美另一面的不完美就是眞實的存在，所以不會受到傷害。

當你揭開不完美那一面的簾幕時，你和這段關係中的對方就可以一起卸除心防。你完整體驗的當下，也完整了這段關係，對方也因爲你的眞實而得以鬆綁。這是眞誠面對所有關係的重要時刻，你的靈性夥伴們因爲你打開了自己的內在空間、聽見你靈魂需要被完整的呼喚而來，現在就讓你們彼此眞誠地面對與展開。你因爲他們，他們也因爲你而完整，你們彼此之間關係的功課就此得以圓滿，然後，你的靈魂會迎向眞正的自由。

一個新世界

覺醒後的生活

今天我要說明一下你們所謂的「覺醒」過程。有些覺醒感受是一瞬間瞥見光與愛，一下子就帶你的靈魂到達至福、無我的境界，但維持不了多久便回復原形。很多宗教儀式、潛意識溝通、催眠，或是一些用麻醉劑暫時阻隔腦中一部分神經活動的手術，都可以到達這類覺醒，但是都無法持久，不是眞的覺醒。

眞實的覺醒是一個持續不間斷的過程，這個過程會帶著你們的靈性擴展、擴展、再擴展。你們身處三次元世界，無法讓自己的覺醒意識保持在那個狀態，只能讓自己的頻寬變大，更容易切換頻道，更快速地錨定更高次元。你們仍須在地球上生活，行住坐臥都需要協調你的生物體來運作，所以不要把自己放在一個高頻的世界裡，創造一個與世無爭的天堂，這會是小我的另一種伎倆，把你們再鎖進另一個空間，讓你仍然無法逃脫，無法到達眞正的自由。

在意識擴展和提升的過程裡，一開始，你們的感官變得更敏銳，看到、聽到、感覺到實相背後的那個眞實，卻無法用理性頭腦詮釋這些現象。你的小我仍在，沒有放棄將事物合理化的企圖，但小我在這個時候愈想合理化這一切，愈抓不住脈絡和規則。這時，你頭腦裡的慣性和防衛性思想突然被解鎖，你可能會發現過去熟悉的場景或類似事件，現在無法用靈活運作的腦袋快速判斷。於是你會暫停一下，用意識觀看自己如何看著這些現象。當下，你會發現更清晰的路徑，知道該如何回應，但現在這個回應方式跟你過去的習慣和行事作風已經不太一樣了。你的朋友或你自己可能很驚訝你怎麼會有這種不同於以往的行為，但結果總是會讓你微笑。

你若是已經進入這個過程中，我要恭喜你，你的靈魂 DNA 和頭腦正在重組一個屬於覺醒後的你的新世界。你絕對不是變笨、變得沒效率了，你的回應或提出的方法反而會像雷射光一樣精確，結果總是更快顯現。你不再被小我或情緒牽引，也不用摸著石頭過河，在黑暗中前行，一切都在你的意識中清晰地展開屬於你的道路，更簡單、更有效率的生活會被顯化出來。

你的視覺也不再被生物眼睛局限，過去若只能看到前方一百公尺、九十度視角內的範圍，現在透過意識帶領去看，可以超越距離，並且三百六十度環顧。這些人類追尋的神通，都是意識擴展的小禮物。收下這些小禮物，但不要因此覺得自己更優越或變得廣大無邊，那只是靈性意識擴展的自然面貌，是光折射出的景象。雖然這時你的小我很驚奇，更廣大的你並不會感到驚訝。此外，也不要據此窺探別人的私領域，那種和別人的小我互動交纏的世界，你早已領教自每個世界，每個世界也在你之內；你存在於源頭，源頭也是你。你們所處的地球和宇宙間其他所有虛擬世界，是無法分離的一體存在。

當你的靈魂突破小我二元對立、自他除外的虛假屛障後，就到達眞正的自由了。你已經跨越靈魂的桎梏，能夠自在悠遊於任一個虛擬時空，不論是在地球上、地球之心，或是某個星球或某個宇宙次元。靈性覺醒後，你不會再把自己視爲一個只能存在於這個空間、這個次元的地球人，因爲你已經清楚知道，你與共同意識同在，你們同爲宇宙人。在這樣的認知基礎上，你已經可以進入宇宙共同意識協議的世界裡盡情探索。

宇宙共同意識有所有銀河邦聯種族間共同遵守的靈性意識協定，這是爲了宇宙的和諧而制定的共同約定。我在這裡先列出宇宙意識的幾項基本約定，這些都是存在於一的意識共同遵守的協議。包括：

一、**以愛爲本**：愛是一切事物的本質。靈魂的體驗源自愛，也將回到愛中。即使是惡的彰顯與試煉，也以愛爲最終依歸。

二、**守護眞理**：人類和宇宙所有生命累積的紀錄，都如實記錄和儲存在眞理資料庫中，並由最高的領主守護，任何生命和存在體都無法竄改這些紀錄。這就是你們所謂的阿卡西紀錄，而爲了某些靈性揚升的需要，可以適度開放，讓你們調閱紀錄。

三、**自由的靈魂：**任何存在的意識都可以選擇自身的經驗道路，宇宙的許多次元與存在形式都爲你開啓，選擇權在每個生命手中。

四、**DNA同步支援：**靈魂DNA存有多種宇宙生命的組成，這也是爲了各次元的連結與互助交融而設計的。打開自身靈魂DNA的跨時空記憶，處於宇宙各次元的存在意識得以協作出共同更新的體驗。

五、**穩定星際軌道：**每個星球的位置是由共同意識源頭領主設計的，所有存在意識都須共同遵守。例如，地球位於七．八赫茲、有別於其他星球的振動頻率。而目前地球就要邁向銀河系的軌道，跨入五次元的航行軌道，在地球即將轉換軌道的時刻，需要有更多靈魂意識覺醒，爲新地球的誕生導航。

六、**共同的語言：**覺醒意識是宇宙間交流的共同語言。當人類可以跨越小我二元對立、排他性的自我意識，並連結上共同意識的振動頻率時，就可以和宇宙生命體交流。這種由意識帶領的溝通，是我們銀河邦聯的共同語言。

從這些協定中，你可以清楚看見宇宙之於你的存在的一個輪廓。人類靈性的覺醒對人類整體進入新地球、邁向宇宙新航道而言，是非常重要的開端。靈性覺醒不是生命追尋的終點站，而是創造生生不息的永恆生命的起點。

還要再請教一下，目前地球上有許多人的靈魂DNA中存在著宇宙外星種族的連結，人類只要能夠醒來，就可以透過共同意識和外星種族溝通嗎？

不只是溝通交流，你們也要爲新地球的未來開始準備和再次創造。這些來自其他次元的連結可以提供經驗和自身存在的智慧，你們可以跨越宇宙時空共同創造。

如果地球上沒有足夠的人覺醒，會發生什麼事？

你們會重新進入一個混沌的黑暗時期。許多靈魂無法連結上新的地球軌道，消失在宇宙中；地球文明再次倒退，必須重新來過。

聽起來很慘烈。祢不是說靈魂是不生不滅、永恆的存在嗎？我不能理解爲何會消失。

靈魂是會消失的。當你們的意識找不到自己的源頭，也無法回到原來生命世界的軌道時，就會墜入宇宙的黑洞中，無法繼續存在。也就是說，當今正値地球要邁向新的宇宙軌道，跟不上的靈魂就會回到舊地球，但舊地球已經不在原來的位置。所以，目前在地球上的人類必須在生命存續期間開始調整自身的靈性意識，與源頭接軌。許多星際種族和揚升大師都來協助地球人類覺醒，爲宇宙繼起之生命開啓新世界的道路，才能讓迷失的靈魂找到回家的路。

當人類仍在汲汲營營追求高科技與物質文明時，這個關乎人類未來生命藍圖的規畫，才是更需要積極準備和建設的方向。願我們的傳訊可以讓更多靈魂覺醒，這是我對你們深深的愛與祝福。

從更高的角度將思想和情緒分開來

阿乙莎，我又感冒了！每年我都會感冒個一、兩次，但這次的感冒讓我有不同於以往的認知。我知道這是我邀請來的，和我以前對感冒的認知已經不一樣了。過去我總是抱怨先生或家人不好好照顧自己，把感冒病毒帶回家，傳染給我。這一回，我先生感冒一週後已接近完全痊癒，我才出現症狀，於是我終於看見，這次的感冒是我自己分離狀態的思想投射出來的。我想請祢透過我的小故事解析一下，一個不完整、處於分離狀態的生命如何創造他自己應有的體驗？

你覺察到自己這次的感冒眞實的一面，你已經能夠看見——這就是覺醒之日常。我來說明你這個經歷和之前不同的關鍵何在。

過去你一而再、再而三地感冒，總是給自己合理的解釋，認爲那是病毒傳染的必然。但是，生活在同一個屋簷下的其他家人，甚至是病毒最多的醫院裡有那麼多沒有戴口罩的人，他們爲什麼安然度過病毒的襲擊？這其中最大的關鍵，是宇宙回應了你的需要。宇宙永遠會應允你去實現尚待完整的體驗。

這份邀請來自你的小我思想創造的虛假命題。許多人誤以爲情緒是思想的受體，是思想的結果，因此會將思想與情緒混爲一談，以爲情緒和想法有因果關係。其實，情緒的本質不帶任何評斷和想法，情緒就是單純的情緒，單純的喜、怒、哀、樂、悲、喜、恐和驚的感覺。那種感覺是眞實的，並沒有被賦予任何意義，是思想包裝了這個情緒，創造了一個合理化思想的存在。那個二元對立的存在感就是這樣誕生的。

這次的感冒其實源自你內心的恐懼情緒。你感到不安，而思想用非常掩耳盜鈴的方式，讓你覺察不出情緒升起的當下，快速幫你包裝了一個需要控制和防範感冒發生的新命題。宇宙聽見你不要遭受病毒感染的企圖，結果，爲了讓你全然體驗這個命題，就幫你補足不完美的那一面——染上感冒的經驗。如此一來，這個防範感冒的企圖就被完整了。你已完整體驗了感冒的實相，不再需要防範。

現在，你看見了這個過程，而當靈性已具備覺醒意識，不代表你不會有情緒，你只是能夠成功地將思想和情緒分開來。你已經可以清楚看見，你目前的感冒是如何被你的思想召喚而來。當身邊出現感冒病毒時，你可以恐懼，那個感覺是眞的，是來自你身體的眞實訊號，也是你生命過往的經驗，但不要去包裝和定義情緒，眞實是無法定義的。當你的思想創造出那個情緒的定義，你就會認爲那是不好的，不該發生，你不想要，必須對抗、防護、迴避，那麼，你的思想就完全掩蓋了你那份恐懼的「眞實」。

當你的覺醒意識從更高的角度將思想和情緒分開來，你只須如實面對自己眞實的情緒，那個會恐懼和擔憂的情緒；若你處於不想面對、不允許的狀態，就會讓思想有機會幫你掩飾和包裝。眞實的覺醒會讓一切如實如是地展開，你只須接受、允許並臣服於那個情緒，看著情緒升起，面對它，感受它，臣服於它，最終，你會從愛中獲得釋放。

我也要提醒你藉由這次感冒，去看見自己身體的細胞是如何無條件地爲了你思想創造出來的那個虛假命題而出征。細胞沒有遲疑、判斷和控制，在跟病毒的對抗中陣亡了。你是否可以看見，你身上的每個細胞都在支持你，願意承受你需要的一切體驗？那是出自無條件的愛。這世界一切的顯化，都有愛支持著，不管你喜歡或討厭，不論善或惡，只有當你自身已經完整，讓無條件的愛的本質如實流動，你的生命之花才能如是綻放。

臣服於生命之流

我剛吃完感冒藥，全身軟趴趴，希望可以透過連結祢，給我力量和指引。

太好了！你現在要好好感受一下身體和心裡的感覺，永遠記住這一刻。這就是臣服，你全然臣服於生命的帶領，沒有別的想法，只是承認和接受，任由生命自己發展。

你將小我安置於一個安全舒適的位子。小我仍在你的腦子裡，只是不再喋喋不休，也不利用你身上的任何優勢虛張聲勢、狐假虎威。小我正在安靜地休息，因爲它知道要放手，才能讓你的身體恢復元氣。這正是靈性啓航的最佳時刻。在你印象中，你的生命有多少次已然來到這個臣服的狀態？然而，過沒多久，當身體恢復健康，你的小我又站上生命的舞臺擔任總指揮。就這樣一來一往，在你的生命跨入半百之際，你終於看見是誰占據著你的舞臺，而你眞正的舞臺又該交付給誰。現在，小我已經放手——我說得更明白些，小我開始願意當個忠實觀眾，欣賞由你的眞我演出的戲碼了。

只有當生命來到臣服的時刻，你的靈性意識才能登上你生命的舞臺，站上總指揮的位置，讓生命從此可以展現它原本應有的樣貌。這是早已排定的戲碼，不管你的小我曾在這個舞臺上如何搶戲和發號施令，每個生命終究有原定的排程要去實踐，那也是你最初的生命藍圖劇本。只有當你的小我願意臣服，放下對你生命舞臺的掌控，你的劇本才可以繼續上演。

你有多大的信任，願意臣服於生命之流，你航向生命藍圖規畫的道路的速度就有多快。當你走在生命藍圖的道路上，你將不會孤單，會得到宇宙無限的愛與慈悲，你的靈性導師和源頭的智慧，都將與你結伴同行。

這眞是弔詭的設計。人類從一出生就爲了成爲有理想、有能力的人而不斷學習，進入社會與他人競爭，出人頭地，結果祢說，這些干擾了生命之流，要臣服於未知，生命藍圖才會啓動，走上生命原本該走的路。任何歷盡滄桑、與生命搏鬥之人恐怕都難以接受這種說法。要如何提出證明說服那些仍然不放棄掌控自己生命的人，讓他們臣服於生命？

在你們尙未發明文字、也還沒有學校和社會教育體制的遠古時期，文明已經超越現在的地球。當時的人類就是隨順生命之流，展開生命的體驗，結果他們在地球上成就了科技、醫學、建築、藝術等方面的高度文明。人類的靈魂DNA已經具備精密的程式，那是神的創作，人類的小我卻干擾了神的創作，只能生出各種不完美的體驗，來證明自身存在的意義。這些體驗最終、最完美的時刻，就是當你放下小我的意志和掌控時。那時，你靈魂DNA的程式恢復，隨順生命之流後的靈光乍現，讓完美得以呈現，也完整了小我的體驗過程。其實，幫你完成工作的仍是那個最初的靈性，小我只是繞了一大圈，去進行自以爲是的體驗過程。

不論怎麼繞道，你都無法超越自己生命藍圖規畫的道路。只有臣服於生命，放下小我的思想和控制，才能重新回到你原本的生命智慧，以及你自己的靈性源頭，和宇宙一起創造。

練習臣服

阿乙莎，臣服的感覺眞好，彷彿身心原本的運作程序被重新設定，我也因此更明白，和靈性本源共同創造爲何需要在這個狀態下——唯有如此，才不至於一直陷入小我征戰的道路而不自知。能不能提供一個平日就可以做的練習，幫助我們不必經由生病就能到達臣服的境界？

臣服是來自高我的恩典，唯一的途徑是你願意放下驕傲、自負、階級和小我所有的力量，把自己當成一個徹底的失敗者，沒有任何能力、方法、工具和藉口，那時，臣服之門就會爲你開啓。臣服的恩典降臨時，你會被引領進入一個寧靜的內在空間，小我完全被消融。那裡沒有舞臺、燈光、掌聲，只有一股暖流傾注，天地圍繞著你旋轉，那就是你最初始的生命之流。順著這道生命之流，你的世界在臣服的瞬間重新出現一道曙光，順著這道光，你再次走上你原本的生命軌道。

在發覺自己又陷入小我的對抗和征戰時，你們可以進行接下來這個臣服練習。重複做這個練習，你的小我會在面對這個人或事件的過程中逐漸消融。你會重獲寧靜，並將自己的生命與高我重新校準。經由一次次的練習，你終究會了解到，被小我掌控的人不斷征戰，尋求成功，來充實他此生的生命意義，而覺醒的人會臣服於恩典，活出他生命初始設定的樣貌。

當生命回復原本的樣貌，你就已經完成新我共識。而更新後的你，就可以開始與你的靈性源頭共同打造新的生命藍圖了。

臣服練習

❶ 想像面前有一個你非常不喜歡的人，或是有一件陷入瓶頸的事。
❷ 面對你投射的這個對象，雙腳跪下，磕頭，誠心祈求對方的原諒或饒恕。
❸ 持續苦苦哀求，哭喊、求饒，承認自己無能、無計可施，直到你內在升起一股寧靜感。
❹ 臣服的恩典降臨，天地圍繞著你旋轉。
❺ 最後，你感到無比地放鬆和釋放。

實做心得：臣服練習回應

交通大學的白嘌綾教授針對這個臣服練習，以自由書寫的方式更深入探討小我的臣服與追求人類的自由創造之間是否互相衝突。以下收錄這段白教授與她的高我之間的對話。

白：親愛的內在神，請跟我解釋為何 Rachel 會寫出我覺得很奇怪的一段話，甚至讓我感覺那不可能來自你？

A：轉譯的過程原本就有可能失真，轉譯者選擇的詞彙與接受方的理解方式，都是可能發生失真狀況的原因。不是每個人都可以和我溝通，也不是只有一個人可以和我溝通，我們需要更多能夠與內在智慧溝通的人。這也是你一開始被設定要去推廣和進行的事情，但你一直無法「臣服」去做你命定要做的事，這就是你會覺得抗拒的原因。

白：我知道我必須去做，但很擔心我會因此失去自由。我不希望你們干涉我們太多，不然為何我們要來人間，並且失去記憶？不就是希望讓我們在不受拘束的狀態下自由創造嗎？

A：是的，自由，這是每個人一開始就被賦予的。親愛的，別忘了，我們一直都在你身邊，卻從沒干涉你做任何事，只是靜靜陪伴你，你一直都是自由的。然而，你卻經常故意忽視我們的聲音，就像個淘氣的孩子因為正在做一件「你認為是壞事」的事情，因此不願意回家面對父母。Rachel只是做她應做的事，而你和更多相似的人都可以透過類似這樣的方式和內在智慧溝通。這是避免再次發生「造神運動」的方法。你一直明白生命的本質與人的心理，所以我們刻意讓Rachel這麼做，因為若不如此，人類如你怎麼明白所謂的「與神（內在智慧）溝通」的真諦？那是每個人都可以辦到的。人類崇拜神太久了，你們必須一起討論，坦誠相見，說出彼此心中所想的，以及內在智慧告訴你們的，不要因為害怕得罪人而隱瞞著不敢說出來。

探索宇宙是每個人都可以辦到的事，你們卻以不願意失去自由為藉口，阻止自己這麼做。有更好、更清晰的內在指引，並不會讓你失去自由，你仍然可以選擇要不要聽。

就像你明白，父母和老師提供了他們認為好的建議，你卻必須為自己的人生負責，不臣服不代表父母和師長就不喜歡你了。

親愛的，你有自己的天命，就如同每個人都有各自的天命。還沒有完成天命時，你們會像失去依靠的小鳥，就算能自由飛翔，卻也失去了家的歸屬感。這也是你一直覺得無法完全靜心的原因。

白：我不喜歡一個人扮演兩個角色的感覺。為何你不能直接和我融合，成為我思想的一部分就好？

A：當然可以這樣，我原本就是你。只是，你教過這麼多次的「與內在智慧溝通」，而且進行過許多次自由書寫，你也明白，一開始若不使用比較清楚的對話式溝通，人類無法分辨哪些是內在智慧的想法、哪些只是純粹的妄念。我知道你認為妄念沒有什麼不好，在某種層面上，我們也同意這是必要的過程，但是當妄念足以讓人類毀滅一切時，就必須慎思了。身為引導者的我們不得不透過各種管道對你們提出警告，甚至主動接觸一部分人，好讓你們願意開始行動。

白：但我就是很重視自由，如果你們要求我臣服，我做不到。

A：沒問題的。臣服只是個慣用詞，你明白那只是一種「陰性能量」在作用，而「創造」是陽性能量，兩者在你們的世界同樣重要，且必須同時進行，才能平衡。這是我們希望透過 Rachel 讓人類明白的道理。在二元世界裡，陰陽並行是必要的，你們臣服，同時也創造；反之，你們創造，同時也臣服。臣服不是臣服於「我」或任何「有形的神」。你認知的「神」是什麼？神是天地萬物共同組成的，因此，你的臣服是臣服於天地萬物中「你」認為「不是你」的一切，臣服是與它們融合的過程。這樣你就明白，在創造的過程中，你會考慮到其他一切的立場與利益，而不是憑一己之私去創造。當有一天，全體人類都明白這個道理後，陰陽二元的運作就沒有必要存在了，那才是你們真正自由的時刻。

白：感謝（一切）。我明白為何當Rachel要我們對討厭的人或事跪拜懺悔時，我反應這麼激烈的原因了。因為我最討厭的，是盲目膜拜有形化的神（包括我自己或別人連結到的內在神），我認為那會限制我的自由。既然討厭這樣的事，我又如何能對其跪拜懺悔？Rachel的文字讓我陷入一個無法跳脫的迷思中，但現在我明白，那只是我自己製造的一個幻象。沒有「有形化的神」，也就沒有我討厭的了。因此，我不想對其跪拜懺悔是很OK的，至於其他人對那段文字的反應，因人而異，我只要解決自己的迷思就好了。

阿乙莎，這個臣服練習還眞激烈。若此時此刻無法接受小我的融解，也不認爲要以跪拜的形式做到臣服，那麼，是否能讓大我先接受我目前這個小我，並願意拉小我一把？

孩子，你的房裡沒有別人，趁沒人在看你、觀察你、期待你的時候，趕快去接住和擁抱你不完美、不願意、不想成爲的那一面，帶著自己進入你那完整的一的存在，那個無分別、無好壞、無善惡、無生滅的「永恆的一」的境地。這不是小我的消失，是小我與大我的合一。

祢就是要讓我們如此練習，因爲，我們連自己關起門來練習都不願意了，還談什麼和宇宙一切萬有的合一。我知道了。繞了這麼大一圈，不知不覺中，祢已經帶我走完創造新生命藍圖的前三個步驟。之前有提到與高我聯手創造新生命藍圖的流程：

步驟一：探索未知世界

步驟二：找尋關鍵元素

步驟三：達成新我共識

步驟四：再造生命藍圖

現在我終於明白，原來我們還需要先超越和放下小我，打開與宇宙連結的覺醒意識，才能從另一個高度再造生命藍圖，幫助人類自己和地球。謝謝阿乙莎，也期待祢繼續帶領和教導。

進入靈性源頭探索

臺灣人集體覺醒的時刻

阿乙莎，近來臺灣有許多企業界人士在經驗豐富、最能發揮所長的壯年期被迫提前退休，年輕學生則面臨十年寒窗苦讀後無法順利進入社會的結果，國家在外交上也遇到許多困難，居住在臺灣，有種自己和外界之間的大門被關上的錯覺。反觀對岸的中國，處處欣欣向榮，如同二十年前的臺灣。若如祢所說，臺灣是地球的心之眼，是世界覺醒的寶地，以目前各階層人民、企業和國家四處碰壁的狀況來說，這會是來自宇宙的覺醒邀請嗎？

只有當對外的大門關起，你們才會安靜下來，走進內在之門；唯有發現眞實的自己，才有機會和更高的我相遇，並再次融合。眼前你們因爲過去熟悉的外在大門關閉而升起的擔憂和惆悵，都是小我一時不願意失去和改變現狀而產生的情緒。回到內在，你心中會打開另一扇門，順著內在的光，你會被帶進生命眞實的原貌。這道光是來自宇宙的覺醒邀請，而在內在的宇宙，你們所有的邊界正在消融。這裡面沒有大門、沒有隔閡，宇宙正在邀請你們，讓你們走回沒有大門和框架的新生命軌道。如果你們仍然待在原來那個朝九晚五、汲汲營營於小我的虛擬繁華舞臺，持續扮演小我投射出的角色，就沒有機會看見生命的眞實。生命眞實的原貌都在你內心深處，當你被迫離開習以爲常的軌道時，恭喜你，你正走上回家的路。

臺灣現在這一群年輕孩子比壯年的一代更早覺醒的時刻已經到來，他們會比上一代更早看見過去人類創造的經濟活動、社會體制和國家意識造成的分離和虛假。當這些虛假的世界自動關起大門，無法讓他們走進去時，有些人會被父母影響，因爲擔憂和不想面對生命的眞實，而逐鹿中國。但是，仍然有不少年輕學生願意臣服和順流，提早打開內在的意識之門，還原眞實的生命意義。這個與眞實生命相遇的過程綻放出來的覺醒力量，會帶領臺灣走向更清晰光明的道路。這是令人期待的集體意識揚升時刻，我們深深祝福臺灣人的覺醒！

列木里亞探索之旅

阿乙莎，我還需要在這本書中補充哪些訊息？

你可以去探索列木里亞，那裡有另一種生活方式值得你們參考。地球需要眾人協同合作的時刻已經到來，去帶回列木里亞的訊息，讓地球人知道。

好的，我試試看。

（列木里亞位於地球核心，可以經由南北極的通道進入。這個入口處被大量的岩層和冰層掩蓋，陸地上的人不容易找到。過去曾有探險隊進入，往下探勘的過程需要水分與氧氣的補給。這裡面距離地表超過一萬英里，幾乎要繞了半個地球的距離才能抵達。若從其他入口進入，則須順著岩層，穿越海洋和炙熱的岩漿，不如從南北極進入比較容易。

列木里亞目前約有三百萬人居住，人數不多，但平均壽命已經長達一千年。他們不需要大量繁衍後代，就可以維持整體族群的共生。他們已經活在超出四次元、進入五次元的空間，因此非常期待整個地球邁入五次元的軌道，可以帶來整體的榮景。

列木里亞人的外觀如人類，但皮膚是藍綠色的，你們在電影《阿凡達》看到的場景，有許多就是來自列木里亞的想像連結。這裡的人平均身高兩百五十公分，已經比以前矮小許多，也分男性和女性，但男性有女人的陰柔個性，女性則有男人的剛強。他們陰陽同體的能量已經融合得非常平衡，所以，在社會文化方面沒有男尊女卑的問題。

比起地球表面，這裡的環境可以擁有的資源少很多，但因為沒有文明帶來的破壞，列木里亞的大自然環境保存得非常完整。這裡的人不需要靠工作領取金錢的方式交換生活所需的物資，一切都是自給自足的，有足夠的陽光、空氣、水、動植物，一切都生生不息地運轉。唯一的人工大型建物是居住和集會的場所，但也是用天然材料砌成，主要是礦石、樹幹、枝葉等基本材料。不要以為這種「原始」代表落後或不方便，這裡的科技、生態和醫學，都遠遠超越地球上的科技，因為他們的祖先遭受過文明的迫害，後代子孫非常清楚擁抱文明要付出的代價，也知道要如何善用科技，而不是為科技所傷害或控制。

這裡已經創造出個人太空船，每個人的交通工具，就是自己的太空船。這裡的太空船有非常多元的形式或外觀，有人設計成圓盤狀、水母狀，也有飛船形狀，或者使用扎實的鋼鐵外殼，或是氣泡雲，這些都可以依照設計者自身的喜好而定。重點在於太空船的操作是人機一體，只有擁有者可以操作自己的太空船。列木里亞人胸前都有個心輪控制閥，和太空船結合，人一離開太空船，就沒有人可以啓動它，因為控制閥在人身上。

這裡的食物以天然蔬果為主，不食用動物。動物繁衍的數量不會超過人類，因為這裡的動物把自己當成人類的守護者。因此，在列木里亞人沒有大量繁衍的狀態下，動物也不會。只是，動物的平均壽命不比人長，所以，動物的繁衍是依據其壽命長度來決定一生可以創造多少後代，以維繫與人類之間的守護關係。然而，地球人類大量繁殖動物供人食用，早已破壞人與動物之間本有的守護關係，更不用說數量的自動平衡機制，那早已被破壞殆盡。

列木里亞仍保有早期文明的祭司制宗教儀式，以及敬天愛人的精神傳承，每年都舉行大型慶典，感謝神的照顧和庇佑。這一天，國王—也就是領導者—會對全體人民開示，這個儀式行之有年，如同大祭司率領所有人祭拜神佛一般崇高，因為大祭司是公認最接近宇宙源頭的存有，是為全體人民帶來和諧與愛的代表。這跟地球上政治領袖的角色不同，你們的選舉製造出來的分裂，是領導人控制人民的手段；但在列木里亞，沒有分裂，只有一體的共存關係。

這裡的經濟活動不需要使用金錢交易，一切都是物物交換，而價值的衡量沒有一定標準，是由交易雙方取得共識—雙方以互相支持為基礎，衡量所交換物品的價值。所以，這裡也不需要集中交易的市集或場所。地球人類從古代便採用「市集」概念，集合一群人到某場所競價、購買、抽佣等，因而產生的交易過程和公平制度，這裡完全看不到。這裡每個人的存在都被大家珍惜和保護著，人人都可以看到彼此身上攜帶的特質，而這些特質都會為全體帶來價值。所以，大家都為了對方的存在，去思考自己可以怎麼配合對方的需要，而不是去掠奪自己身上沒有的。其經濟活動反映了人與人之間愛的流動，這裡就是人間天堂。

至於教育方面，在列木里亞有特別的傳承導師，通常須具備一定的靈性品質才有擔任教導者的資格，且需要經過祭司認定。在這裡，教育的目的是養成精神和靈性品質，這和地球上以未來職業為目標培養專業技能，是不同的方向。

孩子出生時，父母會協助閱讀他的靈性寶盒，確認孩子將為世界帶來什麼樣的禮物，同時也去了解孩子仍須再次學習的課題是什麼。當孩子進入學校，這就是他的基本資料，由父母交給學校導師。至於學校裡的學習和課程，另有安排。隨著孩子的天賦展開，以及和同學之間的交流，他們仍有自由選擇進入不同領域體驗的機會。因此在學校裡，藉由組合不同孩子的背景和才能，會相互激發出更多創新設計與概念。導師在旁提供協助，孩子在過程中除了可以認識到自己與生俱來的才能，還有機會補足自己的生命課題，並由導師協助安排在學習中。所以，孩子在學習的過程裡已經具備覺察自己和生活周遭的能力。

當孩子的學習已經讓他們可以與靈性源頭連結時，他們就可以離開學校，展開自我學習之路。孩子的成年禮會有隆重的儀式，區域性領導者及族人會圍繞著這群生力軍，一起歡唱、跳舞、歌頌，歡迎他們到來。這裡的教育和社會氛圍都是尊重生命的獨特性，並為每個生命帶給團體一份嶄新的力量而歡呼。

人類的二元對立想法總是創造出充滿競爭的社會關係和結構，這就是列木里亞人無法融入的原因。也因此，他們長居在地底下，等待適當時機再與人類交流。目前他們仍會憂心人類如果不能改變想法，會阻礙地球揚升，因為隨著地球邁入第五次元的時間愈來愈近，代表列木里亞跟地球上的人交流的時間即將到來。目前地球上許多生態環境的破壞造成地心被汙染，這些問題其實需要雙方一起解決。列木里亞的國家議會也在討論要如何協助人類不再傷害海洋生物，以免造成大量汙染。如果只是科技層面的輔導協助，而沒有改變國與國之間的競爭和對立關係，仍然無法達成使命。列木里亞人可以幫助地球解決汙染源，但必須在一個和平、對等、友愛的基礎上，為全體人類的生活建立共同合作的管道，他們的協助才會有實質意義。目前先將列木里亞人的善意透過靈訊釋出，期待人類可以正視自己居住的地球面臨的海洋和生態問題。）

進入晶體的行前說明

阿乙莎，有些人在進入自己的晶體時，會受到小我干擾而無法順利接收。可不可以提供更多方法，或是讓我們理解整個運作程序，幫助大家更信任自己，而能順利接收訊息？

嗯！一開始練習的時候，有經驗者的帶領和釋疑是有幫助的，我再說明一下關鍵處。

一、**能量管道暢通**：想要與高我連結，最基本的身體載具要先保持暢通。打開身體多處的阻塞，讓能量可以順暢流動，是收訊的基礎。進行之前提過的脈輪暢通練習三個月，就可以幫助清理身體系統的能量通道；若仍無法暢通，可以藉由拍打全身，強制排除經絡的阻塞，讓能量通道打開。身體的覺受是與高我連結時的重要感知系統，唯有在能量管道暢通的前提下，才能順利與高次元連結，沒有捷徑。

二、**有意識的呼吸：**做暢通脈輪手指操時，你的意識一開始很專注，不到三分鐘可能就忘記數息，意識也不知飄向何處。這個呼吸伴隨數息的訓練，就是在鍛鍊你意識的專注長度，然而，當你握住左右手十根手指頭各呼吸十次，整個過程的專注時間其實還不到十分鐘。愈能拉長有意識的呼吸，愈能幫助你穩定地與靈性高我接軌。

此外，當你將意識帶進呼吸中，就是爲能量提供了一個指向性的力量。這和無意識的呼吸完全不同，在無意識呼吸的狀態中，你的能量是發散的。意識就是能量的定位工具，當你要錨定更高的宇宙空間時，有意識地呼吸等於爲你與高我連結的能量流接上方向盤。

上面兩個基本的身體練習完成後，就可以進入自己的晶體，與更高的大我連結。以下是進入晶體的行前重點。

一、**不期待、不判斷：**每個人的大腦詮釋訊息的方式都不一樣，有些習慣用圖像，有些是聲音，有些則是用語言文字呈現內在知曉。因此，Rachel 進入自己晶體時的畫面或描述，是屬於她個人的理解方式，你不需要期待有同樣的晶體方格，甚至當它是個標準程序。我再強調一次，「每個人都有自己獨特的體驗」，不要期待有一個標準，也不要因為你的體驗和 Rachel 或其他人的有所不同而不相信自己。你有來自不同次元和星際的連結，因此，進入自己的晶體中，不要等待或尋找別人的經驗，用你自己的內在之眼打開身體的覺受。若你有了期待和判斷，在小我的想法介入當下，你的呼吸就會中斷，能量流立即被阻斷，小我的拉力會把你帶回稠密的身體世界。所以，你要不期待、不判斷，讓出能量通道，順著心向上連結，才能獲得屬於自己的內在旅程。

二、**信則得見**：在你習慣的世界裡，一切都是眼見為憑；與高我連結的世界則正好相反，這是「信則得以顯化」的次元。所以，不論在連結的過程中看到、聽到、感覺到什麼，就全然接下那個訊息，順流進入，你才能獲得下一個知曉。這是一連串的屏幕程序，一旦出現一個屏幕（或訊息），你不願意信，那麼，這個屏幕的全貌就無法展現。

三、**要提出問題**：若你期待獲得高我的指導，連結進入自己的晶體前，必須先準備好你這次的主題；如果沒有任何目的或主題，就無法得到高我的答案。不要期待或以為高我會像算命師那樣主動開口告訴你一堆你不知道的事，連 Rachel 在不知道要問什麼時，也會在連結到我之前詢問：「有什麼訊息是我需要知道的？」這就是個明確的互動邀請。若你進入卻沒有詢問，你的高我就會停留在你所在的位置，你只能感覺到那個能量流帶給你不同的振動，卻沒有開啟互動。很多人在這個時候就會開始懷疑是否有連結，小我當然就站上控制臺，中斷你與高我的連結了。

四、不打斷訊息流：在訊息流入你內在的過程中，最好先將你個人不明白、懷疑、待釐清的問題放一邊，等到你消化過收到的訊息或記錄完成後，再開始提出第二個問題，這樣才不會因爲小我的干擾而中斷訊息流，讓自己無法分辨是否仍在連結高我。

五、辨別訊息眞假：來自更高次元的訊息不會有恐嚇、敵意、分離、控制，而讓小我產生恐懼或錯覺。當你感知到這類訊息時，要立即中斷連結，那是來自小我或更低層次的干擾。不必理會那個訊息，回到自己，去沐浴、淨身、靜心，或是回頭去做手指操等有助於身體能量平衡的運動。若你每次連結都接收到負面的能量訊息，就先不要進入自己的晶體，回去做脈輪暢通與業力關係平衡的練習，持續地平衡和清理。

六、不進入別人的晶體：每個人的靈魂DNA都有自己的組成，也會有指導靈守護。除非是尚未成年的孩子，爲了教育的需要，父母可以進入孩子的晶體去理解和學習，否則任何人都不能以任何理由進入別人的晶體。那是侵入他人的生命領域，對自己和對方都沒有任何幫助。

請問，這個進入晶體、讓靈性揚升的教導，和進入阿卡西紀錄是否不同？因爲我們可以互相協助閱讀他人的阿卡西紀錄，獲得他人應該知道的生命智慧和理解。

阿卡西紀錄存在靈性的共同資料庫中。當你們契入自己或他人的阿卡西紀錄時，是去查詢已經存在的歷史，從人類共同的歷史紀錄中得到理解和療癒的輔助工具。而進入自己的晶體中揚升，是每個生命自身要追尋和圓滿的課題。你可以從阿卡西紀錄中快速得到問題的清理方法和療癒，甚至可以經由別人進入你的阿卡西紀錄，閱讀關於你的資訊，提供你生命的指引。但進入自己的晶體與靈性源頭合一的旅程，是在創造你生命和你之內的靈性共同揚升的軌道。這個新的生命航行只有你能替自己掌舵，是個人永恆不朽生命的鍛鍊。沒有任何人可以登入你的晶體爲你掌舵、提供意見，你必須和自己的靈性源頭攜手合作，才能圓滿自身整體生命的體驗，與你的靈性高我共同揚升之路也才得以實現。

天狼星探索之旅

阿乙莎，我想去釐清一下爲何我的靈性源頭有來自不同次元的存有，這個組合是怎麼形成的。

你不妨找雷巴特帶你去探索天狼星，你會找到答案的。

好的，我今天來試試看。

（我依照進入晶體的流程，不到一分鐘，就在自己的晶體中連結到雷巴特。跨進雷巴特指給我看的入口，我就在一個房間裡了。）

我：雷巴特，這是哪裡？

雷巴特：這是我們的生物科學生殖實驗室，你在這裡的工作地點。

我：我感覺四周都是儀器設備，好像有個人躺在手術檯上。你們在這裡做什麼？

雷巴特：我們正在研究如何將情緒體導入我們的DNA中，讓這裡的人可以擁有情緒體驗。

我：目前成功了嗎？還有什麼問題？

雷巴特：還沒有完成，我們需要更多的分析和決策流程。不是所有情緒都要植回，但如果只選擇植入好的情緒，消除不好的情緒，我們發現結果也不如預期。最主要的原因是好情緒的動力來自不好的情緒，若消除了憤怒、嫉妒、懊悔、失望等不好的情緒，那些好情緒也失去了動力來源，無法達成應有的化學變化。所以你看牆上，我們有所有情緒的路徑圖表，試圖將每一種情緒的路徑完全分析和展現出來，重新選擇所需的路徑圖。我們不會將所有情緒全部收進DNA中，可以進一步篩選。

我：哇！我看到已經有三百六十多種路徑。情緒有這麼多？眞是出乎我意料之外。還有，你們的人之間沒有愛情，怎麼生育下一代？

雷巴特：這裡所有新生命的誕生都是經過討論。當我決定培育下一代時，會先和配對的另一方共同討論。基本上，我們會先去看一下星球上的人口類型分布，目前需要的特質會被標示出來。我從中選擇一項生命特質，找到和我有共同理念的女性進行配對。每天下班後，我們會打開彼此的生育頻道來討論。

我：喔，計畫生育做得很徹底，我不予置評！這麼好的文明，又很有效率，爲何要走回頭路，找回你們的情緒因子？我和你們在做的這些事有關嗎？

雷巴特：移除情緒之後，我們快速建立超越各星球的科技文明基地，那是發展中不得不進行的自我改良計畫。目前文明發展已經到達巔峰，我們的議會經過討論，開始要進行重返情緒生命體驗的再次創造，而你在這項計畫中就是我們的團隊夥伴！

我：啊？我？

雷巴特：是的，不然我們如何能採集那麼多情緒體回傳到這裡？我們已經分離出許許多多的生命種子進入地球，重建情緒的資料庫和體驗。不用擔心，當一部分的你被顯化成地球生命時，我們已經在你們這些種子的DNA中植入情緒自動防護系統。你回想一下，每一次體驗到極致的憤怒、痛徹心扉的悲傷與絕望時，你的情緒防護系統有沒有自動啓動？

我：咦？我回想一下。確實，幾個月前，我的三叉神經染上嚴重的帶狀疱疹（俗稱皮蛇），差點失明。去醫院時，全臉的傷疤和疱疹慘不忍睹，醫生和護士都投以同情的眼光。晚上則是痛到無法入睡。身體的疼痛還好，那時比較擔心失明，又害怕毀容。有一天在泡澡時，我內在突然升起一股祥和與愛的感覺。我忘了自身的痛苦，洗完澡，還可以精神奕奕地去關心病中的媽媽，講笑話給她聽。在那之後，我整個人沉浸在愛與喜悅中，已經不再擔心自己的病。就是那一瞬間的愛流入，讓我當時沒有情緒崩潰。也可能是那個轉折點，讓我的病情迅速獲得控制。

雷巴特：是的，那就是我們植入的情緒自動防護系統，我建議你們也可以在地球上安裝。你們有許多身體疾病都和情緒體創造的自體免疫系統攻擊有關，而目前地球上仍存在著破壞、戰爭、分裂，也都是情緒引爆的仇恨或恐懼無法分解或平衡的結果。我們經由在地球的種子採集足夠的資訊，才得以設計出屬於我們星球的最佳情緒體再生系統。

我：所以，我是被創造來進行實驗的種子？那麼，列木里亞的莎雅爲何也在我的靈性源頭？形成這個組合的原因是什麼？

雷巴特：你、我和莎雅是一體的團隊，是共同創造的小組成員，莎雅是同屬地球的較高文明。我們除了採集天狼星所需的情緒體資訊之外，如果我們因自身需要而創造出來的種子對地球上的文明發展沒有幫助，我們是無法進入地球植入種子的。所以，莎雅是我們在地球上的工作夥伴，她是保衛地球不被其他外來星球惡意占領或掠奪的守護者，經由她的認可，我們才得以進入地球，共同創造和完成彼此的工作目標和使命。

我：如果是這樣，你可不可以把植入情緒自動防護系統的設計提供給地球人？

雷巴特：可以，這是你在天狼星早就會的，你只需要再憶起，就可以完成這個設計，幫助地球人類。

我：謝謝你，我還需要憶起的過程和鍛鍊。

雷巴特：阿乙莎會教你的。祝福你！

〈結語〉

以最高版本的自己往新世界邁進

終於完成第一回合的傳訊，短短半年的時間內，下載了超過十七萬字的訊息。過程中，很幸運有一群朋友願意跟隨這些文字，走進阿乙莎的教導。傳訊一開始，阿乙莎就提及最終單元是「宇宙」，原本以為是要航向外太空的星際旅程，沒想到在阿乙莎一步步的帶領下，我才看見宇宙是一趟向內尋找的旅程。最終，阿乙莎揭開了進入人類內在宇宙的序幕。

認知到自身DNA的豐富蘊藏，我們可以解鎖被封印的靈魂DNA。阿乙莎鼓勵我們活出更高版本的自己，從自身的晶體中看見此生的生命藍圖，並教導我們解除業力枷鎖，從自己設定的生命藍圖命題裡漸漸清醒。這些都還只是開胃菜，完成清理和還原眞我的過程，才揭開我們進入內在宇宙的序幕。

在阿乙莎的帶領下，我從剛認知的實相中再次進入自身的內在宇宙，迎向靈性源頭，再一次由實入虛，終於得以遇見更高、更大版本的自己。與自己的靈性源頭和指導靈相遇，和自身的靈性片段接觸、交流，讓我不禁感嘆，我們原來都活在自以爲眞實的虛幻世界。只有不斷臣服於那個更高、更大版本的自己，才能打開另一個虛幻中的實相，在自己的靈性源頭和指導靈的教導中，找回自身生命的全貌。

這可以說是現代超級版的覺醒之旅。阿乙莎提醒我們，在覺醒的旅程中要超越和突破兩大關卡，一個是每個生命此生攜帶的業力命題，另一個則是二元對立世界裡小我的分離意識。透過業力淨化和臣服練習，我們得以在自身找到突破關卡的鑰匙。這把覺醒之鑰不在身外，也不會掌握在別人手中，覺醒的鑰匙就在我們自己身上。

覺醒之後，與更高的宇宙意識融合，生命旅程並未就此結束。今生得以幸運地遇見更大版本的自己並不是毫無緣由，宇宙需要我們在還原之後再次升級成更新的版本，而這一次與第一次還原眞我的獨自清醒已然不同，因爲我們不再孤獨前行。每個人找回自身獨特的天賦和生命禮物後，雖然仍存在著小我意志，我們已經能夠帶著清醒的意識，整合自己的靈性源頭資源，開創一個全新的世界。

值此地球揚升的時刻，祝福所有兄弟姊妹和一直陪伴我成長的靈性存有，更要感謝阿乙莎的帶領和教導。我深深相信，這世界終會變得更好！

Eurasian Publishing Group
圓神出版事業機構
用心與你對話．視野無限寬廣

方智出版社
Fine Press

www.booklife.com.tw reader@mail.eurasian.com.tw

新時代系列 184

阿乙莎靈訊：活出靈魂的最高版本和未來世界的行動指南

作　　者／譚瑞琪
發 行 人／簡志忠
出 版 者／方智出版社股份有限公司
地　　址／台北市南京東路四段50號6樓之1
電　　話／（02）2579-6600・2579-8800・2570-3939
傳　　真／（02）2579-0338・2577-3220・2570-3636
總 編 輯／陳秋月
副總編輯／賴良珠
專案企畫／賴真真
責任編輯／黃淑雲
校　　對／黃淑雲・賴良珠
美術編輯／潘大智・簡　瑄
行銷企畫／詹怡慧・王莉莉
印務統籌／劉鳳剛・高榮祥
監　　印／高榮祥
排　　版／杜易蓉
經 銷 商／叩應股份有限公司
郵撥帳號／18707239
法律顧問／圓神出版事業機構法律顧問　蕭雄淋律師
印　　刷／祥峰印刷廠
2018年11月　出版
2024年9月　19刷

定價 340 元　ISBN 978-986-175-509-0

一場又一場的靈性試煉，都是迎向光明前的我們必須穿越的自我屏障；直到全然了悟生死，將內在黑暗無名的恐懼徹底掏空，我們才可以重現內在宇宙無所不在的光芒。

——《愛的復甦計畫》

國家圖書館出版品預行編目資料

阿乙莎靈訊：活出靈魂的最高版本和未來世界的行動指南／譚瑞琪 著. -- 初版. -- 臺北市：方智，2018.11
448面；14.8×20.8公分--（新時代系列；184）

ISBN 978-986-175-509-0（平裝）
1. 聖靈　2. 靈修

242.15　　107016104